無文印的迷思與解讀

南宋僧無文道璨的文學禪

黃啟江 撰

臺灣商務印書館

自序

今年六月中我把寫完的《一味禪與江湖詩——南宋文學僧與禪文化的蛻變》一書稿寄給出版社之後，覺得意猶未盡，想進一步闡述書中若干意思未完之處，於是先取討論無文道璨（一二一三～一二七一）的章節，改寫成較為全面、有系統而接近傳記形式的專著。雖然是傳記形式的寫法，但目標仍是說明無文道璨的「文學僧」角色，著重於揭櫫道璨浸淫於「外學」與詩文，專注於文字語言的應用與書寫之事實。儘管在某種程度上，道璨還鼓吹不立文字的「心傳」，而且以達磨付法傳衣的「無文印」為其文集之名，但他說禪與傳法的實際行動及潛心於文字的士人化生活，處處證明《無文印》之做為書名，不過是一種迷思（myth）及飾文修辭（rhetoric），與初期禪宗的「不立文字」之禪不可同日而語。這是我在解讀《無文印》全書文本之後所獲得的印象，覺得有必要更具體地說明，以喚起愛好禪籍的讀者注意。本欲以「《無文印》的迷思與飾辭」為名，但中文「飾文修辭」一語，頗難譯出「rhetoric」一詞的含意，所以把此書題名為「《無文印》的迷思與解讀——南宋僧無文道璨的文學禪」，庶幾凸顯全書之要旨。

無文道璨的生平、為人，與其無法「身心俱出家」而身處方外，心懸方內的弔詭與矛盾之事迹，我在《一味禪與江湖詩——南宋文學僧與禪文化的蛻變》一書中已略有論述。本書既以「解讀」為書名之部分，自然較著重於文本的解析，透過《無文印》中的各體詩文去闡釋道璨的文字藝術及文本所反映的各種人物及現象。經過這種解讀與分析，大致能重建道璨及其周邊官僚、士人與法眷之間的人際互動關係及他與他們之間的「外學」與「文學」之因緣，凸顯道璨所代表的禪文化之特色。

道璨雖為禪僧，但其心思既依違於「出世間」與「入世間」兩種生活領域，所以「儒釋一致」的色彩甚濃。讀其《無文印》，見他時時以父母之「家」為念，以「歸」返其舊居為想，不免會覺得他比較像在家士人或居士，而不像斷捨世緣的全職禪僧。除了他的好尚儒者文士之書及詩文外，他的重視交友情義與為人子之孝道，充分表現了他的儒家人文主義精神。我在寫完本書之後，回顧道璨一生，心有所感，戲成以下兩首，雖然是個人主觀印象的投射，但自信所見不謬於古人。詩云：

行遍江南山水路，歷參巨剎眾人師。
振錫鄱陽歸南浦，逡巡柳塘念母慈。
付法傳衣無文印，參禪悟道般若詩。
人間情義固吾事，豈為佛名虧孝思？

蘭芷芬芳聞九歌，釣臺日暮把釣絲。
廬阜欣逢濂溪祠，臥龍嶺覓千載師。

病起懷舊方識命，閑居苦吟變詩癡。
入世出世寧有異？離家返家竟何之？

本書是我今年六月第三度赴日本作短期研究歸來後寫成的。做客東京大學時，獲丘山新教授及東大黃崇修、平澤步、王芳與張益碩等博士生之協助；在京都禪文化研究所及龍谷大學研究時，也分別獲前田直美女士及黃繹勳教授之幫忙，容在此致謝。內人天雲操勞內外家務，給我許多寫作的方便，讓我一口氣寫完此書，尤其銘感。書中或有闕漏謬誤之處，還請博雅君子不吝指正。

莆陽黃啟江謹識於紐約上州日內瓦城蘋果園困知樓
二〇〇九年八月二十七日

目錄

第一章：《無文印》的成書、內容與流傳

一、成書

《無文印》是南宋禪僧無文道璨（一二一三～一二七一）的詩文集，是筆者所說的南宋「禪文集」的一種①。根據編輯者惟康的說法，它是咸淳九年（一二七三）道璨示寂兩年之後萃集遺稿二十卷刊定而成。惟康為了此書，還「請于常所往來之有氣力得位者助而刊之」，並請道璨里人李之極（生卒年不詳）作序。李之極與道璨「游最後而語最合」，故樂於為其書作序②，而惟康是道璨的嗣法門人，負責文集的編纂工作，兩人所說文集的刊行原委應是最可靠的。也由於惟康之記錄及李之極的序，道璨之卒年才有定說。

關於「禪文集」之出現，筆者已在他處說明，並指出北宋仁宗時期明教契嵩（一〇〇七～一〇七二）的《鐔津集》二十二卷為其嚆矢③。《鐔津集》含各種儒釋

①參考筆者《一味禪與江湖詩——南宋文學僧與禪文化的蛻變》（臺北：臺灣商務印書館，二〇一〇）。
②李之極，〈《無文印》序〉，見道璨，《無文印》（東京：國會圖書館藏本，一六八五），序文部分，頁二b—三a。
③此書正確的出版時間不詳。

相關之議論、解說、奏書、信劄、敘、記、塔銘、碑銘、詩讚、題序等，不一而足，有相當複雜之結構與豐富之內容④。繼《鐔津集》之後，還有徽宗朝覺範惠洪（一〇七一～一一二八）所著的《石門文字禪》三十卷⑤。其書含古詩、律詩、絕句、偈、讚、名、詞賦、記、序、記語、題跋、疏、書劄、塔銘、行狀、傳記及祭文等，也有豐富的內容。這兩部「禪文集」自其出版之後，屢經刊刻，為後人所熟知。清修《四庫全書》館臣便說：「第以宋代釋子而論，則九僧以下，大抵有詩而無文，其集中兼有詩文者，惟契嵩與惠洪最著。契嵩《鐔津集》好力與儒者爭是非，其文博而辨。惠洪《石門文字禪》，多宣佛理，兼抒文談，其文輕而秀⑥。」這是對兩部北宋「禪文集」最簡要的介紹。南宋的「禪文集」數量遞增，計有橘洲寶曇（一一二九～一一九七）的《橘洲文集》十卷，敬叟居簡（一一六四～一二四六）的《北磵詩文集》十九卷⑦，物初大觀（一二〇一～一二六八）的《物初賸語》二十五卷，及無文道璨的

④在契嵩之前，孤山智圓於真宗時期著有《閑居編》五十一卷。此集含佛經之經疏鈔序、讚、塔記、行業記、祭文、議論、行狀、書劄、詩文序、箴、古詩等，有「禪文集」之結構。但智圓為天臺僧，其書不屬「禪文集」。

⑤此書正確的出版時間不詳。

⑥見《四庫全書總目提要》（臺北：藝文印書館，一九七九）卷一六四，〈北磵集提要〉，頁一四〇五。

⑦居簡還有《北磵外集》，若與文集、詩集合而為一，則為更完整的《北磵全集》。

《無文印》二十卷，筆者已有專書說明，不再多贅⑧。另外徑山淮海元肇的《淮海外集》及《淮海挐音》若合而為一，也可稱為禪文集⑨。蓋前者含表疏、簡牘、序記、題跋和祭文，後者為詩集，合而為一則成詩文集。

二、內容

《無文印》既是禪文集，自然有各體詩文，其詩文按以下體裁排列於全書二十卷中：

第一至二卷：詩

⑧見前述《一味禪與江湖詩——南宋文學僧與禪文化的蛻變》。

⑨原肇或作元肇，說法三十餘年，凡住十大巨剎，曾任徑山三十九代住持，在叢林地位甚高，頗見重於世，參看筆者〈參訪名師——南宋求法日僧與江浙佛教叢林〉，《佛學研究中心學報》第十期（二〇〇五），頁一八五—二三四。關於《淮海外集》抄本影本之經過，見比丘明復在《禪門逸書續編》（臺北：漢聲，一九八七）第一冊，《淮海外集》之解題。另外，《淮海外集》之序文為物初大觀所作，時間為咸淳丙寅（一二六六），可能即此年刊行。刊行兩年後，蒙古兵圍攻襄陽，江南大震，此書及其他約在同時刊印之書遂難以流行。但此書為當時在宋之求法日僧得之，攜歸日本，並經騰錄流傳。今臺灣《禪門逸書續編》二卷本，即是此抄本之影印本。

第三卷：記

第四卷：行狀

第五卷：墓誌、塔銘

第六卷：銘

第七卷：道號序

第八卷：序

第九卷：序、字說

第十卷：題跋

第十一卷：四六

第十二至十三卷：祭文

第十四卷：雜著

第十五至二十卷：書劄

另附有語錄，含序、語錄、小佛事、讚、偈頌及題跋等。

《無文印》的詳細內容及重要性，本書各章的討論應可以充分證明，此處僅稍作簡單之介紹。在以上所提及之南北宋「禪文集」中，《無文印》之史料價值不在《鐔津集》及《石門文字禪》之下，而在南宋的其他「禪文集」中，其史料價值也是數一數二的。這是因為道璨是南宋理宗朝之後最有名的文學僧，其詩文不但享譽於叢林，而且見重於士林。

道璨出身儒門，幼受儒家經史之教，又遊於名理學家湯巾之門，故通達詩書義理，博學多聞，內學外典，書法藝術，皆如宿習。此外他因遊歷各禪剎，執掌書記，與地方各階層士人、官僚交遊，故見多識廣，筆下往往蘊藏豐富之文化訊息。解讀《無文印》可以幫助我們了解南宋理宗前後的江南叢林文化。這叢林文化是一個由蛻變中的禪宗文化所造成的，它或許已經存在，未必為新，但至道璨時則更加明顯。大致上，從橘洲寶曇、北磵居簡、物初大觀等禪僧以來，禪文化之蛻變呈現了以下幾個特徵：

㈠一人多師，門戶開放——譬如臨濟大慧系的法子法孫可拜在虎丘系弟子門下，彼此無明顯之競爭，而有相當親善之來往與合作。

㈡聲氣相應，互相提攜——譬如禪師雖屬不同師門，門風各異，然彼此之間，互通聲氣，彼此提攜，標榜獎勸，各佔要剎，據地串連，形成相當有凝聚力之叢林聯繫網絡。

㈢禪儒相容，釋儒交流——譬如禪師多有儒學背景，與儒學或理學家淵源甚深，關係密切。常能得其協助，增益影響。

(四)善用文字，寓禪於詩文——不少禪師，長於翰墨，文采斐然，於叢林掌書記職，嫻於制度掌故，不棄言說，不離文字，既能口授心傳，發為語錄，亦能作詩為文，頌偈說禪。

(五)技兼書畫，識能品鑑——不少禪師，或能書能畫，或不作書畫，而博見廣識，鑑賞力高，表現宋代文人書畫家之多重興趣與才華。

《無文印》裏的各體詩文，充分顯露道璨是促使這個禪文化持續蛻變及發展之禪僧中的殿軍，它所蘊藏的豐富史料對我們了解南宋的叢林文化，裨益至大。問題是道璨所交往的人物，包括文士與禪僧，多數身分不易辨認，而不知道璨所贈詩文或唱和的對象，就難以理解道璨的人間情懷及其對出世與入世的看法。李之極認為用「道以忘言為妙，以有言為贅」來看道璨的禪法，是似是而非之見，也就是筆者所說的「迷思」。故解讀《無文印》時，不免要從道璨內心的「無文」與「有文」間之矛盾與統合之心情去理解道璨及其禪僧生活的本質。李之極說道璨自「從竺乾氏遊，異時諸方叢席號大尊宿者一見輒器之，必以翰墨相位置。無文自是始不能無文矣[10]。」可見道璨的「無文」之說，時而被其友人視為「飾文修辭」（rhetoric），不是一成不變的。

[10] 見上引李之極，〈《無文印》序〉。

三、流傳

關於各種體裁之詩文，以下各章之討論可見其詳。此處要指出的是，道璨之詩文顯示他是位相當活躍的禪僧，可由他廣泛的交遊看出大概。但他的文集自刊行後，似未能廣為流傳，致過去的學者及僧史家幾乎都無所知或未予重視。據筆者所知，除元人吳師道（一二八三～一三四四）在其《吳禮部詩話》曾引用其詩外，只有明初天童僧恕中無慍在洪武八年（一三七五）所寫的《山菴雜錄》表示見過其書⑪。晚近雖有

⑪見元・吳師道，《吳禮部詩話》（北京：中華書局，丁福保《歷代詩話續編》本，二〇〇六）頁六〇四；明・恕中無慍，《山菴雜錄》（臺北：新文豐出版公司，《卍續藏經》第一四八冊，一九七五）卷上，頁三二六b。其他明、清二朝僧史作者或燈錄編者似都未見其書。譬如，明・文琇，《增集續傳燈錄》（臺北：新文豐出版社，《卍續藏經》第一四二冊，一九七五）有無文道璨條，但僅錄道璨致其友知無聞書，而未提及其著作。見卷四，頁八一四a。清・超永，《五燈全書》（臺北：新文豐出版社，《卍續藏經》第一四一冊，一九七五），清・龍丘行昱，《續燈存稿》（臺北：新文豐出版公司，《卍續藏經》第一四五冊，一九七五），及清・性統，《續燈正統》（臺北：新文豐出版公司，《卍續藏經》第一四五冊，一九七五）等書，敘述道璨，千篇一律，都未提及其著作。各見其書卷五三，頁一五八a—一六〇b；卷二，頁五五b—五七b；卷一二，頁六三五a—六三七a。

學者研究此書，但都以探討其版本為主，雖然肯定其價值，但並未深入探討此書存在之意義。就版本而言，據筆者所知，至少有四種不同版本。其一為《宋集珍本叢刊》裏所收的遼寧大學宋刊配舊鈔本二十卷。其二為日本東京國會圖書館所藏的宋刊本二十卷八冊。其三為東京國會圖書館及駒澤大學圖書館所藏之貞享二年（一六八五）和刻本六冊⑫。北京大學也有此本，但不詳冊數⑬。其四為東京公文書館的內閣圖書館藏本，是原抄本之寫真（照相）本。此抄本第四卷之後甚為潦草，且有錯簡及缺文。由於日藏版本無法全部複印，筆者只能參考《宋集珍本叢刊》本來撰寫本書，必要時並以他本稍作校補⑭。

《無文印》的刊本難見於中國本土⑮，卻多見於日本文庫，實是因為它在日本屢

⑫東京大學東洋文化研究所也藏有四冊本，係此國會圖書館本之照相本。
⑬北大藏本見王寶平，《中國館藏和刻漢籍書目》（杭州：杭州大學出版社，一九九五），頁四一九。
⑭據黃錦君在《宋集珍本叢刊》對《無文印》所作解題，該書傳世絕少，今僅遼寧圖書館藏宋咸淳九年（一二七三）所刻殘本一部，其卷一二之後各卷係以手抄補足。《現存宋人別集版本目錄》及劉琳、沈志宏編《現存宋人著述總錄》（成都：巴蜀書社，一九九五）也都錄有此書，亦為遼寧大學藏本，但並未說十二卷以後以抄本補足，而只說語錄、讚、偈頌、題跋「配清抄本」。
⑮據說除北京大學圖書館及遼寧大學圖書館各有一貞享二年本及「鈔配本」外，上海圖書館亦有一「抄配本」（宋刊本配以清代手抄），見李國玲，《宋僧著述考》（成都：四川大學出版社，二〇〇七），頁五七三。

被傳寫或翻刻之故。表面上，這似只能顯示日人一貫喜好收藏中國典籍的表現，但實際上也證明日本禪僧對保留宋僧詩文集的熱心。除了《無文印》之外，他們對《橘洲文集》、《北磵詩文集》及《物初賸語》等宋代禪文集，及其他數十種宋元禪僧詩集在日本的傳寫或翻刻，實基於對漢文化相當程度的仰慕與學習之心理。這種熱衷於學習之精神，對日本五山時期文化的影響是具有重大意義的。

《無文印》對日本禪文化影響的程度究竟有多大，當然不是三言兩語所能說清的。我們雖然知道日本藏有宋刊本，但是它們何時或由何人傳至日本則無所知。不過以日僧引用《無文印》於其論述或編著中的時間來看，《無文印》之宋刊本傳到日本的時間應在康永元年（一三四二）之前。康永元年日本五山時期禪僧虎關師鍊（一二七八～一三四六）編著《禪儀外文集》⑯，其中收錄了幾位宋代文學僧的榜疏和祭文，而錄自《無文印》中之疏文也佔了若干篇幅，按其類別，可列舉如下：

山門疏：〈癡絕住徑山〉、〈劍門住能仁〉

諸山疏：〈西巖住天童〉

江湖疏：〈靈叟住靈巖〉、〈越臺住法界〉、〈雲岫住報恩〉

⑯見今泉淑夫，《本覺國師虎關師鍊》（京都：禪文化研究所，一九九五），頁一九七。

茶湯榜：〈癡絕住徑山〉
山門祭文：〈眾寮祭癡絕〉
江湖祭文：〈明晦室〉、〈暉石室〉、〈雲太虛〉、〈草堂〉⑰

雖然這些疏文只佔《無文印》中疏文之部分，但已足以證明虎關師鍊讀過《無文印》，而對道璨所寫的四六文有相當程度的認識。

事實上，《無文印》從虎關師鍊的五山時期至江戶時代已經有若干抄本，卍室祖价（？～一六八一）在註道璨〈西巖住天童〉一疏的「軟頑隊裏挨拶得來」一句時便說：「古抄云：『無文集中往往於無準言軟頑』，予謂當時有此言⑱。」所謂「古抄」所云的「無文集中」，或可指「道璨集中」或可指「《無文印》中」，都是指稱《無文印》的抄本，只是此抄本的抄寫者及抄寫時間，卍室祖价並未交代。

卍室祖价是歷來為《禪儀外文集》作注疏的若干日僧之一，他看到的「古抄」所說，確實無誤。蓋道璨在〈送奕上人〉一偈頌裏曾有「無準軟頑癡絕癡，領過不消渠一狀」之語，是使用「軟頑」一詞的明證，卍室祖价認為是當時的常用語⑲。他顯然

⑰見《禪儀外文集》（京都：京都大學藏，京都四條寺町中野市右衛門，寬永三年刊，一六二六）。
⑱見《禪儀外傳疑鈔》（京都：禪文化研究所藏刻本，一六六三）卷三，頁五〇b。
⑲道璨，〈送奕上人〉，《無文道璨禪師語錄》（臺北：新文豐出版公司，《卍續藏經》第一五〇冊，一九七五），頁一〇二七a。按：在日本流傳的諸本《無文印》之後，都附有《無文道璨禪師語錄》一卷。

讀過《無文印》，所以在《禪儀外文集》的幾處注中，就屢屢引《無文印》之語。譬如，他注「四六」一語，就引用道璨的〈雲太虛四六序〉一文來說明「四六文」的由來及性質⑳。後來的無著道忠（一六五三～一七四五）也讀過《無文印》，也用道璨之文來解說「四六」之意義㉑。

當然，《無文印》不只是被當作注釋禪語的工具書而已。從道璨對「四六」文之解說，可見讀其著作的日僧，對他有關禪宗掌故之說法，也甚重視。譬如，日本江戶時期中御門天皇在位（一七〇九～一七三五）的正德五年（一七一五）間，永平寺的卍山道白（一六三六～一七一五）在其〈天童遺落錄〉中曾說：「璨無文之《無文印》第五卷〈天地[池]雪屋韶禪師塔銘序〉中云：『嘉定間，淨禪師倡足菴之道于天童，懼洞宗玄學或為語言勝，以惡拳痛棒，陶冶學者，肆口縱談，擺落枝葉，無華滋旨味，如蒼松架壑，風雨盤空，曹洞正宗為之一變㉒。』」永平寺是日本曹洞宗始祖永平道元（一二〇〇～一二五三）所創，卍山道白是曹洞傳人，他引用道璨此段序文

⑳按：〈雲太虛四六序〉見《無文印》卷八，頁一ａｂ。卍室祖价引文見卍室祖价，《禪儀外文傳疑鈔》所附「詞語註」插頁手寫註釋，「四六」條，無頁碼。

㉑無著道忠引文見無著道忠，《禪儀外文集考》（京都：禪文化研究所藏寫本，年代不明），頁九ｂ—一〇ａ。

㉒《天童山景德寺如淨禪師續語錄》（臺北：新文豐出版公司，《大正藏》第四八冊，一九八三），頁一三三ｂ。按：道璨此文確實在《無文印》第五卷，但「天池雪屋韶禪師」誤作「天地雪屋韶禪師」，可能是刻工之誤。

後，還說：「所謂『懼洞宗玄學或為語言勝』等，實得淨公意」，對道璨之語深表同意㉓。經查道璨此文確實在《無文印》第五卷，雖然「天池雪屋韶禪師」誤作「天地雪屋韶禪師」，但很可能是刻工之誤。「天池雪屋韶」指的是曹洞宗雪屋正韶（一二〇二～一二六〇），是《兔園集》一冊的作者。道璨讀過其書，心儀其人，但卻頗憾未能晤面。正韶顯然也是位文學僧，道璨對其評價甚高，除了說他能紹述宗祖之外，還說他「蕭閑凝遠，有晉唐人風味，工詩歌，託物寄興，陶寫其胸中至樂，意在言外㉔。」身為天童如淨的嗣法徒孫，卍山道白未必認同道璨所描寫的雪屋正韶，但卻認為他述洞上宗風之變，深得如淨之意。可見《無文印》對曹洞宗傳之勾畫，對日本曹洞宗徒是頗有深義的。

以上當然只是《無文印》在日本流傳所發生的部分作用，但是卻是不能忽視的作用。它在日本五山文化中扮演什麼角色及產生什麼影響，一時之間也無法說清，仍有待進一步的研究。

㉓同前書。
㉔道璨，〈天池雪屋韶禪師塔銘〉，《無文印》卷五，頁五b—七a。

第二章：《無文印》作者道璨的生平與其儒學根基

一、「無文印」一詞之由來

《無文印》一書名的「無文」，是道璨自己的稱號。叢林因而以無文道璨、璨無文或粲無文稱之。不過「無文印」一詞，在南宋初已廣為流傳，先是以「無文印子」為世所知。譬如，南宋初最負盛名的臨濟宗禪師大慧宗杲（一〇八九～一一六三）就在其示眾語說：「諸法本來絕待，觸目且無拘礙。只因斷臂覓心，便有人求懺罪。無文印子既成，付法傳衣廝【斯】賴①。……」他又於某傅菴主請普說時，用同樣的「無文印子」一語說：「達磨從西天將得箇無文印子來，把二祖面門，一印印破。二祖得此印，不移易一絲頭，把三祖面門印破。自後一人傳虛，萬人傳實，遞相印授，直至江西馬祖②。」可見宗杲是以抽象的「無文印子」來代表達磨付法傳衣之具。宗杲進一步說明此「無文印子」遞相傳授的過程，大致可以簡示如下：

① 《大慧普覺禪師語錄》（臺北：新文豐出版公司，《大正藏》第四七冊，一九八三）卷七，頁八三八b。「廝」疑為「斯」之誤。
② 《大慧普覺禪師語錄》卷一五，頁八七六c。

南嶽和尚→江西馬祖→百丈大智→黃檗和尚→臨濟和尚→興化和尚→南院和尚→風穴和尚→首山和尚→汾陽和尚→慈明和尚→楊岐和尚→白雲和尚→五祖和尚→圓悟老師③

此圖示其實是宗杲對自己師承最簡捷的說明，但他是用某人「得法」於某人之承接語式來表達的，所以有「江西馬祖得此印於南嶽和尚」，經歷代承續而至於「圓悟老師得此印於五祖和尚」之語。宗杲覺得此印既傳至自己，不能再續援前例，單傳心印，故言「即今對眾將這印子，為他打破，欲使後代兒孫各各別有生涯，免得承虛接響，遞相鈍置。遂卓拄杖一下云：『印子百雜碎了也④！』」

宗杲之語，在在都證明「無文印子」是抽象的「傳法心印」，經代代相傳，至其師圓悟克勤（一〇六三～一一三五）傳給他為止。此後，宗杲打破此「無文印子」之傳遞，讓其法子法孫自由發揮，各張旗幟，使南嶽之道，有向新發展之趨勢。

雖然宗杲宣稱打破了「無文印子」，但「無文印」一詞已流行於世，故南宋士人王炎（一一三七～一二一八）在其〈請僧住白雲疏〉就用其語曰：「截斷横流，一句不離兔角龜毛；引接後學，三關且說佛手驢腳。所以老南宗派謂之臨濟正傳，若要勘

③《大慧普覺禪師語錄》卷一五，頁八七六c—八七七a。
④《大慧普覺禪師語錄》卷一五，頁八七七a。

它沒眼禪，直須用此無文印。某人飽參尊宿，徧踏叢林，及到大溈山中，如在靈源席下。拄杖頭佛百雜碎，方能不錯打人。法堂前草一丈深，又卻如何利物？在我試拈黃葉，從渠只見赤斑；下演真乘，仰增睿筭⑤。」

王炎，字晦叔，一字晦仲，號雙溪，婺源（在今江西）人，是乾道五年（一一六九）進士，嘗在紫巖居士張浚（一〇九七～一一六四）之長子南軒張栻（一一三三～一一八〇）幕下受學，頗受張栻之提拔。他曾任鄂州崇陽主簿，潭州教授，岳州臨湘邑，並曾通判贛州臨江軍，知饒州及湖州等地方官⑥，與叢林頗有來往，常在佛寺僧舍寄宿盤桓，並作詩與僧唱和，見於其文集中，如〈宿公安二聖寺〉、〈寓江陵能仁僧舍二首〉及〈和麟老韻五絕〉等等，都可見他與禪師之交往⑦。王炎撰有不少

⑤王炎，〈請僧住白雲疏〉，《雙溪類稿》卷二七，頁一一a。

⑥胡升，〈王大監（炎）傳〉，《新安文獻志》（臺北：臺灣商務印書館，影印文淵閣《四庫全書》本，一九八三——一九八六）卷六九，頁二八a——二九b。

⑦王炎，〈宿公安二聖寺〉、〈寓江陵能仁僧舍二首〉、〈和麟老韻五絕〉，各見《雙溪類稿》（臺北：臺灣商務印書館，影印文淵閣《四庫全書》本，一九八三——一九八六）卷三，頁二四b、二五a；卷六，頁四b——五a。其〈宿公安二聖寺〉中有句云：「粥魚齋鼓二千指，我貧未辦作檀施，明朝踏霜出江頭，借佛定力扶扁舟。」〈寓江陵能仁僧舍二首〉之一曰：「容膝非無地，安心即是家。焚香翻貝葉，汲水養梅花。無客同持酒，呼僧共煮茶。夜寒風力勁，誰是老丹霞？」都可見他與禪林關係之密切。

疏請文，延請有德禪僧主持寺院。除〈請僧住白雲疏〉一文外，其他疏文中也屢用「無文印」一詞或「無文」之義。譬如，〈請承祖住高臺疏〉有「六祖一印，不從文字傳來；老南三關，只許上根透過」之句⑧，而〈請僧住資福疏〉有「抛磚引擊，公案雖則分明；點鐵成金，哲匠不可多得。識達磨無文之印，承臨濟正傳之宗」等語。都在強調「無文」之印為南禪宗臨濟正傳之表徵。

可見道璨用「無文」為號，又用「無文印」為書名，宣示他是南宗臨濟嫡傳子孫之意，而「無文」即是臨濟傳宗之主張。不過，道璨雖尊「無文印」為「不立文字之印⑨」，實則處處表現不離文字，而寓文字於「無文」之表象中。這是因為道璨先學儒道，後改緇衣而依釋教，因而兼有儒門及佛門弟子之身分，往往自覺或不自覺地以儒僧之意識，發揮其文字之長。另一方面則是如李之極所說，自從出任叢林尊宿之記事，便「不能無文矣⑩」。總之，道璨雖然出家為僧，但從事翰墨，多有心得，文采斐然，深受師友之欣賞與重視，故出入儒釋，左右逢源，他的生活範圍及文化視野也

⑧王炎，〈請僧住資福疏〉，《雙溪類稿》卷二七，頁八a。
⑨此日本江戶時代禪僧無著道忠解「無文印」一詞之語，見無著道忠，《葛藤語箋》（京都：中文出版社，一九九〇），頁一〇三三。
⑩見上章。

就不是那麼侷限，表現了較一般僧侶開放、自由的心胸。所以雖倡「無文」而實不離「文」，故屢受友人之揶揄。物初大觀有「敢問『無文印』果安在哉」之問，即是一例⑪。

二、生平與其儒學根基

道璨俗姓陶，是豫章（南昌）人，自稱陶潛之後，故以柳塘名其住宅，仿淵明「宅邊有五柳樹」而自號「五柳先生」之義⑫。南昌是馬祖道一（七〇九～七八八）駐錫傳法之地。其西邊的黃龍山是北宋黃龍禪之源，黃龍慧南（一〇〇二～一〇六九）、寶覺祖心（一〇二五～一一〇〇），至死心悟新（一〇四三～一一一四）及靈源惟清（?～一一一七）三世相傳於此，使黃龍山成為江西名剎。這黃龍三世，除慧南因甚早出家，無儒學背景外，都是先習儒書，後棄儒從釋。他們出入內學外典，能

⑪見大觀，〈無文印序〉，《物初賸語》（東京：駒澤大學藏寶永五年刊本，一七〇八）卷一三，頁二一a—三a。

⑫陶潛，〈五柳先生傳〉，《箋注陶淵明集》（上海：商務印書館，《四部叢刊初編》本，一九三六）卷五，頁九a。

貫串二家，為世所重⑬。

道璨雖未必受黃龍三世的影響，但他先後從父親、張龍祥及湯巾（一二一四年進士）學儒學，後來捨儒就釋，多少反映了江西儒風與禪風對他的交互影響⑭。他曾說：「道璨兄弟稍長，先君授之學⑮。」可見他與兄弟四人，是先由其父陶躍之授學。他又說「某家世豫章，癸巳、甲午間從伯氏叔元遊白鹿，實與晦靜先生講席⑯。」

⑬慧南為江西信州玉山人，童齔深沈，十一歲即出家。見《禪林僧寶傳》（臺北：新文豐出版公司，《卍續藏經》第一三七冊，一九七五）卷二二，頁五二六a；祖心為南雄州（今廣東）始興人，少為書生有聲，但年十九即因目盲而出家，竟能睹物。見《禪林僧寶傳》（臺北：新文豐出版公司，《卍續藏經》第一三七冊）卷二三，頁五三〇a；死心悟新「本儒家子，尤愛釋典。二家貫串出入，故為世重。」見《萬曆新修南昌志》（北京：書目文獻出版社，《日本藏中國罕見地方志叢刊》，一九九二）卷二三，頁四五五b；靈源惟清為南州武寧人，「方垂髫上學。日誦數千言」，「自幼聰敏，讀儒書究知精微。因入黃龍聽法，遂大頓悟。」見《補禪林僧寶傳》（臺北：新文豐出版公司，《卍續藏經》第一三七冊，一九七五）卷二三，頁五六五a；《萬曆新修南昌志》卷二三，頁四五五a。按：有關死心悟新及靈源惟清的生平，《萬曆新修南昌志》之描述，有僧寶傳所未見者，但觀兩人立身行業所表現之儒學根基，當非虛構。尤其靈源惟清，有《靈源和尚筆語》一書傳世，可以為證。

⑭儒風方面，以鄱陽之科舉入第數為例，自太宗雍熙乙酉（九八五）梁顥榜至理宗紹定己丑（一二二九）登科者，凡五百七十餘人，其間三世聯登者三家，其餘父子兄弟俱中科第者甚多，不勝記載。見張世南，《遊宦紀聞》（北京：中華書局點校本，一九八一）卷六，頁五五。

⑮道璨，〈先妣贈孺人吳氏壙志〉，《無文印》卷四，頁一五a—一七b。陶躍之，一般介紹道璨之文皆作陶躍，如上引黃錦君〈宋末釋道璨交遊略述〉一文即是，但細讀〈先妣贈孺人吳氏壙誌〉，實應為陶躍之。

⑯同前註。

他所說的「晦靜先生」就是湯巾，是南宋有名的理學家。湯巾於紹定六年癸巳（一二三三）主白鹿書院教席，他的同年袁甫（一二一七年進士）說他「剛直有學識」，請他為白鹿書院洞長，以重振「諸老先生淑人心之本旨⑰。」湯巾長白鹿書院後，「悉力振起，多士聞風來集，又以暇日大葺堂宇，整整翼翼，增廣于舊日⑱。」可能因此，道璨聞風至白鹿書院從湯巾學，乃有「幼從晦靜湯先生游，聞知行大要」之說⑲。湯巾及其兄湯千（升伯，一一七二～一二三六）、弟湯中（息庵，寶慶二年進士）是南宋知名之鄱陽湯氏三先生，各傳朱陸之學。

三、從湯巾、張祥龍受學

道璨他對自己的學問歷程著墨不多，究竟在白鹿洞書院多久，所學如何，並未詳述。癸巳、甲午間，即理宗紹定六年（一二三三）及端平元年（一二三四）間，道璨

⑰袁甫，〈書魏子開行實〉，《蒙齋集》卷一五，頁一四b。
⑱袁甫，〈重修白鹿書院記〉，《蒙齋集》卷一三，頁二一a。
⑲道璨，〈書趙騰可雲萍錄〉，《無文印》卷一〇，頁一一b—一二a。

約二十一、二歲，剛剛弱冠，此時從湯巾問學，不能說是幼時。叔元即其伯兄叔量，也同學於湯巾門下。湯巾門人中還有其幼弟湯漢⑳，及其他子侄多人，道璨與他們來往論學，也建立了深厚之友誼。

在從鄱陽湯巾受學之前，道璨曾跟隨柳塘名儒張祥龍問學，而頗有所獲。換句話說，除了受父親之教外，他也向張祥龍執弟子之禮，在其處啟蒙，奠下其儒學之基礎。張祥龍字仲符，號中沙，豫章新建人，曾遊於江西新建名詩人大理司直裘萬頃（一一五七～一二二二）之門下。張祥龍因困於場屋，遂退而「受徒講學，五十餘年，夜誦曉講，以道德性命為根本，以語言文字為枝葉」，造就了不少人才。他「究心易學，手集諸儒訓說，遇自得處則疏於左方。」又「為歌詩，有古作者風味」，頗為裘萬頃所稱道㉑。此外，他自幼至老，嗜書之外，別無他營。除談「道德性命」，究心易學，寫作詩歌之外，也「間誦釋氏書，於金剛蕩空破執之學，若有所得㉒。」故其著作範圍甚廣，含《大易集解四卷》、《金剛經大義一卷》、《星源紀行集》、

⑳湯漢，字伯紀，號東澗，為湯巾之幼弟，見《宋史》卷四三八，頁一二九七五。《宋人傳記資料索引》說他是湯千從子。果如此，則湯漢不是湯巾之子即是其侄，誤甚。

㉑道璨，〈中沙先生張公墓誌銘〉，《無文印》卷五，頁一a—三a。

㉒同前註。

《鄂渚集》及《家居雜詠》等。道璨既執弟子禮於其門下，自然受其潛移默化。端平丙申（一二三六），道璨年三十二歲，將求道四方而特別回豫章辭別張祥龍。張送之以序，特別告誡他曰：「勿泛而求也，勿追而索也，勿拘而泥也，勿肆而誕也㉓！」道璨深受其益，二十年後，他一舸歸來，欲持所得於叢林諸老者「復於先生」，雖張祥龍已不在人世，但道璨飲水思源，不忘其學之根本，誠懇地表達儒家尊師之倫理，不僅見其為人門生之情義，而且顯示他處於「出世間」而不能忘情於「入世間」，出入其間、依違兩端的矛盾心結。

道璨離鄉入湯巾門下之後，因自認魯鈍，可能三、五年後即棄儒從佛，「廢棄初服，為佛者徒㉔。」不過，根據李之極之說法，他在湯巾門下，「雅見賞異，一再戰藝不偶，即棄去從竺乾氏遊㉕。」「一再戰藝不偶」應指科場再三失利。既然與仕途無緣，道璨遂棄儒從佛，「薙髮入叢林，求千聖不傳之學㉖。」故「道璨少也魯，去從釋氏」之說，只是託詞，實際上是他對仕途灰心之結果。他隨湯巾，大概有三、五

㉓同前註。
㉔道璨，〈書趙騰可雲萍錄〉，《無文印》卷一〇，頁一一b—一二a。
㉕李之極，〈《無文印》序〉，《無文印》序文部分，頁二。
㉖道璨，〈書趙騰可雲萍錄〉，《無文印》卷一〇，頁一一b—一二a。

年時間㉗。雖然為期不長，但對這位理學的啟蒙之師，衷心敬仰。對他傳授聖學之心，亦深為感佩。所以後來有詩兩首讚之：

向來九虎守天關，已是無心更出山。
手裏春風閑不得，又攜桃李種人間。

地下蒙齋喚得不，眼看宿草長新愁，
杜鵑也識先生意，啼得血從花上流㉘。

這兩詩對湯巾之獻身教育，深致感戴之意。詩中的「蒙齋」當指鄱陽人程端蒙（一一四三～一一九一）㉙。程端蒙是朱熹（一一三〇～一二〇〇）門人，先傳授朱子之學於江西，於湯巾為前輩。道璨之意是：程端蒙死後，杜鵑也為之哀傷而啼血，幸有湯巾主白鹿書院教席，繼他之後傳授聖學，在江西培養了許多桃李門生。道璨雖

㉗道璨，〈先妣贈孺人吳氏壙志〉，《無文印》卷四，頁一五a—一七b。道璨入佛門之後，其伯兄叔量仍續從張洽（主一，一一三七～一二三七）及湯巾受朱熹之學，後登寶祐四年（一二五六）進士，因丁父喪，服除後於開慶元年（一二五九）任贛州贛縣丞。

㉘兩首皆見道璨，〈迎湯先生（晦靜）〉，《無文印》卷一，頁三a。

㉙程端蒙，字正思，是朱熹門人，見朱熹，〈程君正思墓表〉，《晦庵集》（臺北：臺灣商務印書館，影印文淵閣《四庫全書》本，一九八三—一九八六）卷九〇，頁二四b—二七a。《宋元學案》（北京：中華書局點校本，一九八六）卷六九，頁二二七九。

自謙愚鈍，但親炙其教，深植其儒學根基，故終身感戴湯巾之師教。

大致說來，道璨既受其父親之教，又拜於張祥龍及湯巾兩位傑出之儒者門下，其深厚的儒家學問的基礎是可以預期的。所以他雖然棄儒從釋，其學問文章是頗受湯氏族人重視的。這使得他一直能以「文學僧」之面貌與文士來往周旋。但是他豈止是位「文學僧」而已？他不僅切不斷世緣，而且對耿耿於懷的「盡掃文字淫」，也未能做到，甚至一生處事待人都在「隨喜文字淫」，簡直與俗學中的詩文詞章不能須臾離。故他雖以「無文」為號，其實是時時為文，無法離文字而生。

四、尊張即之為師

道璨的另一位儒師是南宋以書法著名的張即之（一一八六～一二六六）。張即之，字溫夫，號樗寮，宋寧宗嘉泰四年（一二〇四）參知政事張孝伯之子，因祖先從四明鄞縣移居歷陽（今安徽和州）遂為歷陽人。他曾以父蔭銓中兩浙轉運使，後舉進士，歷官監平江府糧科院、將作監簿、司農寺丞。又曾奉詔知嘉興，但以言罷而未能上任，而特授太子太傅、中散大夫，終以直秘閣致仕。因此，叢林常以寺丞或秘閣稱之。

張即之出身世家，頗能承其家學。其父張孝伯與伯父紹興狀元張孝祥（一一三二～一一六九），都擅書法，故他也以翰墨見長，書法稱於一時。但他除了長於書法之外，又喜校書，經史皆手定善本，號稱博學而有儒風，為世所重。元人袁桷之祖袁似道（一一九一～一二五七）與他「情好深厚，每相顧語時事艱塞㉚。」袁桷父袁洪（一二四五～一二九八）亦與張即之相交，深知其為人，也知他熟諳掌故，「善為頌語，乾道、淳熙事，月日先後亡異，史官李心傳嘗質之㉛。」

張即之無意久仕，故「引年告老」（提早致仕），大約在五十餘歲時，便自陳年老而辭官㉜。致仕之後，他隱於四明鄞縣與母同住翠巖山，習字作書，過著頗優遊自

㉚袁桷，〈以避穀圖壽張治中并識其後〉，《清容居士集》卷四七，頁一三a—一四a。

㉛同前書，卷三三，頁一四a。按：袁桷跋即之所書「逸老堂碑」雖說他熟于典故，說乾、淳事如置掌，李心傳以為畏友。但又說書法之壞自樗寮始，謂其晚年人益奇，書亦益放。清人全祖望（一〇七五～一七五五）不以為然，曾說：「今觀是碑何放之有?予所見樗寮墨跡甚多，並不見其如清容所云者」，一方面不同意袁桷之說，一方面表示他見即之墨跡甚多。見全祖望，〈逸老堂碑跋二〉，《結埼亭集》（《四部叢刊初編》）卷三八，頁八a。

㉜張即之的致仕時間，可能在下文所說的笑翁妙堪離淨慈（一二四二）之前一、兩年，五十四至五十六歲之間。因為妙堪是在他致仕後才願去翠巖棲止的。

在之生活。他因為嘗在兩浙任地方官，結識了不少禪宗名宿，不僅與他們深相過從，而且互為師友，酬酢頻繁，所以他的知交都是禪門師徒。其中最著者便是笑翁妙堪（一一七七～一二四八）與道璨師徒，大概都有二、三十年以上的來往。

妙堪於寧宗嘉定（一二〇八～一二二四）至理宗淳祐（一二四一～一二五二）之間，為一代名僧，深受朝廷重視。先後歷主兩浙大剎。曾應衛王史彌遠（一一六四～一二三三）之請而住鄞縣大慈山寺（一二三二）。該寺是史彌遠為紀念其亡母所造之功德墳寺，但規制不下於天童、育王。史彌遠死後（一二三三），妙堪即辭去，欲退隱雪峯。其時張即之在翠巖㉝，遂招他前往。張即之的邀請書，後來為他的晚輩雪坡

㉝此段及以下關於妙堪之寺院經歷，根據物初大觀的〈笑翁禪師行狀〉，《物初賸語》（東京：公文書館「內閣文庫」藏，寶永五年（一七〇八）刊本）卷二四，頁一〇b—一五b，及無文道璨的〈育王笑翁禪師行狀〉，《無文印》（北京：線裝書局，《宋集珍本叢刊》第八五冊，二〇〇四）卷四，頁一a—五a。明·郭子章編，《明州阿育王山志續志》（《中國佛寺志會刊第一輯》，臺北：明文書局，一九八〇）亦收此〈行狀〉，但刪減多處，已非全璧。又此時即之父方逝不久，而翠巖山之翠山禪寺即其家功德寺。《寶慶四明志》謂：「翠巖山移忠資福寺，縣西南七十里，舊號翠巖境明院，……皇朝大中祥符元年（一〇〇八）賜名寶積禪院，嘉泰四年（一二〇四）張參政府請院為功德寺，賜今額。」此張參政即張孝伯。見羅濬，《寶慶四明志》（臺北：臺灣商務印書館，影印文淵閣《四庫全書》本，一九八三—一九八六）卷一三，頁二七b。黃宗羲，《四明山志》（臺北：中華叢書委員會影印本，《四明叢書》本，一九六六）卷一，頁一六六，〈翠巖山〉條：「有翠山寺，其額為張即之所書，有張孝伯墓。」又清·徐兆昺，《四明談助》（寧波：寧波出版社，二〇〇〇）卷三，頁八〇，〈翠巖山〉條：「有參政張孝伯墓」；〈翠山禪寺〉條：「宋嘉定四年（一二一一），參政張孝伯請為

姚勉（一二一六～一二六二）所見。姚勉是南宋名儒及文學家，寶祐元年（一二五三）的狀元，詩文俱稱於時。他對張即之的文辭及書法都很讚賞，見了此邀請書，曾說：「璨上人示予以張樗寮請堪笑翁住翠巖書，及祭笑翁文，詞翰俱美，予三復三嘆㉞。」這種評價，應能代表公論。他所說的璨上人，就是道璨。道璨拜張即之為師，收藏有張即之贈其師的字畫與書信，吸引不少張即之的晚輩士人造訪其寺觀賞。

由於張即之與妙堪之間有如師友、兄弟之關係，故道璨也視張即之如父、師，常與即之互通尺素，並時入翠巖，執弟子之禮。兩人之間常有唱和，都可以看出道璨受其教之深。

據道璨說，他受知於張即之，與他有三十年上下猶如父子之情誼，而這種情誼，

功德寺，賜『移忠資福』額」。按：嘉定四年為嘉泰四年之誤。可能是沿明嘉靖朝修的《寧波府志》之誤。《寧波府志》〈翠山禪寺〉條亦說，「縣西南五十里唐乾寧元年建。舊名翠巖境明院。宋大中祥符元年，賜寶積禪院額。嘉定四年參政張孝伯請為功德寺，賜翠巖山『移忠資福』額。」見明．張時徹，《寧波府志》（東京：公文書館內閣文庫藏，嘉靖三十九年刻本，一五六〇）卷一八，頁七b。《乾隆鄞縣志》（《續修四庫全書》第七〇六冊）亦說：「嘉泰四年參政張孝伯請為功德寺，賜『移忠資福』額。」見卷二五，頁五七八。

㉞例如，姚勉的同僚、也是淳祐十年（一二五〇）登狀元第的方逢辰（一二二一～一二九一），就認為他的文章「如長江大河，一瀉千里。每與友朋相語，必曰：姚成一之文章不易及也。」見姚勉，《雪坡集》（臺北：臺灣商務印書館，影印文淵閣《四庫全書》本，一九八三—一九八六）原序，頁二ab。他對張即之的評價，見姚勉，〈跋張樗寮遺墨〉，《雪坡集》卷四一，頁一一a—一二b。

是道璨長年累月與張即之相見或互通音問，不斷請益之結果。他年二十餘，大概在離白鹿書院之後，即「登公門」。張即之認為他是可造之才，故「進之坐隅，睠焉顧之，若撫其雛，垂三十年，愛甚如初。」其後，道璨「出入公門三十年」，總是受到張即之「寒而衣之，病而藥之，飢渴而飲食之，契闊則訪問而撫存之」的照顧，令他感受到張即之「猶父[之]愛子，母之念雛也」之愛㉟。更使得他終身以父、師之禮侍奉即之。由於與張即之遊，道璨也學得不少「外學」，學問境界愈駁雜而廣博，與張即之之交愈深，也更加重了他身在叢林，而心懸世間的矛盾心理㊱。

道璨認為張即之不僅僅是位單純的大書法家而已，更是位光明磊落，「胸中有義理者㊲」。張即之的身教與言教，使道璨深受啟發，而其一身行事，也以張即之為其示範，處處向他學習。他於理宗淳祐戊申（一二四八）由西湖至四明奔其師笑翁妙堪之喪後，往翠巖山留住十日，復歸徑山作夏。這段經過，他描寫為「既哭笑翁老子，遂訪樗寮隱君，於翠巖山中留十日㊳。」這年，張即之年六十三，已過了幾年的退隱

㉟此段引文皆見前引，〈祭樗寮張寺丞〉，《無文印》卷一三，頁一a—二b。
㊱見筆者的〈南宋書法家張即之的方外遊〉，《漢學研究》二六卷，四期（二〇〇八・十二），頁一三三—一六六。
㊲同前註。

生活，頗享閒居山林之樂。道璨既至四明，自然趁便訪謁，向他請益。寶祐三年乙卯（一二五五），逢即之年七十，道璨奉詔命至饒州薦福寺住持說法，也在此年再度訪即之，並作詩一首，賀其生日，稱他為「晉唐以前舊人物，翩然乘風下大荒。平生厭官不愛做，自歌招隱山中住㊴。」對他的為人與襟抱深表愛慕之意。故張即之去世後一年㊵，道璨在一篇懷念他的短文中，描述即之學問之駁雜，及他師事即之所獲之多。

㊳同前註。又《南宋元明禪林僧寶傳》卷五，頁六六八；《增集續傳燈錄》卷一，頁七六〇a。按：《南宋元明僧寶傳》將妙堪卒年定為慶元庚申（一二〇〇），誤甚。其年張即之不過十五歲，而道璨尚未出生。朱時恩，《佛祖綱目》（《卍續藏經》第一四六冊）亦作淳祐八年戊申，見卷三九，頁八一四。道璨在〈行狀〉中說荼毗之日「實淳祐七年三月二十七日也」，亦誤，與「既哭笑翁老子，遂訪樗寮隱君於翠巖山中」之時間不符。

㊴〈樗寮生日〉，《無文印》，卷一，頁六b—七a。「耐得霜」，四庫本作「耐後霜」，疑「後」字誤。

㊵張即之於咸淳二年丙寅（一二六六）去世，年八十一。他老而彌篤，雖年過八十，仍在作字。故袁桷說：「樗寮太中公以字畫醞藉重一時，年過八十，作字猶嫵媚，本茂枝亘，有自來矣。」見前引袁桷，〈以避穀圖壽張治中并識其後〉。按：張即之的生年向無異議，而卒年卻有一二六三及一二六六二說。前者係根據吳榮光，《歷代名人年譜》而來，是則即之死於七十八歲，顯然錯誤。後者係根據水賚佑先生的〈張即之卒年考〉，及地方志之說法而得。據傅申先生說，日人西川主幹亦有此說，古田紹欽及外山軍治皆從之，是則即之死於八十一歲。見傅申，〈張即之和他的中楷〉，《書史與書蹟——傅申書法論文集》（臺北：國立歷史博物館，一九九六）頁一一二。揆諸我所見之文集、法書等資料所載，確較可能。故文徵明（一四七〇～一五五九）才說「即之八十餘歲，咸淳間猶存世。」不過，宋濂曾說：「溫夫為鵝湖寺書大義道扁已八十又四，其挺特之氣至老不衰。」（前引〈張樗寮手帖〉）。宋濂之說，容或有誤？

余疇昔之夜夢與槜寮共坐南窗，翁出所作詩字韻詩索和，既覺，能記前六句，續之成章。余從翁三十年，五帝三王之學，二氣五行之理，古今治亂之端，夷夏盛衰之數，興到劇談，亹亹不已，而半語未嘗及詩。翁仙去逾年矣，豈以此為欠事，故為余修末後供耶？余平生夢中所作詩文，不能追憶一語，而此詩能記六句。吁！亦異矣！追念夙昔，感慨生死，泫然書之：

輕雲巷雨過簷牙，楊柳池塘合亂蛙，
四壁月華春夜永，一年風物此時嘉。
詩當淡處工差進，心到平時語不誇。
睡眼醒來人不見，杏花散影滿窗紗㊶。

這篇短文是道璨對張即之學問的總括描述，不見於任何其他公、私記載。似乎在道璨眼中，即之樂談「五帝三王之學，二氣五行之理，古今治亂之端，夷夏盛衰之數。」而這些議題，尤其是「古今治亂之端，夷夏盛衰之數」等問題，身為偏安江左小朝廷之南宋知識分子，在內亂外患之處境下，是不會漠不關心的。即之與道璨不談論禪佛、不談詩文，而談道璨視之為世間之事的政治與歷史。他對待道璨如同門生晚

㊶〈紀夢〉，《無文印》卷二，頁一〇ａｂ。

輩及一般知識分子，而道璨也認真聆聽受教，不以禪宗之機鋒與他周旋。他的詩文及行事，往往充滿對儒家人文傳統及傑出歷史人物的關懷，未嘗不是受張即之學問的薰陶所致。

五、餘論

道璨的儒學修養是他擅長詩文詞章的由來，也是他劌目鉥心，鉤章棘句，苦吟不休的學問資源。他敬慕不少歷史上的忠直之士，遠自屈原，近至朱熹及他的幾位啟蒙之師，都是他藉懷古以述志的對象，他的為人與生活受到他的儒學根柢相當深的影響，沒有這種儒學根柢，怎寫得出下面這首〈和臥龍菴招隱吟〉呢？

武侯與晦翁，千載兩名流。
各以一臂力，能鎮百世浮。
神遊天地間，或為山阿留。
心期有佳人，駕言寫幽憂。
水流岩花開，山空明月秋。

桂樹影團團，乳鹿鳴呦呦。
薦菊秋盈筐，酌茶花滿甌。
兩翁來不來，徘徊駐歸騶㊷。

此詩疑是道璨遊廬山臥龍菴㊸，見菴內所題〈招隱吟〉而作。此臥龍菴係朱熹知南康軍卸任後，捐俸錢十萬所建。他還請西原隱者崔嘉彥因臥龍菴舊址縛屋數椽以俟命下而徙居。後又緣名潭之義，畫諸葛孔明之像，置於堂中，並請友人張栻賦詩以紀其事㊹。他自己也寫了一首詩，表達其莊嚴繪像，緬懷「千載人」之素心。詩曰：

空山龍臥處，蒼峭神所鑿。
下有寒潭幽，上有明河落。
我來愛佳名，小築寄幽壑。
永念千載人，丹心豈今昨。
英姿儼繪事，凜若九原作。

㊷按：此詩標題《柳塘外集》本作〈和臥龍招隱吟〉，缺一「菴」字，變成和諸葛孔明之〈招隱吟〉，疑誤。但其下注云：「孔明臥龍在南陽，朱晦菴臥龍在廬山」，可見是指「臥龍菴」。
㊸臥龍菴在南康軍城西北二十里。見《方輿勝覽》卷一七，頁三〇五。
㊹朱熹，〈臥龍菴記〉，《晦庵先生朱文公文集》卷七九，頁一a—二a。

寒藻薦芳馨，飛泉奉明酌。
公來識此意，顧步慘不樂。
抱膝一長吟，神交付冥漠㊺。

朱熹懷念諸葛武侯的詩有數首，此詩只是其一。詩中說明他擇地築菴之初衷，宣示他對諸葛亮的景仰，見其畫像如見其人復生的心情，與道璨之詩意，可以說是紅花綠葉，相映成趣。另一首詩，緬懷臥龍，所用韻腳，與道璨詩相同，都是「下平聲十一尤韻」，其詩云：

躡石度急澗，窮源得靈湫。
谽谺兩對立，噴薄中怒投。
何年避人世，結屋棲巖陬。
嘉名信有託，故迹誰能求？
我來一經行，凄其仰前脩。
鄰翁識此意，伐木南山幽。
為我立精舍，開軒俯清流。

㊺朱熹，〈臥龍菴武侯祠（在西澗西三里）〉，《晦庵先生朱文公文集》（上海：商務印書館，《四部叢刊初編》本，一九三六）卷七，頁一三b—一四a。

多岐諒匪安，一壑真良謀。
鮮組云未遂，驅車且來遊。
嘉賓頗蟬聯，野蔌更獻酬。
飲罷不知晚，欲去還淹留。
躋攀已別峯，窺臨忽滄洲。
下集西澗底，沉吟樹相樛。
玉淵茗飲餘，三峽空尊愁。
懷賢既伊鬱，感事增綢繆。
前旌向城郭，回首千峯秋㊻。

此詩抒寫朱熹希望解官之後來臥龍菴退隱之願望，因為願望一直未達成，暫且先驅車來遊。他在菴前與嘉賓食野菜、飲獻酒，流連其間而不知天之既晚。因為懷念古賢，甚至憂憤鬱結，而感概世事，益增糾亂之心結。在此心情下離去，還不斷回首望著秋山上的千峯。幾十年後，道璨來遊臥龍，見到朱熹所建之臥龍菴，想到「武侯與晦翁」及晦翁所寫之詩，也興起了緬懷「兩翁」之思緒。他希望有佳人才士遊行至

㊻朱熹，〈臥龍之遊得秋字賦詩紀事呈同遊諸名勝聊發一笑〉，《晦庵先生朱文公文集》卷七，頁三b—四a。

此，能寫出他們千古憂思。像晦翁一樣，他也在歸途中，將車馬停駐在臥龍菴前，徘徊良久。看著盛放的秋菊，飲茶賞花，期盼著兩翁之來而未能，其惆悵之心情，真是不言而喻啊！

這就是「文學僧」的道璨，而他的懷念古今賢人的詩作，正是《無文印》中表現他涵泳於多種「入世間」生活情境與經驗的主要面相之一。

第三章：從道璨的詩看其為人與生活

一、道璨與詩的淵源

日本五山禪僧虎關師錬等人雖然注意到《無文印》，但是令人感到奇怪的是他們為何只注意到道璨的「四六」疏文，而對他的詩則不置一詞？至少道璨雖然詩文都擅長，但自覺對詩最有興趣也最有會心。所說「少學夫詩，老不加進」，實是自謙之詞，而「嗜之無斁」則是肺腑之言①。

道璨雖嗜詩不廢，但所留下的詩作並不多。《無文印》所收五七言詩，僅九十五首，與吾人之預期大有落差。雖然如此，他的詩名冠於一時詩僧，故不少禪友都攏所作詩集請他評騭，寫成序跋。

道璨的詩，大概有一半以上都是與文士及禪友唱和之篇，此類唱和詩，本書以下諸章將有析論。其他詩則多詠物、閒適之作，或題友人之軒閣房舍，或描寫花木自然，記其「睹物思人」之情。當然，也不免「託物言志」或「藉物抒懷」。由於道璨

①道璨，〈書趙騰可雲萍錄〉，《無文印》卷一〇，頁一二a。原文謂：「少學夫詩，老不加進，而嗜之無斁。」

內外學之修養俱厚，所以往往以古經詩騷之語入詩，不僅蘊藏豐富的文史譬喻與意象，也顯示他用字之講究與精鍊，與一般詩僧常以俚語入詩的作法不同。不過，他自稱是陶淵明之後，可能因此而詩宗魏晉，尚平淡自然。有所謂「詩到淡處工差進，心到平時語不誇」之見，可以約略看出其為人、性情及素養②。

道璨還寫了若干思鄉、懷古詩，寄託他一直念念不忘其家鄉與家人之情。他雖然志在追求「出世」之生涯，卻時而流連於「入世」之情境，表現了內心深處的徬徨與矛盾。以下將其各類詩作稍作析論，以見其為人與生活。

二、詠物詩之一：軒閣房舍

道璨的詠物詩大概可分三類，其一為詠軒閣、僧房者，如〈題水月軒〉、〈徐竹堂園亭三題〉、〈題善住閣〉、〈超師房〉及〈題孫竹閣望梅亭〉等等，雖為寫景繪物之作，總會將景物與其主人翁相綰合，藉以襯托人物之風致與格調。如〈題水月

②道璨，〈紀夢〉，《無文印》卷二，頁一〇b。

軒〉說：

江水清無底，江月明如洗。
開軒挹清明，道人清若此。
春風不搖江面波，春雲不載江頭雨。
天地無塵夜未央，照影軒中惟自許。
我來風雨夜漫漫，水月俱亡無表裏。
笑拍闌干問阿師，水在月兮月在水③？

此詩描寫某「道人」之所居，因沿江而設，可見清澈之江水與水中之明月。道人開軒而挹清水明月，其清亦與之相若。居此住宅，春風雖來，而江水無波；春雲籠罩，而江上無雨。在天地無塵而夜未盡之時，只見道人之影，在月照軒中，自我期許。不料我道璨來了之後，竟帶來漫漫長夜之風雨，把清澈之江水與水中之明月都破壞無遺了。只能苦笑問道人，到底是水在月中還是月在水中啊？

道璨與多位「道人」來往，這些道人應都是遠離塵寰、遺世獨立的禪師。他的〈題善住閣〉，也是描寫某「善住道人」的出塵之居，詩云：

③道璨，〈題水月軒〉，《無文印》卷一，頁一b。

閣前溪水聲潺湲，閣後山色空巑岏。
取之不得舍不得，善住道人如是觀。
浩蕩春風滿天地，飛絮遊絲無定處。
去無所至來無從，善住道人如是住。
有所住兮成守株，魚止濼兮鳥棲蘆。
無所住兮成漫浪，空中跡兮鏡中像。
道人一笑粲琳琅，住不住兮吾已忘。
十二闌干春晝長，眼看白鳥浮滄浪④。

此詩先說善住閣前有水聲潺湲之溪，後有尖拔之山峯，但善住道人認為既不能據為己有，又捨不得離去。此閣位於浩蕩春風滿天地之處，有飛絮遊絲漂浮無定，既無所從來，又去無所至，善住道人住此閣，也是忽來忽往，住而不住。道璨認為，其住

④道璨，〈題善住閣〉，《無文印》卷一，頁三b。按：「來無從」或讀作「來無蹤」，見《柳塘外集詩》卷一，頁一二ab。《全宋詩》從之，見《全宋詩》卷三四五五，頁四一六八，疑誤。蓋「來無從」一語，得自《大般若波羅蜜多經》之「一切如來，應正等覺、明行圓滿、善逝、世間解、無上丈夫，調御士、天人師、佛、薄伽梵，所有法身，無所從來，亦無所去。」正是「去無所至來無從」之意。（臺北：新文豐出版社，《大正藏》第六冊，一九八三），頁一〇六七b。又，「十二闌干」《柳塘外集》本讀作「閒倚闌干」，《全宋詩》從之，疑誤，蓋「十二闌干」有曲折而多之意，與「春晝長」恰相對照。

之時，如同守株，似困魚止濼，病鳥棲蘆一樣。而不住之時，則成漫浪之身，如空中飛鳥之跡，鏡中映照之像。道人忽然語如珠玉粲然地一笑而說，住或不住善住閣，他也忘了。不如倚著十二曲長的闌干，在白晝綿長的春日中，眼看著浮在青水上的白鳥。道璨之詩，勾畫出一遠離塵世，與自然相即無礙的情景。

他的〈超師房〉一詩，寫某「超師」所住僧舍，也有著墨於其脫離塵囂之意。

巖桂花開滿院香，青莎葉底有鳴螿。
人家只在西林住，雞犬聲中又夕陽⑤。

此詩中之「巖桂」即是桂花，仲秋時開花。「鳴螿」即是寒蟬，也在秋季日暮時鳴，可知道璨是描寫秋季日暮時的超師僧房。大意略謂其房舍院裏開滿著桂花，香氣四溢，而青莎草地上之落葉底下也有寒蟬鳴叫。在此一靜一動之間，只有僧房西邊住著的人家，也在他們的雞鳴犬吠之中，又見夕陽西下了。

〈題孫竹閣望梅亭〉一詩，或作〈題會稽孫竹閣望梅亭〉⑥。會稽孫竹閣，可能是竹隱先生、濁湖居士孫應時（一一五四～一二〇六）的子孫，道璨寫其望梅亭，或有睹亭思其先世而作詩惕勵之意。詩云：

---

⑤道璨，〈超師房〉，《無文印》卷一，頁七b。
⑥見《柳塘外集》卷一，頁三b。

梅梁在屋東，梅溪在屋西。
舉頭東西望，古意入雙眉。
彼溺猶己溺，彼饑猶己饑。
皇皇聖人心，萬世同一機。
誠明與物欲，方寸分町畦。
火然而泉達，擴棄無邊涯。
禹亦何人哉，勉之宜及時⑦。

此詩先說望梅亭之所在，指出其東為「梅梁」，其西為梅溪。「梅梁」是會稽的梅梁山，有梅溪水出自其西⑧，望梅亭就在梅梁與梅溪之間。「古意」當是指會稽禹廟與梅梁的傳說⑨。道璨從望梅亭之地理位置，想到大禹的傳說及禹廟的故事，於是餘詩就以大禹治水的人飢猶己飢、人溺猶己溺的精神來鼓勵孫竹閣，告訴他這種偉大的聖人之心，是萬世之人皆同受此一機緣的，不過要看其人方寸間的用心。比如孟子

⑦道璨，〈題孫竹閣望梅亭〉，《無文印》卷一，頁一〇a。
⑧《浙江通志》引《萬曆紹興府志》云：梅梁山「在石匱山南二里，梅溪水自其西出。」見卷一五，頁四九b。
⑨漢・應劭，《風俗通》曰：「夏禹廟中有梅梁，忽一春生枝葉。」見《太平御覽》（上海：商務印書館，《四部叢刊》本，一九三六）卷九七〇，頁二b。

所說之收其放心，選擇「誠明」而放棄「物欲」，讓其「火然泉達」，擴而充之，使達於四海，充塞宇宙。此是聖人夏禹所做到的推己及人之能事，他能如此，你孫某人也要及時勉之啊！

道璨此詩用孟子所說「人皆可為堯舜」之義，並以孟子擴充「四端」之義來勸孫竹閣以聖人之心為心，來救世人。並以為他必能以「自誠明」之力，完成聖人之功。「火然而泉達」一句，實本《孟子．公孫丑》上篇所謂：「凡有四端於我者，知皆擴而充之矣，若火之始然，泉之始達，苟能充之，足以保四海，苟不充之，不足以事父母⑩。」道璨用儒家之語來勸儒者效法聖人救世之行，可謂用心良苦。

三、詠物詩之二：園亭花樹

此類詠物詩有〈和洪叔炎園亭二題〉及〈和余僉判清溪觀荷〉二首，都是唱和詩，而〈徐竹堂園亭三題〉則是訪其友徐竹堂之住宅後所作。

⑩見朱熹，《四書集注》，《孟子》卷二，〈公孫丑上〉，頁四七。

〈和洪叔炎亭園二題〉，雖然說是「亭園二題」，但第一首題曰「收香藏白」，第二首題曰「桂芳」，故知為詠亭園梅花與桂花之作，故詩題或作〈和馮叔炎梅桂二首〉⑪。唯「馮叔炎」之名疑誤，因「叔炎」可能是黃山谷甥洪氏諸孫洪庭桂之字⑫。洪庭桂是進士出身，也是道璨之妹婿⑬，故道璨之詩有長者諷勸之口吻，係藉物之品格而勸諭之作。其詩云：

收香藏白

色香俱第一，知己是華光。風味嫌膚淺，精神貴斂藏。
一生雖抱獨，千古卻流芳。若論調羹事，還他一日長。

桂芳

風露透枝葉，團團翠滿坡。但教秋思足，不必月明多。
騷在誰招隱，山空自放歌。故家射科手，折取莫蹉跎⑭。

「收香藏白」一詩，詠梅花之色香，雖惜其「風味膚淺」，但重其「斂藏精

⑪按《柳塘外集》讀作〈和馮叔炎梅桂二首〉，見卷一，頁一六a，「馮叔炎」為「洪叔炎」之誤。
⑫按：山谷洪姓甥有四：洪朋（一〇六五～一一〇二）、洪芻（一〇六六～？）、洪炎（一〇六七～一一三三）、洪羽（一〇六八～？），號稱「豫章四洪」，此洪庭桂不知屬何支？
⑬道璨提及其名於〈先妣贈孺人吳氏壙志〉，《無文印》卷四，頁一七a。

神」。詩的下半部，可能是對洪庭桂之詩而說，表示他雖一生抱獨，但總會像梅花一樣，千古流芳的。「調羹」一句寓意，常見於宋人詠梅詩。譬如，司馬光（一〇一九～一〇八六）有詩云：「梅簇荒臺自可羞，相君愛賞忘宵遊，未言美實調羹味，且薦清香泛酒甌⑮。」王安石也有詩云：「漢宮嬌額半塗黃，粉色凌寒透薄粧。好借月魂來映燭，恐隨春夢去飛揚。風亭把盞酬孤艷，雪徑回輿認暗香。不為調羹應結子，直須留此占年芳⑯。」大概梅子以鹽濟之可作調羹之用，是其長處，故說：「還他一日長」。當然「調羹」在王安石詩中有「兆公相業」之意⑰，但非道璨之所指。

「桂芳」一詩以描寫桂樹叢生、桂花盛開為始，而以期望其妹婿的登科作結，表

⑭道璨，〈和洪叔炎亭園二題〉，《無文印》卷一，頁一一b。按：朱希真有〈念奴嬌——詠梅花〉詞曰：「見梅驚笑問經年，何處收香藏白。」可知「收香藏白」係指梅花。朱詞見《花木鳥獸集類》（臺北：臺灣商務印書館，影印文淵閣《四庫全書》本，一九八三—一九八六）卷上，頁三六a。又見宋・黃昇《花菴詞選》（臺北：臺灣商務印書館，影印文淵閣《四庫全書》本，一九八三—一九八六）卷一，頁二四b。

⑮司馬光，〈又和上元日遊南園賞梅花〉，《傳家集》（臺北：臺灣商務印書館，影印文淵閣《四庫全書》本，一九八三—一九八六）卷一二，頁五b。

⑯王安石，〈與微之同賦梅花得香字三首〉，《臨川文集》（臺北：臺灣商務印書館，影印文淵閣《四庫全書》本，一九八三—一九八六）卷二〇，頁九ab。

⑰見宋・李壁，《王荊公詩注》（臺北：臺灣商務印書館，影印文淵閣《四庫全書》本，一九八三—一九八六）卷三一，頁九b。

現了相當程度藉物比興之意。首聯形容桂花團團，開滿山坡。頷聯用唐・王建〈十五夜望月〉之詩意，點出桂花喚起的秋思。王建詩曰：「中庭地白樹棲鴉，冷露無聲濕桂花。今夜月明人盡望，不知秋思落誰家⑱？」道璨則說，只要「秋思足」就可，不必「月明多」。頸聯的首句，用「叢桂招隱」之典，桂叢多指隱居之地。道璨之意在說，雖然〈離騷〉尚在，但已無淮南小山之吟招隱了⑲。所以洪庭桂可以在空山之上，放歌長嘯。不過，他出身山谷甥的後代，其先人都得意科場⑳，他若要蟾宮折桂，是不能蹉跎度日的。道璨有書致〈叔炎洪制幹〉，當即是洪庭桂中進士任官之後所寫㉑。

〈和余僉判清溪觀荷〉一詩甚長，以描述青溪觀荷之興為始，而以憂濂溪之道的不傳作結。雖是夏日觀荷之作，但由青溪之荷，聯想到「愛蓮」的濂溪周敦頤（一〇

---

⑱王建，《王司馬集》（臺北：臺灣商務印書館，影印文淵閣《四庫全書》本，一九八三—一九八六）卷八，頁一二b。

⑲按：淮南小山為淮南王劉安，據說曾作〈招隱士〉一篇，首句即說：「桂樹叢生兮，山之幽；偃蹇連卷（權）兮，枝相繚。」言桂樹之芬芳而美，以喻才德之高明，宜輔賢君。見《六臣注文選》卷三三，頁二七六—二八〇。

⑳按：「豫章四洪」僅老大洪朋兩舉進士不第，年僅三十八歲而卒，餘皆在三十歲前登科。參看黃啟方，《黃庭堅與江西詩派》（臺北：國家出版社，二〇〇六），頁四二八、四三六、四五一、四五七。

㉑道璨，〈叔炎洪制幹〉，《無文印》卷一八，頁五b。

一七～一〇七三），並談及世道之清濁，為人之屈直，可謂言近而旨遠。道璨所以想到濂溪，實是因周敦頤曾在南安軍（今江西大餘縣）任司理參軍，傳聖人之學，門下多人，二程亦在其中；他也曾入南昌，在道璨之家鄉任知府，晚居廬山，創濂溪書院，為一代大儒㉒。周敦頤晚年知南康軍時，在府署東側挖池種蓮名「愛蓮池」，並作〈愛蓮說〉，述其襟抱，略云：「予獨愛蓮之出淤泥而不染，濯清漣而不妖，中通外直，不蔓不枝，香遠益清，亭亭淨植，可遠觀而不可褻翫焉㉓。」道璨詩之末句云：「中通外直真絕奇，一語能覺千古迷。二百年後誰傳衣，青溪滾滾通濂溪㉔。」正是因回顧濂溪窮神知化的學問及光風霽月之人品，擔憂二百年之後的當日，無人繼承其衣鉢，而空見青溪滾滾通濂溪罷了。

㉒《宋史》卷四二七，〈周敦頤傳〉，頁一二七一〇—一二七一三。朱熹，〈濂溪先生行實〉，《周元公集》卷四，頁三a。

㉓周敦頤，〈愛蓮說〉，《周元公集》卷二，頁一b—二a。又，周敦頤於神宗熙寧四年（一〇七一）知南康軍，兩年後卒，年五十七歲。見宋・度正，《濂溪先生周元公年表》（北京：北京圖書館，《北京圖書館珍本年譜叢刊》第十四冊，一九九九），頁一三二；清・常在，《道國元公濂溪周夫子年表》（北京：北京圖書館，《北京圖書館珍本年譜叢刊》第十四冊，一九九九），頁一一五。

㉔道璨，〈和余僉判清溪觀荷〉，《無文印》卷二，頁三b—四a。按：此詩中若干字與《柳塘外集》本不同，如「浪蘂浮花」作「浪蕊浮花」，「探尋聖處」作「探尋勝處」，「青溪」作「清溪」，「水沉」作「水流」，「袞袞」作「滾滾」，見〈和余山南僉判清溪觀荷〉，《柳塘外集》卷一，頁一五ab。這些不同，筆者以為除「浪蘂」同「浪蕊」，「袞袞」通「滾滾」外，餘皆以《無文印》本為正確。

〈徐竹堂園亭三題〉分別為〈仙巢─海棠洞〉、〈野水橫舟〉、及〈月窟〉，顯然是徐竹堂園亭中的人工山水素描。前兩首純粹寫景，後一首用邵雍《先天圖》，及《楚辭》中之意象，反映了他兼攝儒學並常「讀離騷」的心情（見下文）。其詩云：

鑿開混沌竅，豁見天地根。
舉瓢酌桂漿，引足蹈昆侖。
湛然一精明，身外無乾坤。
我欲從之遊，雲深入無門㉕。

此詩題「月窟」疑是以太湖石造成的假山中之天然窟窿。太湖石又稱「窟窿石」，因多「彈子窩」（窟窿）、褶皺、紋理，用以點綴園林，最為悅人眼目。唐以來私家庭園甚為流行，宋代亦然；宋人所說的「花石岡」即含太湖石㉖。道璨詩的首

㉕道璨，〈月窟〉，《無文印》卷一，頁三a。

㉖關於太湖石，參看宋・杜綰，〈平江府太湖石〉，《雲林石譜》（臺北：臺灣商務印書館，影印文淵閣《四庫全書》本，一九八三─一九八六）卷上，頁三b─四a。其文曰：「產洞庭水中，石性堅而潤，有嵌空穿眼，宛轉嶮怪勢。一種色白，一種色青而黑，一種微黑青。其質文理，縱橫籠絡。起隱於石面，遍多坳坎，蓋因風浪中衝激而成，謂之彈子窩。扣之微有聲，採人攜鎚鏨入深水中，頗艱辛，度奇巧，取鑿貫以巨索，浮大舟，設木架絞而出之，其間稍有巉岩，特勢則就加鐫礲取巧，復沉水中，經久為風水沖刷，石理如生。此石岩最高有三五丈，低不踰十數尺。間有尺餘，惟宜植立軒檻，裝治假山，或羅列園林廣榭中，頗多偉觀，鮮有小巧可置几案間者。」

聯，應是講太湖石之「窟窿」，而透過「窟窿」望天，可見天地之根。他應該讀過邵雍（一〇一一～一〇七七）的〈觀物吟〉及〈月窟吟〉。兩詩分別說：「耳目聰明男子身，洪鈞賦與不為貧。因探月窟方知物，未躡天根豈識人？乾遇巽時觀月窟，地逢雷處看天根。天根月窟閒來往，三十六宮都是春㉗。」「月窟與天根，中間來往頻。所居皆綽綽，何往不伸伸？投足自有定，滿懷都是春。若無詩與酒，又似太虧人㉘。」兩詩都提到「月窟」與「天根」，朱熹解其詩，認為根據邵雍《先天圖》，「自復至乾，陽也，自姤至坤，陰也。陽，主人；陰，主物。手探、足躡亦無甚意義，但姤在上，復在下。上，故言手探；下，故言足躡㉙。」朱熹以六十四卦言「月窟」與「天根」，以陽生為天根，陰生為月窟，故二者間之來往，為陰陽動靜更相禪代之變化。故朱熹又說：「如謂『天根月窟閑來往，三十六宮都是春』，正與程子所謂『靜後見

㉗宋・邵雍，〈觀物吟〉，《擊壤集》（臺北：臺灣商務印書館，影印文淵閣《四庫全書》本，一九八三—一九八六）卷一六，頁三a。

㉘邵雍，〈月窟吟〉，《擊壤集》卷一七，頁七a

㉙宋・朱鑑，《文公易說》（臺北：臺灣商務印書館，影印文淵閣《四庫全書》本，一九八三—一九八六）卷一，頁一二b。又參看黃宗羲《易學象數論》之〈論天根月窟〉，朱升之《易前圖說》之論邵子詩，分別載《宋元學案》（北京：中華書局點校本，一九八六）卷一〇，〈百源學案下〉，頁四〇三；卷七〇，〈滄州諸儒學案〉，頁二三六〇—二三六一。

萬物皆有春意』同㉚。」道璨說見「天地根」，應指見「月窟」與「天根」之意。

此詩頷聯取《離騷》〈九歌〉章的「援北斗兮酌桂漿」之意象、韓愈「刺手拔鯨牙，舉瓢酌天漿」之詩句、及《淮南子》「經紀山川，蹈騰崑崙」之詞語㉛，表現了古詩人豪壯高邁之心胸。故頸聯說「月窟」澄澈清明，代表乾坤之大，故「身外無乾坤」，而他雖有凌霄入此乾坤的壯志，可歎的是礙於雲深而尋不到入此乾坤之門啊！

四、安居閒適詩

道璨喜好作詩，閒居若無事，優遊山間水畔，則吟詠自適，快意自足。〈踈山問竹〉一詩云：「坐對青青仔細看，別來且喜尚平安。山中歲晚風霜惡，不易孤標耐得寒㉜。」此是山中賞竹之作，簡短四句，凸顯竹子勁直不改其節之特質，正是他品評

㉚《文公易說》卷一五，頁七b。

㉛「援北斗兮酌桂漿」一句，見〈九歌——東君〉，《楚辭》（上海：商務印書館，《四部叢刊初編》本，一九三六）卷二，頁二〇a。韓愈詩句，見韓愈，〈調張籍〉，《韓昌黎詩繫年集釋》卷九，頁四三六。《淮南子》語見《淮南子》（上海：商務印書館，《四部叢刊初編》本，一九三六）卷一，〈原道訓〉，頁二b。

㉜道璨，〈踈山問竹〉，《無文印》卷一，頁五a。

人物道德風骨的標準。〈睡起〉一詩說：「青青岸草綠於袍，雨後江流數尺高。庭院日長春睡足，幽蘭花底讀離騷㉝。」在春日雨後的庭園中睡起，坐幽蘭花底下讀《離騷》，當是他閒居時之日課。道璨常以《離騷》之句與意象入詩，當是此種讀書習慣之結果。

〈蘭溪夜泊〉則是寫他在浙西夜泊蘭溪而不能入寐的經驗。詩云：

我泛浙西船，夜泊蘭溪岸。
篷窗坐不眠，縣鼓鳴夜半。
橋上趁墟人，往來徹清旦。
辦此朝夕勞，不博一日飯。
複被重氈睡正暖，閉戶有人嫌夜短㉞。

由於坐在船上不能入睡，道璨推窗夜望，不但聽到夜半的海濤轟鳴（縣鼓）之聲，而且見到船上趕集（趁墟）的商人，徹夜來往，而至清晨。他覺得這些人為生活日夜操勞，而不暇一日之食，而那些擁著厚氈酣睡於溫室的富室豪吏，卻仍閉著屋子享福而嫌夜短呢！道璨的「蘭溪夜泊」，讓他看到了人間勞苦與安逸之不均，也激起

㉝道璨，〈睡起〉，《無文印》卷一，頁五a。
㉞道璨，〈蘭溪夜泊〉，《無文印》卷一，頁二b。

他為下層勞動者抱屈與同情之心。

道璨還常寫有關秋天之詩，似乎秋日秋夜常引起他的感慨，上文〈桂芳〉一詩就有「但教秋思足，不必月明多」之句。而〈秋思〉一詩則說：「草根無數候蟲鳴，月在梧桐樹上明。庭院無人過夜半，自攜團扇遶階行㉟。」如同畫了一幅月明梧桐樹梢，詩人夜半寂寞而繞階彳亍沈思的圖畫。〈立秋日〉說：「碧樹蕭蕭涼氣回，一年懷抱此時開。槿花籬下占秋事，早有牽牛上竹來㊱。」似乎秋涼之日來時，他的心情也跟著開朗了。牽牛花早開，是否為秋日吉事來臨之兆？

〈投筆〉一詩，似是自覺多年習字不見長進，感歎而作。「無心檢點筆頭春，疏懶從教到十分。留取半生揮翰手，巖前無事學耕雲㊲。」「學耕雲」，就是要過著閒雲野鶴的生活，不再為世事所羈。「耕雲」一詞，來自宋人管師復。此人自號臥雲先生，宋仁宗嘗召至問曰：「卿所得何如？」對曰：「滿塢白雲耕不盡，一潭明月釣無痕，臣所得也。竟不受爵命㊳。」管師復之答語遂成了「耕雲釣月」一詞之由來。道

㉟道璨，〈秋思〉，《無文印》卷一，頁五ａｂ。
㊱道璨，〈立秋日〉，《無文印》卷一，頁五ａ。
㊲道璨，〈投筆〉，《無文印》卷二，頁七ａｂ。
㊳明・彭大翼，《山堂肆考》（臺北：臺灣商務印書館，影印文淵閣《四庫全書》本，一九八三—一九八六）卷一〇九，〈釣月耕雲〉條，頁二六ａ。

璨欲「學耕雲」，自然是不想再過問世間之事，但是他何嘗能夠遂其所願呢！

五、思鄉懷古詩

身為禪僧，道璨經常表現其「思鄉」之念及「懷古」之幽情，他寫的不少詩都表現這兩種複雜的感情。這對出家棄俗的禪僧而言，是頗不尋常的。他的〈西湖除夜〉，可以說是其「思鄉」的代表作。詩云：

又來上國看新元，細嚼梅花嚥冷泉。
阿母在家年六十，孤兒為客路三千。
身居東海滄波上，心在西山落照邊。
碧戶朱門楊柳岸，不知歸日是何年㊴？

此詩用語相當平實，詩意昭然明白，固然是上元佳節思親之作，但充分顯示道璨雖身在杭州西湖，而時有思念家鄉及老母之心。思念之外，還有「歸」意，令人感

㊴道璨，〈西湖除夜〉，《無文印》卷一，頁二一a。

動。西湖以梅花聞名，孤山之梅自唐以來已著稱，西湖隱士和靖先生林逋（九六七～一〇二八）居此山所寫之詩多有關梅花之作㊵。後人附會沈括林逋「蓄鶴」之說，編出他未婚無子，植梅養鶴，逍遙自在，人稱「梅妻鶴子」之傳說㊶。南宋詩人周紫芝有詩云：「久把西湖作故鄉，至今清夢到湖傍。分明昨夜經行處，一色梅花十里香㊷。」亦可見西湖梅花之多。至於「冷泉」，在洞霄宮外半里路石罅間，即石門澗之源，一名靈隱浦。「漢志所稱武林山出武林水是也㊸。」據說「水脉甚細，冬夏不絕，瑩然若玉壺之貯沆瀣也。山行者掬飲，毛骨竦然，炎月投以熱物，至晚即氷結㊹。」道璨在西湖的時間不短，必有「細嚼梅花嚥冷泉」的經驗。這種經驗，更徒增了他思母歸家之念。

㊵《咸淳臨安志》（臺北：臺灣商務印書館，影印文淵閣《四庫全書》本，一九八三—一九八六）卷五八，頁一五a。本書第五章亦可見道璨在其詩中屢有因見「梅花」而思友之描述。
㊶沈括之說，見《夢溪筆談》（鄭州：大象出版社，《全宋筆記》第二編第三冊，二〇〇六）卷一〇，頁八五。
㊷周紫芝，〈夢行西湖梅花下〉，《太倉稊米集》（臺北：臺灣商務印書館，影印文淵閣《四庫全書》本，一九八三—一九八六）卷三八，頁一四ab。
㊸清‧梁詩正等，《西湖志纂》（臺北：臺灣商務印書館，影印文淵閣《四庫全書》本，一九八三—一九八六）卷一，頁七七b。
㊹《咸淳臨安志》卷二四，頁一四b。

〈送誠上人〉一詩，表示因送朋友回鄉，也興起了想歸故鄉的感慨。最主要是因家有老母，而自己長年在外，未能盡人子孝道之故。詩云：

長安城頭秋日黃，長安道上秋風涼。
遊子念親從定起，一衲卷雲歸故鄉。
七月八月吳楚路，十里五里東南疆。
遙知子母相見處，籬落黃花吹晚香。
我母今年六十四，千丈白髮應滄浪。
石田茅屋歸未得，西山幾度明斜陽。
因送君行發深省，天地闊遠愁茫茫。
他年相尋君勿忘，楊柳當門水滿塘㊺。

此詩也寫於秋風起兮之時，平鋪直敘，若有所憾，這是因為住在遠離家鄉的「長安」，總有「歸不得」之感。這是他常常凝聚在心頭的「秋思」，在送友之時，格外感覺強烈。他習慣稱杭州為長安，故有「長安城」與「長安道」之語，隱含了遠隔家鄉而念歸之意。

㊺道璨，〈送誠上人〉，《無文印》卷一，頁七a。

〈和陳提幹（東盧）〉一詩也表達了他「思家念歸」之情緒，詩云：

髮白為憂時，思家日念歸。
涉春問行李，隔歲理征衣。
夜雨繙書屋，秋風把釣磯。
丁寧舊僮僕，拂拭蘚痕微㊻。

尋常僧侶出家棄俗之後，少有為「憂時」而「髮白」者，而道璨不但經常憂時，而且所憂雜事甚多，似乎有一身之「煩惱」。這些「煩惱」更因「思家日念歸」而加重。所以頷聯兩句都是準備歸家之舉，說明他雖然憂慮不知何時能歸，但是仍然每年都要整裝赴上征途，一遂還鄉之心願。頸聯所云「夜雨」、「秋風」等等，應是描寫他回鄉之後的情況。因為「釣磯」指的是釣磯山或釣磯石，都在他的家鄉都昌縣。據說昔東晉陶侃（二五九～三三四）嘗釣於此，並於「山下水中得一織梭，還掛壁上。有頃，雷雨，梭變成赤龍，從空而去。其山石上猶有侃迹存焉㊼。」道璨歸家之日，

㊻道璨，〈和陳提幹（東盧）〉，《無文印》卷一，頁六a。
㊼南朝宋・劉敬叔，《異苑》（北京：中華書局點校本，一九九六）卷一，頁二；按《元和郡縣志》（臺北：臺灣商務印書館，影印文淵閣《四庫全書》本，一九八三—一九八六）說釣磯山在都昌縣南一百一十二里，而《太平寰宇記》云：「釣磯石在[都昌]縣西三十里，傍臨浦嶼。《異苑》記云：『陶侃嘗釣於此，得織梭一枚，還以插壁，化成赤龍，從空而去。』」見《元和郡縣志》卷二九，頁一二ab；《太平寰宇記》卷一一一，頁一六b。

正逢秋風夜雨之時，他的書房幾乎為之掀動，而釣磯山上之秋風呼號不止。他為此而叮嚀家裏的舊僮僕，把室內苔蘚的微痕擦拭去⑱。

道璨這種「賦歸」的心情，也見於他的「懷古」詩。譬如，〈和題淵明祠〉不僅有懷古之意，而且特別拈出陶潛的「胡不歸」的「歸」義。其詩云：

> 一寸歸心酒得知，門前官道是危機。
> 道傍也有人歸去，不似先生真個歸⑲。

道璨自稱是陶淵明之後，對淵明深為景仰。他嘗說：「[靖節先生]出沖澹靜晦，薄彭澤不為，視榮枯得喪不直一杯酒，天地萬物舉而納之詩卷中。北窗清風與乃祖勳名並行天壤，千載之人也⑳。」因為欣賞淵明採菊東籬的逸致，及「世短意常多，斯人樂久生」的怡情，而有「天地一東籬，萬古一重九。絕愛陶淵明，攬之不盈手」之句㉑。又因佩服淵明「不為五斗米折腰」的節概，自然樂於稱頌其不如歸去之懷抱。

---

⑱按：「丁寧」同「叮嚀」，皆是「囑咐」之意。

⑲道璨，〈和題淵明祠〉，《無文印》卷二，頁六ａｂ。

⑳道璨，〈勳節堂記〉，《無文印》卷三，頁七ｂ—八ａ。按：陶潛為陶侃之孫，故「乃祖」指陶侃。又「直」《柳塘外集》本作「值」。見《柳塘外集》卷二，頁一五ｂ。

㉑道璨，〈潛上人求菊〉，《無文印》卷一，頁四ｂ。按：陶淵明有〈九日閒居〉一詩，序文說：「余閒居，愛重九之名，秋菊盈園，而持醪靡由，空服九華，寄懷於言。」其詩首兩句云：「世短意常多，斯人樂久生。」見《箋注陶淵明詩》（上海：商務印書館，《四部叢刊初編》本，一九三六）卷二，頁二ｂ。

故見他人「題淵明祠」之作，自然要不遑多讓。「淵明祠」原稱「陶靖節先生祠」，不詳何時所建，道璨之時大概有兩處，一在陶淵明故里尋陽柴桑山下，一在彭澤縣治東。宋以來題其祠者，不乏其人。如郭祥正（一〇三五～一一一三）、鄧肅（一〇九一～一一三二）、南宋王阮（?～一二〇八）及王奕（生卒年不詳）等都有題彭澤靖節祠之詩⑫。道璨之題詩特別強調淵明之「歸」與他人之歸去不同，是名副其實的「歸」，言下頗有欽羨之意。

當然道璨也寫其他懷古詩，緬懷其他歸隱之高士。譬如，他的〈釣臺〉一詩，當然不僅寫「釣臺」，而且頌釣臺之主人。其詩略云：「漢室興亡一聚塵，山河社稷幾番新。獨餘七里灘頭水，只屬嚴家不屬人⑬。」這是懷念嚴子陵所寫。嚴子陵即是嚴

⑫北宋郭祥正有〈舟經彭澤謁靖節祠〉詩，見郭祥正，《青山集》（臺北：臺灣商務印書館，影印文淵閣《四庫全書》本，一九八三—一九八六）卷一九，頁七a。鄧肅有〈靖節先生祠下〉，見《栟櫚集》（臺北：臺灣商務印書館，影印文淵閣《四庫全書》本，一九八三—一九八六）卷一，頁六a。王阮有〈題靖節先生祠〉一首，見《義豐集》（臺北：臺灣商務印書館，影印文淵閣《四庫全書》本，一九八三—一九八六）頁一七a。南宋・王奕有〈彭澤新縣靖節祠〉及〈彭澤祭陶靖節祠〉兩首，見《玉斗山人集》（臺北：臺灣商務印書館，影印文淵閣《四庫全書》本，一九八三—一九八六）卷一，頁二〇b；卷二，頁一〇ab。又，黃庭堅甥洪芻有〈靖節祠記〉，朱熹有跋曰〈跋洪芻所作靖節祠記〉，《晦庵集》卷八一，頁三九b。

⑬道璨，〈釣臺〉，《無文印》卷二，頁一〇a。

光（生卒年不詳），西漢末會稽餘姚人。他少有高名，與東漢光武帝劉秀為同學，曾助劉秀起兵舂陵，破王莽軍於昆陽。劉秀稱帝後，嚴光隱身不見，釣於澤中，光武遣使聘之，欲引他論道出仕，嚴光不屈其志，退耕於富春山（今浙江嚴州桐廬縣），後人名其釣魚處為嚴陵瀨。道璨所說之「七里灘」指的是「七里瀨」。《水經注》引顧野王《輿地志》說其地在東陽江下，與嚴陵瀨相接。嚴子陵「釣臺」之名，最晚在唐時已有[54]。雖然隨朝代更迭或有所變，但七里灘嚴子陵之風則恆屬嚴家。道璨一向佩服隱逸之士，寫這首懷念釣臺的詩，當與范仲淹（九八九～一〇五二）一樣，景仰這位有「山高水長」之風的高士[55]。

另一首「懷古詩」〈陳了翁祠〉，則是懷念北宋名臣陳瓘（一〇五七～一一二四）而作[56]。詩云：

一窗南日照芳祠，憂國空存兩鬢絲。

---

[54] 見《後漢書》卷八三，〈嚴光傳〉并注，頁二七六三—二七六四。《元和郡縣志》說其地「在[桐廬]縣西三十里，浙江北岸。」見《元和郡縣志》卷二六，頁二七b。

[55] 范仲淹歌頌其人謂：「雲山蒼蒼，江水泱泱，先生之風，山高水長。」見范仲淹，〈桐廬郡嚴先生祠堂記〉，《范文正公集》（臺北：行政院文化建設委員會，《范仲淹資料彙編》本，一九八八）卷七，頁二〇六。

[56] 按：陳瓘卒於宣和六年（一一二四）二月，《宋人傳記資料索引》誤為宣和四年（一一二二）年。

更化早知成紹述，平舟悔不用元龜[57]。

此詩看似尋常，但寓意頗深。「一窗南日」、「憂國」、「更化」、「紹述」及「平舟」等語，皆有其歷史背景，不了解陳瓘之生平事業者，實不能知，道璨僅以四句題了翁祠，簡捷扼要，顯然深知陳瓘之為人。

北宋名臣陳瓘，字瑩中，號了翁，又號了齋，以忠直好諫稱於時。哲宗親政之後，志在紹述神宗之法，用章惇（一〇三五～一一〇五）為相，起蔡京為戶部尚書，以搆陷司馬光黨，竄逐元祐舊臣為務。章惇入相時，陳瓘從眾道謁，惇聞其名，獨邀與同舟，詢當世之務。陳瓘問「天子待公為政，敢問何先？」章惇以「司馬光姦邪，所當先辦，勢無急於此」為答。陳瓘以其言為誤，認為果然如此，將失天下之望。並謂：「不察其心而疑其跡，則不為無罪。若指為姦邪，又復改作，則誤國益甚矣。為今之計，惟消朋黨、持中道，庶可以救弊。」又請以所乘之舟為喻，指偏重必不可行。「移左置右，其偏一也。明此，則可行矣。」章惇聽後，頗不悅其言。後陳瓘任右司諫，極論章惇等紹述大臣之罪，又上書論蔡京之惡，議革蔡京之職。徽宗朝又與丞相曾布議事不和，著《尊堯集》，欲正史官專據王安石《日錄》改修《神宗實錄》

[57] 道璨，〈陳了翁祠〉，《無文印》卷二，頁一二b。

之非，故屢遭貶竄。這是「更化早知成紹述」的背景，「更化」指的是「元祐更化」，由司馬光執政，盡去熙、豐之政。「紹述」即是章惇、蔡京等所議的紹復熙、豐之政。「平舟」指陳瓘用舟行之平而不偏為譬喻，認為偏左偏右都難以行。故有「熙寧未必全是，元祐未必全非」之語㊽。陳瓘之建議，是諫臣「元龜」之語，章惇不聽而敗㊾，故謂「平舟悔不用元龜」。又陳瓘曾作〈南窗頌〉㊿，恐已佚失，故內容如何不詳。但應是他屢遭貶抑，感於憂國而老，無力救弊，故倚南窗而作之詩。道璨自己也憂國憂時，他本即熟知詩、史，或也因讀了陳瓘之〈南窗頌〉，拜訪朱熹為他在廬山所建之祠㊿，對這位「姓名與日月爭光」的骾諒忠直之臣，更加敬佩與懷念㊿。

㊽以上見《宋史》卷三四五，頁一〇九六一；明．楊仲良，《皇宋通鑑長編記事本末》（哈爾濱：黑龍江人民出版社點校本，二〇〇六）卷一二九，頁二一六八—二一七八；清．黃以周，《續資治通鑑長編拾補》（北京：中華書局點校本，二〇〇四）卷一六，頁六〇〇—六一四；明．陳邦瞻，《宋史紀事本末》（臺北：鼎文書局，一九七八）卷四六，頁四四三—四五七。

㊾章惇權傾中外，窮凶稔惡，欲除盡元祐大臣，又追貶司馬光、王珪等人，勸哲宗廢孟皇后，忤太后立端王之議，濫刑好殺，徽宗時被貶至雷州。

㊿《皇宋通鑑長編記事本末》卷一二九，頁二一七五。

㊿「陳了翁祠」在廬山，為朱熹所建，以他曾居南康也。見朱熹，〈答呂伯恭〉，《晦庵集》卷三四，頁一五a。

㊿此張浚語，見羅大經，〈誠齋謁紫巖〉，《鶴林玉露》（北京：中華書局點校本，一九八三）卷一，頁一四。

六、餘論

以上根據道璨不同類別之詩，討論道璨為人及性格之大概，約略可以歸納成幾點：其一，道璨雖仰慕清正超塵之隱逸人物及恬退自由的生活，但仍鼓勵儒生文士以其所學，入科場，求舉業，以成就其所能；其二，他認為儒家憂時救世之精神是士人出仕之理想，也以此惕勵文士；其三，他好讀《離騷》，常以《離騷》之語句及意象入詩；其四，他雖出家為僧，但入世憂時；身在叢林，而心遊俗世，屢思歸家，常入征途；其五，他敬慕高蹈之士，孤骾之臣，故訪陶靖節及陳了翁之祠堂，嚴子陵釣臺，及周濂溪書院，並為之作詩稱頌，表彰其人⑥③。

道璨不僅以詩文表現其出入儒釋，跨足世間與方外，出家卻時而歸家的心情，而且也喜翰墨繪畫，雖然不以善畫名世，達到擅長「詩書畫」三絕的理想，但見畫題詩，也時而表現他在繪畫鑑賞上之情趣。譬如〈題水墨草蟲〉、〈題物初蕙蘭〉、及

⑥③道璨有〈和恕齋濂溪書院〉，是訪濂溪書院後所作，見《無文印》卷一，頁一二b，又參看第五章之討論。

〈題趙信國墨梅〉等都是觀靜物寫真而吟詠其物兼以思人之作，是他寫詠物詩的一個特色。

以〈題趙信國墨梅〉為例，既是題「墨梅」之畫而作，理應詠墨梅之性。但畫者為信庵趙葵（一一八六～一二六六），故又藉梅來狀寫其畫者。趙葵是南宋名將，少年時即隨父趙方抗金。有敗金人、破李全之軍功，故仕途順利，為朝廷授兵部侍郎，右丞相兼樞密使，並封信國公，道璨稱趙信國即是因此。趙葵善畫墨梅，工詩詞，有詩集傳世[64]。其所寫〈南鄉子〉詞云：「束髮領西藩，百萬雄兵掌握間，召到廟堂無一事，遭彈，昨日公卿今日閒。拂曉出長安，莫待西風割面寒，羞見錢塘江上柳，何顏？瘦僕牽驢過遠山[65]。」這應是道璨詩的首兩句「大耐冰霜老玉關，北風滿面不知寒」之所指[66]。蓋「老玉關」，出「玉關人老」之典故，指久戍邊關思歸之征將。道璨之意是趙葵雖有「玉關人老」之經歷，但卻如墨梅一樣，能「大耐冰霜」，不畏北

[64]《宋史》卷四一七，〈趙葵傳〉，頁一二四九八—一二五〇四。劉克莊，〈信庵詩〉，《後村先生大全》（上海：商務印書館，《四部叢刊初編》本，一九三六）卷九七，頁一七b；卷一〇二，〈信庵墨梅〉，頁一二a。

[65]《全宋詞》（臺北：中央輿地出版社，一九七〇）第四冊，頁二五二七。

[66]道璨，〈題趙信國墨梅〉，《無文印》卷二，頁三a。又，關於趙葵〈南鄉子〉之背景，見筆者新著《文學僧藏叟善珍與南宋末世的禪文化——《藏叟摘稾》之析論與點校》（臺北：新文豐出版公司，二〇一〇），頁四〇—四四。

風之寒。後兩句「無邊生意天難泄，春色教人紙上看」，是說他與他的墨梅都暗藏「無邊生意」，但在北風呼號之時，老天難以泄露。這種生趣與春色，只有在他的畫紙之上才能見到啊。

道璨有〈寄題瑞昌簿廳景蘇堂墨竹〉一詩，非題畫詩，而是題真「墨竹」而作。藉墨竹懷念蘇軾，以竹之不曲，喻東坡之直為熙、豐變法諸公所愧而不能。其詩序云：「東坡自黃移汝，別穎濱於高安，過瑞昌亭子山，題字崖石，點墨竹葉上。至今環山之竹，葉葉有墨點。王北麓主瑞昌簿，移植聽[廳]事，扁其堂曰：『景蘇』，蓋簿廳，東坡夜宿地也㊼。」可見瑞昌主簿將墨竹移植至其官署，告知道璨，故道璨敘其事為詩序。雖然「葉葉有墨點」，或非東坡之「點墨竹葉上」所造成，但既有證人，則此種「墨竹」之存在，應當不假㊽。道璨是否見此墨竹，他並未明說，但他顯然相信其事，故其詩曰：

一葉復一葉，世道幾翻覆。

㊼按：《柳塘外集》本，「崖石」作「石嵒」，「聽事」作「廳事」，見《柳塘外集》卷一，頁四b。疑「崖石」與「聽事」皆無誤，「聽事」同「廳事」，為官署視事問案的廳堂，唯後者較常用。譬如，陸游，《入蜀記》說：「州治陋甚，廳事僅可容數客。」見《入蜀記》卷三，頁二b。

㊽孔繁禮先生在其《蘇軾年譜》（北京：中華書局，一九九八）引《吳禮部詩話》所記此事，並說「葉葉有墨點」乃屬傳聞，其說值得商榷。見《蘇軾年譜》卷二三，頁六一七。

一點復一點，書脈要接續。
親見長公來，一節不肯曲。
見竹如見公，北麓能不俗。
回首熙豐間，幾人愧此竹。
翰墨直枝葉，點化到草木。
長公有深意，此事付北麓⑥⑨。

道璨此詩藉東坡之「點墨竹葉上」強調「書脈要接續」，表達了他對書法藝術之關心。而「見竹如見公」，正是因為東坡曾來子亭山書字崖石之上，與墨竹結下了不解之緣，而引人懷想之故。當然翰墨能透過墨竹枝葉而「點化」草木，是道璨的故神其事之說，但他把此種看法寫給瑞昌主簿王北麓，亦可見他對東坡人格之敬重。

值得注意的是，道璨序文所敘之故事及其詩，元人吳師道（一二八三～一三四四）亦引述於其《吳禮部詩話》。吳師道並說「吾鄉橫山丘一中，為江州添倅，記其概，一時多賦詩者。僧道璨無文詩云（按：引詩如上，此處從略）⑦⓪。」可見他是從丘一中（生卒年不詳）之記載得知此事，也必見過道璨的《無文印》而知其詩。不

⑥⑨道璨，〈寄題瑞昌簿廳景蘇堂墨竹〉，《無文印》卷二，頁八b—九a。
⑦⓪元，吳師道，《吳禮部詩話》（北京：中華書局，《歷代詩話續編》本，二〇〇六），頁六〇三—〇四。

過，吳師道說：「景定中，王景琰主瑞昌簿」，而末說「王北麓主瑞昌簿」，證明他知道丘一中與王景琰為友，所以其言「北麓，景琰號也，丘記未見」，應是很自然之事。吳師道還說丘一中之「遺稿有〈答主簿短啟〉，中有云：『移來三兩竿之清風，拈起三二百年之公案。所恨無顛米之筆，十丈卷船；何當登景蘇之堂，一尊酹月。』亦為里人所傳誦云⑪。」可見景定中（一二六〇～一二六四），丘一中與王景琰曾相過從，互通書尺，關係大概也不錯。道璨引述丘一中之記錄，而寄題「景蘇堂」之墨竹詩予王景琰，詩中又說「此事付北麓」，可見他丘、王二人也有相當程度之交情。

〈寄題瑞昌簿廳景蘇堂墨竹〉可以證明道璨與文士之交遊，透過唱和詩篇，更加融洽，王景琰不過是其中之一，本書第五章可見更多之例。這些交遊詩中，經常可見道璨之重友情及道義之表現，當然也可以見其自述心願之傾向。其中他常念念不忘的就是「吟事」。〈和陳知縣西菴有感（菊隱）〉的「易云太極先成象，詩到離騷落在吟」兩句⑫，訴說了他喜吟《離騷》之興致。〈和郭滄溪〉的「苦吟有天知，不知正無妨」兩句⑬，也表達了他好「苦吟」的習性。〈紀夢〉一詩說他雖然患眼疾，且有

⑪同前註。
⑫道璨，〈和陳知縣西菴有感〉，《無文印》卷二，頁八a。
⑬道璨，〈和郭滄溪〉，《無文印》卷二，頁七b。

「病眩二十年，萬花舞深霧」之苦⑭，但是「夢中能楷書，以我心念故」，可見他勤於翰墨，不因病眩而廢。〈和陳知縣西菴有感（菊隱）〉也說「兩眼昏明天下事，十年出處月中砧。吳家兄弟平生愛，學處能窺天地心⑮」，似說他的眼並不致使他對天下事盲昧不知。因為他患病眩後十年間的出遊，也像月中的砧杵一樣持續不斷。「吳家兄弟」疑指道璨的好友吳革兄弟，三人都是學聖人之業的儒者⑯，其所學者，即是其「平生愛」。道璨說聖人之學「能窺天地心」，再一次表達了他對儒學的一貫重視。〈和童敬仲〉一詩說「六經在日用，論說謾深廣。躬行能尺寸，光焰長萬丈⑰」，證明他重身體力行儒書之所教，不鼓勵用言說來掩飾學問之深廣。

總之，我們讀道璨的詩，頗能看出他兼攝儒釋，出入方外與世俗之間的心境與表現。他或許主張「無文印」之必要，認為「好詩無音律，至文離言說」⑱，但這應該是經過學習音律，浸淫文字言說之後所獲的心得。他對詩文之興趣與創作，是典型「文學僧」的表現，也是「無文而文」的基礎。

⑭道璨，〈紀夢〉，《無文印》卷二，頁一b。「二十年」是指他病眩至寫此詩之年，實際上的時間恐不只此。
⑮道璨，〈和陳知縣西菴有感〉，《無文印》卷二，頁八a。
⑯有關吳革兄弟，見第五章。
⑰道璨，〈和童敬仲〉，《無文印》卷二，頁二b。
⑱道璨，〈贈明侍者〉，《無文印》卷一，頁八a。

第四章：道璨的禪學根基與其禪法

一、引言

道璨自離開白鹿書院之後，便在江浙各地尋師參學，先投在笑翁妙堪禪師門下，隨妙堪駐錫於台州、福州、杭州、明州、溫州等地，又輾轉至杭州、明州兩地佛寺。所以妙堪便成了他所謂的叢林「三師」之一，是他的直接師承。他曾自敘自己的法系如下：

東湖僧道璨，姓瞿曇氏，釋迦老子五十三世孫。曾大父妙喜宗杲，大父無用淨全，父笑翁妙堪。曾大父憂國愛君，語忤秦氏，遷衡徙梅，其道大振，千載人也①。

可見道璨的三世師承是：大慧宗杲（一〇八九～一一六三）→無用淨全（一一三八～一二〇七）→笑翁妙堪，屬於大慧看話禪的世系。雖然如此，他並不諱言受學於「三師」之門。「三師」中的另外「二師」是癡絕道沖（一一六九～一二五〇）與無準師範（一一七八～一二四九），都系出虎丘道隆（一〇七七～一一三六），所以道

①道璨，〈書趙騰可雲萍錄〉，《無文印》卷一〇，頁一一b—一二a。

璨與虎丘系的禪僧也有相當密切的關係，有的僧史及士人還視他為無準師範的法嗣②。以下分別說明他受學於「三師」門下之經歷。

二、笑翁妙堪法嗣

對道璨來說，妙堪是他禪法的啟蒙之師，所以他常藉筆端之口來追念師生之情，懷念妙堪之師恩。他嘗說與妙堪有「十年吳越，朝從暮遊」之關係。這是因為道璨參學的大部分時間，都跟隨其師之後故。從妙堪主持台州報恩光孝寺開始，歷經福州雪峯、台州瑞巖、溫州江心、杭州靈隱、淨慈及明州大慈、翠巖與育王寺，他都隨侍在

②譬如《增集續傳燈錄》即將他列為無準師範法嗣，與雪巖祖欽（一二一五～一二八七）、斷橋妙倫（一二〇一～一二六一）、西巖了慧（一一九八～一二六二）、退耕德寧（生卒年不詳）、別山祖智（一二〇〇～一二六〇）、環溪惟一（一二〇二～一二八一）、月坡普明（卒年不詳）、希叟紹曇（一二四九～一二六九）、絕岸可湘（一二〇六～一二九〇）、靈叟源（生卒年不詳）及簡翁居敬（活躍於一二六〇前後）等為同門。見《增集續傳燈錄》（臺北：新文豐出版公司，《卍續藏經》第一四二冊，一九七五）卷四，頁八一〇a—八一四a。事實上，道璨確與其中數位有交往，誼似同門師兄弟。又劉克莊也說師範之弟子白雲深、無文璨激發他為無準師範寫塔銘。見劉克莊，〈徑山佛鑑禪師〉，《後村先生大全集》（上海：商務印書館，《四部叢刊初編》本，一九三六）卷一二六，頁六a—九a。不過，此本《後村先生大全集》誤刻無文璨為「無文粲」。

側③。他跟隨妙堪多年，對其生平行業，知之甚詳，尤其欣賞他特立獨行之處，竭力表揚他反對朝臣議令僧道買紫衣師號而獲派任住持之法。尤其妙堪在二度被推薦至靈隱接癡絕道沖之席，卻遭傾軋排擠而改派他人之時，道璨對那些傾陷其師的「挾勢力者」，頗難掩其悻悻不平之意④。在他看來，妙堪雖長年為僧，卻有直率不屈、疾言厲色、嫉惡如仇之性格，而此種性格，雖導致「聚謗叢怒」，卻也使他聲價更隆。道璨後來出任廬山開先寺及饒州薦福寺住持，能秉著妙堪之教誨行事，即是因為他對妙堪直率性格的認同與膺服。他曾如此描述妙堪：

師剛果強毅，公勤廉明。訓徒說法，幾四十年，意小不合，則脫屣而去。海內視其去留，占叢林盛衰。建議立論，非兼利天下不為。寶[慶]、紹[定]間，受知君相，以大法自負，論人無恕辭，厲士無恕法，多聚謗叢怒。衛王薨，異時嫉勝己者，或欲困之蒺藜，師不戰不祈，卒無所施其術。晚節末路，言益峻、行益危、道益著，昔之怒者懽

③妙堪歷主大剎事見《釋氏稽古略》（臺北：新文豐出版公司，《大正藏》第四九冊，一九八三）卷四，頁九〇一c。他入明州大慈是因衛王史彌遠（一一六四—一二三三）之薦為開山僧。道璨跟隨妙堪「朝從暮遊」，見道璨，〈育王笑翁禪師行狀〉，《無文印》卷四，頁一a—五a。

④按：繼癡絕道沖者為妙峯之善（一一五二～一二三五），據說他入靈隱後，「掩戶無所將迎，公卿貴人或見，但寒溫而已。」顯然非逢迎權貴，有意爭權奪勢之人，故他卸任之前，自不會設法「挾勢力者」來擋妙堪之出任住持。見《五燈全書》（臺北：新文豐出版公司，《卍續藏經》第一四一冊，一九七五）卷四七，頁六四b。

以和，謗者信以服。嗚呼！盛哉！嘗謂善知識所以標準斯世，「行」為上，「言」次之。數十年來，有言者不必有行，師獨回首於萬波橫流之際，涉世處死，毫髮無遺恨者，良以此也⑤！

道璨對其師性格之描述與評價，顯示妙堪性格相當嚴峻及自負，待人接物，接引學徒，皆不假辭色，故叢林多有嫉妒而毀謗者。此外，他受知於理宗及史彌遠君相，享譽叢林，以其法道自高，更為奔競者所不喜。不過，他雖對待學徒嚴厲，但門下二百餘輩，「自黃龍道詳而次，皆有聞於時⑥。」所以他聲名遠馳，致有東瀛日僧，亦往往渡海來其座下參問。下文所說的一侍者即是其中之一，而最有名者即是後來入京都東福寺開山，而受賜號為聖一國師之辯圓圓爾禪師（一二〇二～一二八〇）⑦。

道璨深嫻儒學，又受妙堪教化之薰陶，也養成寧直不屈的個性，及不攀附、不苟從，直言不諱的行事風格，甚至較其師似有過之而無不及。譬如妙堪曾新刻呂惠卿（一〇三二～一一一一）所寫之大覺禪師塔銘，但道璨認為此舉不妥，曾致書妙堪

⑤道璨，〈育王笑翁禪師行狀〉，《無文印》卷四，頁四b—五a。
⑥同前註。
⑦關於一侍者，見下文。辯圓圓爾於笑翁領淨慈寺時來參，見虎關師鍊，《元亨釋書》（東京：佛書刊行會，《大日本佛教全書》第一一〇冊，一九二二）卷七，頁二一七。

說：

重道尊師，可為後世法。或者謂東坡有靈，未必肯之耳。蓋大覺言行，〈宸奎閣記〉足以盡之。當熙、豐沿革之際，二公道不相侔，甚於水火，一薰一蕕，萬世猶有臭也。亦嘗與寺丞商略之乎？石既刻矣，已無如之何，因筆姑及之耳⑧！

此信雖然語調客氣，但對妙堪未先與張即之商量而刻呂惠卿所寫之塔銘，頗不以為然⑨。眾所周知，神宗熙寧變法之時，呂惠卿與王安石堅持改革，與司馬光（一〇一九～一〇八六）、蘇軾（一〇三七～一一〇一）等人意見相左，被視為小人，後來更被元史家編入《宋史・姦臣傳》中。雖然呂惠卿是否真為「姦臣」，今日學者頗有異論⑩，但在南宋理學家言心性道德的氣氛下，呂惠卿的形象自然不佳。道璨認為蘇軾與他實是「一薰一蕕」。「一薰一蕕，十年尚猶有臭」一語，源出《左傳・僖公四年》，但道璨卻改成「萬世猶有臭也」，強調育王廣利寺既已有蘇軾之〈宸奎閣記〉，就不該再加刻呂惠卿之塔銘，實以「薰蕕同器，決無久馨之理」之故也⑪。雖

⑧道璨，〈笑翁和尚〉，《無文印》卷一九，頁一ａｂ。

⑨關於妙堪與張即之兩人之關係，參看筆者《一味禪與江湖詩——南宋文學僧與禪文化之蛻變》（臺北：臺灣商務印書館，二〇一〇）。

⑩見周寶珠，〈略論呂惠卿〉，《宋史研究論文集》（上海：上海古籍出版社，一九八二），頁二三六—四九。按：該文純就呂惠卿之貫徹新法來論保守分子對其「誣蔑」，自不能見呂惠卿為人之全貌。

然如此，刻石已為既成事實，無法改變，道璨只好在妙堪〈行狀〉中，解釋加刻呂惠卿所撰塔銘之緣由而說：「兵興以來，東南學者多不之見。師住山日，客有以墨本獻師，即刻之山中⑫。」畢竟呂惠卿雖人品不高，但他是方外之友，叢林對他大致頗為尊禮，不像道璨那麼嚴善惡之辨，明黑白之分。

道璨與妙堪師徒之間，關係甚為融洽。他說自己「好剛氣直」，偶或對其師稍有微詞，但妙堪總是不以為忤。由於他雖出家，但一直依違於寺院與家庭之間，有出家而不忘歸家之傾向。故某年他西歸南昌，「掩關茅屋」，妙堪立即遺書告誡他「宴安鴆毒」，要他立即返回育王，而至「老墨淋漓，促之至再」。道璨雖已啟程，但以「車煩僕殆」而遲遲未至。不久聞妙堪生病，遂「載馳載奔，展拜榻前。」妙堪軒眉相視，稱許道璨千里遠來，「乃見道義」。道璨遂「問安侍藥」，而自恨遲至。他追悔自己遷延時日，未能及早探視妙堪，致使妙堪因憂成病，因貧受累，不禁潸然涕淚⑬。他這種悔疚自責的表現，是相當自然而富有儒家人文主義的情義的，可以看出

⑪語出王柏，〈上王右司書〉，《魯齋集》（臺北：臺灣商務印書館，影印文淵閣《四庫全書》本，一九八三—一九八六）卷七，頁一五a。
⑫道璨，〈育王笑翁禪師行狀〉，《無文印》卷四，頁一a—五a。
⑬此段引文同前註。按：道璨離妙堪西歸南昌時，妙堪正在育王，自然是敦促道璨返回育王。

他對妙堪，不僅以授業恩師待之，而且以親生之父尊之。這種「敬師如父」的情義及孝心的表現，也見於他與張即之的師徒關係。

道璨雖尊妙堪為師，但他曾參謁叢林諸老宿，所學非一，故雖為妙堪法嗣，但胸中自有丘壑，不拘於一家之言。他曾說，自從剃髮入叢林，求千聖不傳之學，「歷見諸老，皆謂無言可傳，無道可授。周遊吳越二十餘年，空無所得。若有所得，則非吾所謂學矣⑭！」可見他除了在妙堪門下為徒之外，還從學於其他禪師。而其中最受他尊敬的即是上文提及的無準師範與癡絕道沖。他所謂的「無言可傳」及「無道可授」的「無所得之學」，應就是從三師中所獲之「心傳」，是他所謂的「無文印」，非拘執於語言文句的死學，而是涵養身心的活學，是道璨理想化的禪法。

三、癡絕道沖與無準師範門下

癡絕道沖與無準師範二師都是妙堪的同輩，雖非大慧系，但道璨對他們深為仰

⑭道璨，〈書趙騰可雲萍錄〉，《無文印》卷一〇，頁一一b—一二a。

慕，樂意尊之為師。開慶元年己未（一二五九），道璨五十五歲時，因有廬山開先寺住持之任，欲在離家之前，為母營壽祠，遂與其兄聚資重建其家鄉柳塘附近之慈觀寺，在其舊法堂東序立祠，並立西祠，祀「笑翁、無準、癡絕三老受業師」。此時，其母仍建在，但三師都已遷化數年。他先為三師撰寫行狀，詳其傳承，述其行業，又為之立祠，由二徒弟住寺守祠，代奉烝嘗，尊榮三師，可謂備盡嗣法門生之義⑮。

道璨在癡絕與無準門下，見其人以不同宗風倡道垂教，延續虎丘系之香火，不遺餘力，為之感佩不已，所以極力表彰其功，讚揚他們說：

抑嘗竊論，楊岐之道至圓悟、大慧而中興；圓悟之道至應庵、密庵而大行。十數年來，大弘密庵之道於天壤間，若皷雷霆而揭日月，師與無準二老而已。二老出處同，師友同，然倡道垂教又有不同焉者，或以辯博，或以徑約，天下之士皆信之不疑，謂魚我所欲也，熊掌亦我所欲也⑯。

道璨所說的應庵與密庵都是圓悟克勤（一〇六三～一一三五）門下虎丘紹隆之法嗣，與道璨師笑翁妙堪師無用淨全之為大慧法嗣屬不同系，上文已經指出，可以再簡

⑮道璨，〈慈觀寺記〉，《無文印》卷三，頁一〇b—一一b。按：此「西祠」景定三年壬戌（一二六二）他五十八歲時完成。其時笑翁已過世十四年，無準十三年，癡絕十二年。
⑯道璨，〈徑山癡絕禪師行狀〉，《無文印》卷四，頁一一a—一五a。

示如下，稍作比較：

大慧宗杲→無用淨全→笑翁妙堪

虎丘紹隆→應庵曇華→密庵咸傑→曹源道生→癡絕道沖

虎丘紹隆→應庵曇華→密庵咸傑→破庵祖先→無準師範

由此可以理解為何道璨說癡絕與無準二老「出處同、師友同」之故，因為他們都是虎丘系應庵曇華（一一〇三～一一六三）及密庵咸傑（一一一八～一一八六）之後，而「倡道垂教又有不同」實是個人傳法風格有異之故。道璨從門弟子之觀點以「辯博」及「徑約」來做對比，凸顯二師之異，當然是親身體驗二師教誨之感想。所以他在描述道沖之為人、為師之風格時說：

師內無城府，外無矯偽，處事應物，粹然一出於誠。住山三十年，短褐勃窣，翛然如常僧。河目海口，辯說無礙，不祈新巧，不尚險怪。紆餘宛轉，徑直正大，古人關鍵險絕謹嚴處，一經剖擊，枝分條解，坦然明白。端坐籌堂，不以詞氣假人，雖飽參宿學，無所容其喙。閒居無所不觀，性淳直不逆詐。有言輒受，或欺罔亦不爾較⑰。

這是對道沖「辯博」一特點的進一步說明。所謂：「河目海口，辯說無礙」都是

⑰同前註。類似看法也見於道璨為道沖所寫的祭文。

言說之長，與「無文印」之理想大相逕庭。不過這畢竟是道沖的禪風，與趙若琚（生卒年不詳）在道沖〈行狀〉中之描寫，若合符節⑱。趙若琚說：

師純誠無偽，表裏如一。待人恕而律己嚴，應世圓而領眾肅。住山三十年，所至以激揚宗風為己任，以道法未得其傳為己憂。平居簡淡沉默，若不能言。及坐籌室，勘驗衲子，機鋒一觸，猶雷奔電掣，海立江翻，皆茫然莫知湊泊。誓不輕以詞色假人，重誤來學。晚年無他好，多留意字法。於小楷最得三昧，往往端嚴凝重類其人，僧俗歸敬，求法語、偈、贊無虛日。雖祁寒盛暑，揮染不倦。士大夫多樂從之游，而尤為名公鉅卿所推重，以至聲名喧傳海外，有具書禮、犯鯨波而來問法者。其道德有以服人，一至於此⑲。

趙若琚是與道沖相交往的士大夫之一，端平三年（一二三六）與道沖識於獨龍岡下，「一見傾蓋如故」，對道沖之描寫或不無誇張之處，但是「機鋒一觸，猶雷奔電掣」正是語言之長，與道璨之說相似。至於「聲名喧傳海外，有具書禮、犯鯨波而來

⑱按：趙若琚於淳祐十二年（一二五二）六月為道沖寫〈行狀〉，其中曾說：「丙申之春，識師於獨龍岡下」，「今回首，十七年矣。」可見在端平三年（一二三六）相識。見《癡絕道沖禪師語錄》（臺北：新文豐出版公司，《卍續藏經》第一二一冊，一九七五）卷下，頁五六六a。

⑲同前註。

問法者」，則可顯示道沖禪法之影響，下文之討論可以進一步證明。

至於師範為人、為師之風格，在道璨眼中，與道沖恰成對比：

> 師風神閑暇，襟度夷曠，寬而不弛，明而不察。無厲聲惡色，有徒二百輩，視之如路人。端居丈室，無異玩兼味。澹然如常⑳……。

因為師範風神閑暇，來者不拒，道璨對自己能列其門牆，深表慶幸，乃說：

> 某朅來徑山，間侍師座，師不鄙其愚，凡其家世之本支，出處之次第，師友之淵源，詳以見教。某竊聽餘緒，佩服惟謹㉑……。

道璨先後入師範及道沖之門，但時間大概都不長。入師範之門應在師範住持徑山十七年之最後幾年，而入道沖之門，則先在道沖主天童之時（一二三九），後在道沖繼師範接掌徑山之後㉒。依《無文印》看，他在淳祐丁未（一二四七）年四十三歲時客徑山，其後活動便以徑山為主。這時自然是在師範門下，而應當是任掌書記之角

⑳道璨，〈徑山無準禪師行狀〉，《無文印》卷四，頁五a—一一a。按：此〈行狀〉亦見於《無準和尚奏對語錄》（臺北：新文豐出版公司，《卍續藏經》第一二一冊，一九七五），頁九六六b—九七〇a。

㉑同前註。

㉒按：依劉克莊所寫之無準師範墓誌銘，他是在紹定壬辰五年（一二三二）出任徑山住持，於淳祐九年己酉（一二四九）死於任上，前後計十七年。見前引〈徑山佛鑑禪師[墓誌銘]〉。癡絕道沖於嘉熙三年（一二三九）十月入主天童，而在淳祐己酉（一二四九）十月入徑山。見《癡絕道沖禪師語錄》卷上，頁五〇六a、五一八a。

色，這可以從他所寫的許多四六體的「疏請書」及「祭文」看出端倪。譬如以〈徑山請癡絕和尚湯榜〉，顯然是以無準師範的名義邀請癡絕道沖至徑山喝茶湯，其言曰：

熟炙橘皮，倒用盧扁活人之法；爛研巴豆，是名佛祖奪命之丹。追配古人，喜有此老。某人道地藥草，命世醫王。用易簡方，四十年間，橫行海上；起膏肓疾，三千里外，識得病源。惡毒時，直是平和；辛烈處，絕無滋味。使大地人，神清氣爽，盡在此行；提破沙盆，玉振金聲，全憑辣手㉓。

宋代叢林有茶湯之禮，見於禪苑清規。此邀請疏猶如世俗之請帖，多半以四六體為之，顯示作者翰墨詞章之能㉔。此疏所謂「某人道地藥草，命世醫王」，自然是指無準師範。而「盧扁活人之法」，「佛祖奪命之丹」及其餘四六對句，應都是作者道璨賣弄文采，誇大師範茶湯之益，以達其勸請之效的作法。又如〈徑山請癡絕和尚疏〉，則旨在請癡絕來接替師範徑山住持之位。其言曰：

前輩凋零，莫甚嘉熙、淳祐；故家全盛，無如圓悟、應庵。所以，後世子孫，皆有乃祖風烈。某人百年遺老，四海一翁。直指單傳，非今人之所是；出游歸隱，易諸公之所難。不逐春風於桃李之時，堅持晚節於冰霜之後。念吾道將墜地矣，今何時欲安眠

㉓道璨，〈徑山請癡絕和尚湯榜〉，《無文印》卷一一，頁一a。
㉔詳見下章。

哉？兩徑松聲，皆昔年之相識；一筇秋色，望指日以來儀。拈一瓣香，祝九重壽㉕。

此疏先說前輩老宿已於近年凋零，而圓悟、應庵的全盛時期已倏忽不再。幸有後世子孫如癡絕道沖者，可以在「吾道將墜地」之時，繼師範主持徑山，以成其「出游歸隱」之志。此邀請疏應寫於淳祐八年戊申（一二四八），笑翁妙堪去世之後，而無準師範乞老退隱之前。次年（一二四九）春天，師範「舊疾適作，涉春不愈」，不久即告辭世。而當年八月道沖即奉詔命入主徑山，十月入院，道璨自然也在其門下。不過，道沖登徑山之後不久，亦告「膈間疾作，已不善飯，涉春不瘳」，遂於淳祐十年庚戌（一二五〇）遷化。兩年之內，二師接連棄世，故道璨在〈送愿上人過雪竇兼呈弁山〉一詩中謂：「去年無準死，今年癡絕喪，二老百世師，一去空天壤㉖。」又於代眾僧所寫之〈祭癡絕和尚〉一文中說道沖：「六坐道場不足為師重，三奉明詔不足為師榮，甫登徑山即入滅，不足為師惜也。雖然，去年哭佛鑑，今年哭老師，天下大老併哭於朞月之內，自是而往，眼中有淚，其將為誰哭歟㉗！」而代求法日僧「能侍者」所寫之祭文則說：「我從天風，來從海上。師與佛鑑，二甘露門。說法徑山，一

㉕道璨，〈徑山請癡絕和尚疏〉，《無文印》卷一一，頁二ab。
㉖道璨，〈送愿上人過雪竇兼呈弁山〉，《無文印》卷一，頁五a。
㉗道璨，〈祭癡絕和尚〉，《無文印》卷一二，頁一二b。

音普聞。如海流天，如山吐雲。萬里去國，得師如此，願言相從，之死不二。曾不朞年，相繼而逝。茫茫客路，孰訓孰箴？豈不懷歸，波險岸深，斐哉斯文，莫寫我心㉘。」把一位渡海求法的日僧傷痛之情，描寫得入木三分，何嘗不是他自己內心悲痛的反映？又代道沖門弟子所寫之祭文曰：「去年歲晚，方見師來。聚頭相送，苦淚如雨。今年歲晚，又見師去，凡今諸老，幾何人哉？如此送迎，能看幾回？悲風滿山，愁雲滿山。目雖不哭，焉得不哭㉙？」也是悽愴滿腹，悲情無限。

自妙堪之死，道璨於三年之內連哭三師之喪，其傷痛之情，顯非看破世情、超脫生死的禪僧常有的表現，但在道璨身上，則是任情流露，毫無掩飾。尤其他跟師範、道沖為師徒的時間雖然不長，但敬愛感恩之心則與待妙堪之情同深，以同樣真摯、奔放的情感宣洩其哀傷，充分表現他對老師的孝心。所以後來他為先人修慈觀寺，也不

㉘道璨，〈祭癡絕和尚〉，《無文印》卷一二，頁一一b—一三a。按：此文實代數僧所作，故有輝[暉]石室、眾寮、日本能侍者之名繫於文下。暉石室生平事迹不詳，但道璨有〈江湖祭暉石室〉一文，係代叢林而作，讀其文可知暉石室為無準師範之法嗣，故與道璨有同門之誼。道璨說他：「閱世無心，嗜閒有味，分半座於五峯，不期年而長逝。」又說他「出處生死蓋與乃翁大略相似」。「乃翁」指破庵祖先。能侍者則為無準師範語錄之編者，道璨有〈能侍者編無準語錄序〉，略謂他對師範之道，能「狀其本真，無二無別。」但雖得其大概，但「似則似矣，無乃包裹春風耶！」究竟無法表現「如春行大地，萬物咸被其澤」的無準之道。見《無文印》卷九，頁一b。

㉙道璨，〈祭癡絕和尚〉，《無文印》卷一二，頁一一b—一三a。

忘為他的「三師」立祠於寺中，讓它與先人之祠並列，修四時之祭拜而不止，實是體現儒家士人師徒倫理的具體事證㉚。

四、道璨的禪法

師範、道沖與妙堪一樣，都是南宋中期聲名最著的禪師，他們在中國佛教史及中日佛教交流史上，扮演著相當突出的角色。道璨有幸拜在三師門下，所獲教益，足以使其名家。而入宋求法日僧，拜於其門下者，自然亦多所獲㉛。但這些求法日僧，或因渡海歸國時，未能逃過鯨波之險，或因名號不詳，歸日之後難以辨認，或因其他原因而無聞於世，無法窮究其在日傳道生涯及表現。

在眾多無聞於世的求法日僧中，有號稱「一侍者」之禪僧，就曾先後在癡絕道沖

㉚詳見下文。
㉛見筆者〈參訪名師：南宋求法日僧與江浙佛教叢林〉，《佛學研究中心學報》，第十期（二〇〇五夏季號），頁一八五—二三四。已收入筆者《泗州大聖與松雪道人——宋元社會菁英的佛教信仰與佛教文化》（臺北：學生書局，二〇〇九）第六章。

及笑翁妙堪門下參學，也自然成為無文道璨的法門昆仲。根據《無文印》之描述，他在理宗淳祐戊申（一二四八）由西湖至四明奔其師笑翁妙堪之喪㉜。之後，他留在翠巖山十日，復歸徑山作夏，這位求法日僧「一侍者」就曾來送行。道璨描寫其經過，略謂：

> 日本一侍者聞余西泝，踉蹌來送別，至江滸，夜漏已二十刻。又明日，予抵舟次，夕陽在西嶺矣！一視余別色黯然見於面目，且言：去國六年，首見癡絕老人于靈隱。來育王侍笑翁老師三年。翁今不作，莫知所向㉝！

此段記載當為實錄，一則可略見一侍者在宋求法時間甚長，六年之間，前三年在靈隱隨道沖，後三年在育王隨妙堪，可謂不辭辛勞，篤於學道。而他與道璨顯然結了深厚之交情，所以還對道璨表示，因為叢林以其表字「無得」呼之，而他引舟歸扶桑

㉜按：笑翁妙堪於光宗紹熙癸丑年（一一九三），奉旨補育王虛席，以至其終，實淳祐七年（一二四七），陳垣依《釋氏稽古略》及《佛祖綱目》將其卒年作淳祐八年，實誤。見無文道璨，《無文印》卷四，〈育王笑翁禪師行狀〉，頁一a—五a。又見《南宋元明禪林僧寶傳》（臺北：新文豐出版公司，《卍續藏經》第一三七冊，一九七五）卷五，頁六六六b—六六八a。

㉝道璨，〈送一侍者歸日本序〉，《無文印》卷八，頁七b—八b。按：本章雖用《宋集珍本叢刊》之《無文印》，但必要時也取《四庫全書》本《柳塘外集》四卷參校。《柳塘外集》裏無文道璨所著詩文之部分，清以後方出現，有二卷本及四卷本。前者僅錄詩，後者為詩文合集。但前者所收詩有後者所缺者，可與之互校。見《宋集珍本叢刊》黃錦君《柳塘外集》二卷本解題。

之日已不遠，希望道璨就其表字之含意賜寫數語，「以誇國人」。道璨「念其請之勤而詞之悲」，遂與他有以下對談，並錄之成文：

> 子逾海越漠萬里西遊，昔也何所持而來乎？曰：「無有也！」駕風御潮一舸東歸，今也何所持而去乎？」曰：「無有也！」猗歟旨哉，無得之義，斯言足以蔽之。吾雖巧為之說，無以尚已。子歸國中，見大法幢，擊大法鼓，升大法座，而以無得之法普告大眾，育王有靈，必將為子點頭曰：「如是！如是㉞！」

道璨此說，解釋了他寫〈送一侍者歸日本序〉之由。而所謂「無得」之法，以實物言之，自然是雙手空空，若無所得。然禪宗以心傳心，一侍者參學於癡絕門下三年，又在妙堪門下三年，所得之心傳又豈是任何實物所能比擬？道璨期望他歸國之後，能建大法幢以傳笑翁之法，當然是笑翁所傳之心法。「無得之法」，實乃「無得之得」，「無文之印」；手中雖無所得，無文可憑藉，而心中則真有所得。此是道璨自己對「空無所得」之說的進一步闡釋，是臨濟「無文印」傳統的延續。

道璨對一侍者所說之語，可代表南宋禪師對求法日僧之期許，我們雖不知一侍者歸日後之傳法生涯，但就其踉蹌送行，充滿失落之情，懇求賜語，不掩好奇之心來

㉞同前註。

看，可知他與道璨交情匪淺，對道璨有相當深之敬意㉟。這種情份，部分是因為兩人都曾在癡絕道沖及笑翁妙堪門下參學之故。

事實上，道璨既不諱言他的「三師」，並在《無文印》中表達他對三師的懷念，他與三師門下的法門昆仲，如一侍者一樣，都建立了相當深厚之情誼，而與他們之間各種形式的互動，就成了南宋叢林文化活動的重要面相之一㊱。他雖然經常表示禪宗「無文印」之原則，但也並不堅持離文字說禪之作法，反而務為詩文詞章，寓禪於詩，似違背禪宗否定文字經典的精神，犯了法雲法秀（一〇二七～一〇九〇）禪師所詬病的叛道之行——使用「淫詞豔語㊲」。但是在道璨的時代，禪師們對詩文詞章的執著，以及他們藉詩文詞章與文士之間所建立的微妙關係，已非佛門的規矩所能左右。他們在詩文詞章上學有所得，雅不願墨守成規，壓抑他們文學上的才情與天賦。

㉟大概是因一侍者對道璨之尊敬，玉村竹二在其《日本禪宗史論集・下之二》（京都：思文閣，一九七六—八一）之〈日本禪僧の渡海參學關係を表示する宗派圖〉一文，將「無得一」列為無文道璨之法嗣，其實不妥。見該書頁一五五。

㊱參看筆者《一味禪與江湖詩——南宋文學僧與禪文化之蛻變》（臺北：臺灣商務印書館，二〇一〇）。

㊲關於法雲法秀譏黃庭堅「以豔語動天下人淫心」，見惠洪，《禪林僧寶傳》（臺北：新文豐出版公司，《卍續藏經》第一三七冊，一九七五）卷二六，頁五四二b—五四五a；惠洪，《冷齋夜話》（鄭州：大象出版社，《全宋筆記》第二編第九冊，二〇〇六）卷一〇，頁八一。《冷齋夜話》指出，法秀告訴黃庭堅：「詩多作無害，豔歌小詞可罷之。」又說作此類詩是「以邪言盪人淫心」。

道璨不過其中之一，而且是較突出之一位㊳。因為他雖然曾經拜在所謂三師的門下，但並未因不棄文字而為三師所拒，而在其門下獲得「心傳」。這難道不是大慧宗杲打破「無文印」而產生的結果之一？

所以咸淳九年（一二七三）冬，靈隱寺的虛舟普度（一一九六～一二七七）跋道璨語錄時便說：

道本無言，因言顯道。無文和尚，不啟口、不動舌，三轉法輪，言滿天下。其嗣康上人不為父隱，而訐露之。此話既行，俾予著語。予曰：「若謂無文有語，是謗無文；若謂無文無語，口業見在。」閱者於斯著眼，則此錄皆為剩語矣㊴。

跋語中的「其嗣康上人」，即是道璨的嗣法門人惟康。普度用「訐露」一語來形容惟康「不為父隱」而編其語錄，實是因為他自己認為道璨「言滿天下」之故。他說「若謂無文有語，是謗無文；若謂無文無語，口業見在。」是既要為道璨的「無語」辯護，又要承認其「有語」之事實。因為難以自圓其說，只好說「有語」與「無語」之認定俱不可，只能視之為「剩語」。其實「因言顯道」固不能「無語」，也不能

㊳詳細情況，可參看前引《一味禪與江湖詩——南宋文學僧與禪文化之蛻變》一書。
㊴普度，〈《無文和尚語錄》跋〉，《無文道璨禪師語錄》（臺北：新文豐出版公司，《卍續藏經》第一五〇冊，一九七五），頁一〇一三a。

「無文」，所謂「剩語」云云，其實都是「不立文字」的「飾文修辭」（rhetoric）而已。

譬如，他初住薦福寺說法期間，某晚小參時說：「鼓棹揚帆，駕沒底船，橫行海上。神頭鬼面，用無文印，勘驗諸方。二千里遠來住山，單單地提持此事。舉拂子云：看看，印文已露。劃一劃，錦縫已開。若佛若祖，若聖若凡，盡向這裏一印印定㊵。」即說「用無文印，勘驗諸方」，又說「印文已露」，即是自承「無文而有文」或「有無文之文」，豈非自相矛盾？這種弔詭性，難道不是「無文之文」的概念一直藏在道璨潛意識中的結果？更徹底的說，應該是他對「世間法」與「出世間法」無意作涇渭分明、互相對立之「二分法」的結果。他的〈跋癡絕和尚墨跡〉就說：「余昔從老子游，惟學佛法。至於世法，未嘗半語及之。出游人間，方知佛法外不曾別有世法。欲質諸老子，而恨不可復見。今觀此語，乃知佛法、世法豈有兩般乎？然有當於人心者，又甚恨其當時不明以告我也㊶。」可見道沖「老子」，即有「佛法、世法豈有兩般」的主張。從種種跡象來看，這應道璨這種對佛法及世法之認識，應該是使他的「無文印」變成一迷思的根源。

㊵惟康，《無文道璨禪師語錄》，頁一〇一四a。

㊶道璨，〈跋癡絕和尚墨跡〉，《無文道璨禪師語錄》頁一〇三一a。

第五章：道璨與文士的道義之交

一、引言

道璨因深受儒學之薰陶，雖出世而不忘入世，雖欲忘卻世情而偏重人間道義，是位充滿儒家人文主義精神的文學僧。他與許多文士相過從，彼此互敬互重，相責以道義，而相忘於江湖，宛如一位在家居士，削髮文人。身為禪僧，他有情有義，而其情義，也是他潛心於詩作的驅策力。以下就根據他與文士之間的唱和詩來觀察他的俗世情懷。

二、與湯氏族人之交

道璨因學於白鹿書院湯巾門下，與湯氏子侄為學侶，彼此切磋問學，不但互有所獲，而且建立了相當深厚之感情。故雖出家為僧，但仍與他們保持聯繫。其中，他與湯伯晉交稱莫逆，數十年不變。這種情誼，反映於他與湯伯晉的唱和詩中。其中〈和湯提幹伯晉〉一詩，寫於兩人別後二十載。道璨懷想故人，回憶當年同窗論學，月旦古人之情懷，及其後叛儒歸釋之由，大有不勝欷歔之概。其詩既述問學經歷兼抒友情道義，頗見其俗世情懷：

君家難兄弟，如箎復如塤。春風鹿眠洞，曾結詩書緣。
夜窗燈火讀，沿流竟尋源。興來忽運筆，不竭如泉湧。
沈沈古硯池，滄海一滴吞。兩眼空萬古，洛陽無少年。
別來二十載，旅鬢客倏然。老仙今何之？尚想氣軒軒。
玄言非子雲，巵言嗤漆園。不數漢諸儒，況復晉諸賢？
中庸體用書，心受太古前。向來二三策，恨不擒呼延。
痛哭與流涕，空餘十萬言。大哉一貫道，百聖無二傳。
璨也徒苦心，不能窺大全。半生長安道，洞口呼白猿。
盡掃文字淫，披雲睹青天。無味乃真味，食蜜識中邊。
讀君寄來詩，令我欲絕絃。嘘然孤鳳鳴，一洗百鳥喧。
我悔游人間，舉動鈎鎖連。東湖水一盃，芝山石一拳。
擬欲持贈君，筆端無口宣。孰知無言中，與君無間言①。

①道璨，〈和湯提幹（伯晉）〉，《無文印》卷一，頁一〇ab。

湯伯晉之身分不詳，伯晉應是字或號，很可能是湯巾或其兄弟之子。此詩顯示道璨懷念跟湯伯晉同在白鹿書院學習詩書，同窗夜讀，筆硯相親，以追求聖人仁義、中庸之道的日子。他還記得湯伯晉對揚雄之著作如《太玄》、《法言》都予以非議，而對莊子之說，則以「卮言」難測，亦嗤之以鼻。他對漢代諸儒都不看在眼裏，何況魏晉之賢②。他認為伯晉深諳中庸體用之義，能薈萃古今，務實致用，為國奔驅，獻策抗金。可惜未獲大用，而使滿腔熱血之千萬言書，變成空言，令人痛哭流涕。雖然如此，他畢竟是聖人一貫之道的不二傳人。

這首詩值得特別注意之處是道璨在詩中的自白。他說他雖然費了不少苦心，但是總無法窺聖門大道之全體，覺得自己花了「半生」的時間，奔走於功名道上，有如在白猿洞口呼白猿而無所得。所以毅然停止浸淫於儒門文字章句之學的生活，遁入空門，而竟能撥開雲霧而見青天，掃去閱讀儒書所產生「飲茶甘苦雜」之感，體會到道家「無味乃真味」之義，而進入佛法「食蜜中邊甜」之境③。

②按：「玄言非子雲」一句以揚雄之主要著作《太玄》及《法言》代表揚雄之學問。「卮言」是《莊子》〈寓言〉篇之「寓言」、「重言」、「卮言」之一，用以代表莊子學說。《太玄》及《法言》各仿《易經》與《論語》而作，但道璨與湯伯晉當時可能認為其談玄論道之語，類似道家，如同莊子所云之「卮言」，不如中庸之說，不足為訓，故鄙視之。

道璨習儒，自承五味雜陳，有苦難言。但他因出身儒門，與湯氏弟子同窗，故友情始終不滅。故接到湯伯晉之信，有感於其知音之言，幾為之破琴絕弦，歎知音之難再逢，真想憤憤作孤鳳之鳴，以掩掃百鳥之喧嘩。由於道璨一直感受世累，一舉一動都如有被鈎鎖鏈所牽制，讓他覺得後悔住在紅塵俗世的日子。如今他在豫章東湖水邊及芝山之下的薦福寺，自由自在，希望能持湖水一盃及山石一片，以代筆端之口，贈與湯伯晉。雖然不說言句，但兩人的心意實是密合無間的啊④！

道璨所說的「悔人間游」之心情，其實是矛盾的。他若不遊人間，自然不會和湯伯晉成為至交，可以引為知音。但既遊人間，又覺得世累太重，無法超逸自拔，脫盡人情事物之枷鎖。但是蒙知音之不棄，贈詩問訊，豈能不以詩酬答，表達盃水片石之心意？但以二十四韻的長詩致意，不僅是「無言之言」，也是他世俗情懷的一種表現。

③按：釋寶曇似為「文字淫」一詞之首創者。他的〈游參寥泉懷東坡參寥二老〉一詩有「流傳一字妙，隨喜文字淫」一句。「無味乃真味」當出《道德經》「為無為，事無事，味無味」之義。「食蜜識中邊」一句，則出於佛典《四十二章經》所謂：「佛言：『學佛道者，佛所言說，皆應信順。譬如食蜜，中邊皆甜。』」蘇軾〈安州老人食蜜歌—贈僧仲殊〉有句云：「東坡先生取人廉，幾人相歡幾人嫌。恰似飲茶甘苦雜，不如食蜜中邊甜。（公自注：「佛云：『吾言譬如食蜜，中邊皆甜。』」）見《蘇軾詩集合註》（上海：古籍出版社，二〇〇一）卷三二，頁一六二五—一六二六。

④按：饒州府城負芝山、鬬鄱江，左右環東湖，蠙洲三面阻水。道璨所住之饒州薦福寺，座落於府城東之東湖畔，芝山在其北。

道璨和另一位湯氏族人湯南屏也有書信往來，反映相當密切的友情。其唱和詩〈和湯司戶南屏〉，情見乎詞，顯示兩人知之甚深：

夜窗燈火共論心，喜動眉鬚不自禁。
嶺海五年雙鬢短，乾坤萬事一杯深。
肝腸疾惡言多直，懷抱傷時老益侵。
歸路江梅花正發，書來定寄短長吟⑤。

道璨此詩首先回顧他與湯南屏燈下同窗論心之經驗，其喜悅之情，溢於言表。湯南屏顯然是字或號，雖身分亦不可考，但很可能是湯巾之子侄或湯伯晉之兄弟或從兄弟。當時有豫章湯叔遜，號南屏翁，或為此人⑥。因為道璨對湯南屏相當熟悉，與他偶而相聚，引為平生最快意事。而兩人聚而後別，往往互通音問，作詩唱和，兼論詩文，樂在其中⑦。此詩描述湯南屏曾入嶺南為官五年，歸途來訪之中，回顧乾坤萬

⑤道璨，〈和湯司戶南屏〉，《無文印》卷二，頁九ａ。

⑥馬廷鸞有詩云：「南屏翁，斯文千古何終窮，清輝靈氣斗牛充。我從公家二老話此事，寒更支坐燭跋紅。」見馬廷鸞，〈次韻湯叔遜謝筆墨長句〉，《碧梧玩芳集》（臺北：臺灣商務印書館，影印文淵閣《四庫全書》本，一九八三—一九八六）卷二二，頁四ｂ—五ａ。

⑦道璨，〈南屏湯節幹〉，《無文印》卷一八，頁一八ａｂ。在此信中，道璨論詩，有「古人和詩在意不在韻。屬韻而和，蓋後世詩人好奇之遇，而詩之道亦已淺矣」之語。

事，不如痛飲一杯以忘愁解憂。湯南屏顯然因疾惡直言，為政敵所陷，被貶嶺南，因傷時憂世而日益衰老。如今歸來，江上梅花正開，道璨希望他務必再來書寄其所作詩詞，以酬平生。

湯南屏也曾入閩為官，故道璨曾在致南屏信中，直截地提醒他在入閩之後，應仍做官不忘讀書，務求為政公勤廉明。其語曰：

> 官清事簡，亦有餘力可以讀書否？一行作吏，此事便廢者，蓋甘心為俗吏也。南屏有學問、有精神、有才具，施於有為政，必有可觀者。某嘗語知己：「士大夫為政不難，蔽之一言曰：『公、勤、廉、明』而已。」公也、勤也、廉也，有志作好人者，可以勉強力行。明則在天分高低如何。然公矣、勤矣、廉矣，豈有不明者也。晦翁云：「天下事所以不可為者，只被『私』之一字壞了！」南屏為己為人之學，得於家傳，亦奚俟乎某言？然愛之深，期之遠，故語之切也⑧。

這種「愛之深、責之切」之語，非親密之長輩或諍友，孰能為之？他又說：「晦靜老先生文獻正傳繫於南屏一臂，不可不慎也！」這話似可見出南屏若非湯巾之子即是其侄，故道璨對他抱著相當大的期望。

⑧道璨，〈南屏湯節幹〉，《無文印》卷二〇，頁一b—三a。

道璨雖棄儒為釋，但因受學於湯巾門牆，雖遊方各處，但並不忘與湯巾及其兄弟子侄互通聲氣，等於遊走於「入世」與「出世」之間。他在湯巾門下時，因歸鄉省親，與其幼弟湯漢（伯紀，一二四四年進士）失之交臂⑨。淳祐四年他拜訪湯巾於盱江，正逢湯漢庭對待歸，湯巾令小留以待之，道璨因父兄趨其歸家而未果見。其後兩度拜謁，因湯漢身為太學博士，正主文衡，不便相擾，而只能投刺而返。但他深知湯漢之成就，實其兄湯巾教誨之功，故對湯漢說「然發天地之大全，繼往聖之絕學，得於伯氏所傳，猶耳聆而面命也⑩。」語中之「伯氏」即指其兄湯巾。後十五年，湯漢

⑨按：根據袁甫之說，湯漢為湯巾之弟。他在〈送林德甫赴京學教授序〉一文中說：「三山林君德甫受知真西山，結交湯同年仲能及其弟伯紀。」又在〈湘潭縣尉趙君墓誌銘〉說：「余友湯伯紀，端介不妄言。」可見他視湯漢為同輩。見袁甫，《蒙齋集》（臺北：臺灣商務印書館，影印文淵閣《四庫全書》本，一九八三—一九八六）卷一一，頁一a；卷一七，頁二一a。下文道璨致湯漢書稱湯巾為其「伯氏」。「伯氏」實指「兄長」，可見湯漢是湯巾之弟，應是真德秀所說臨齋湯德威四子之一，應是湯巾之幼弟，故不在「鄱陽湯氏三先生」之列。參看真德秀，〈臨齋遺文序〉，《西山文集》（臺北：臺灣商務印書館，影印文淵閣《四庫全書》本，一九八三—一九八六）卷二七，頁一八a。《宋史》說湯漢「與其兄千、巾、中皆知名當時」，確為實錄。見《宋史》卷四三八，〈湯漢傳〉，頁一二九七五。《宋人傳記資料索引》說他是湯千從子，亦即湯巾之子或從子，其錯誤已於前章指出。

⑩道璨，〈湯太博〉，《無文印》卷一五，頁六b—七a。按：湯漢曾授太學博士，並曾在真德秀幕下，道璨書致「湯太博」，中謂：「明年參學，而太博已過泉南，赴西山大參之招矣！」即是指此。

以刑部侍郎權工部尚書致仕，書問道璨，並讚其新作。道璨答書表示謝意，並於書末表示他無所競求、無所動心；雖處於大變之後，出生入死，但有不亟不亂之自信，希望與湯漢共勉⑪。

自歎「悔人間游」的道璨亦與湯巾之弟湯中（息庵，寶慶二年進士）亦相過從。他早年即聞湯中之名，甚為仰慕，但未能從學。後遊西湖、北山間⑫，適值湯中入朝官拜工部侍郎，嘗賦五偈，欲修贄謁見，終以侍郎「位尊貌重，趑趄瑟縮，不敢納謁⑬。」其偈之末章有句云：

諸老門庭早已參，十年行遍海東南。
重來上國無他事，看了梅花見息庵⑭。

此偈顯示道璨雖寄跡叢林十年，參遍東南諸老宿之門庭，但仍不忘湯氏家學，旅途中得便，即設法拜謁其族人。此次雖未能謁見湯中，但不久即獲熱誠接見，留其庭

⑪道璨，〈東澗湯尚書〉，《無文印》卷一七，頁一一a—一二a。按：道璨書中云：「尚書辭榮遺貴，深根寧極，將求吾所大欲，獨立千仞，俯視萬有，如之何其可及也！」當是祝頌湯漢之致仕而言。而「筆端有口，乃齒及鄙人見山堂新刻，又蒙輟[綴？]賜」一語，似為感謝湯漢為其新作題序之語。

⑫按：宋人常指靈隱寺為北山，徑山寺為南山。

⑬道璨，〈息庵湯侍郎〉，《無文印》卷一五，頁一ａｂ。

⑭同前註。

闈兩月，得以聆其教益，並蒙其賞識，深感其知遇之情⑮。這種受到湯氏族人「知遇」及「關懷」的感受，是道璨雖「悔人間遊」卻仍不忘人間道義的原因之一。

三、與張即之之交

前章已述及張即之與笑翁妙堪師徒結了不解之緣，成了傳授道璨外學的儒者之一。由於他一生與妙堪情如兄弟，故其友人狀元姚勉（一二一六～一二六二）乃說：「樗寮平生視美官如敝屣，故與笑翁志同道合。」又說：「今儒之中清風如樗寮者，不可多得⑯。」他所表現的「清風」，身為妙堪的弟子及即之門生的道璨實有更深的體會。

道璨是南宋末江南叢林之詩僧及文章僧，詩文都享譽一時，為叢林所尊。也因為善於辭章，文士都相當看重他，樂與他交遊。因為妙堪與張即之間的如師友、兄弟之

⑮同前註。
⑯姚勉語見《雪坡集》（臺北：臺灣商務印書館，影印文淵閣《四庫全書》）本，一九八三—一九八六）卷四一，頁一一a—一二b。

關係，他也視張即之如父、如師，常與張即之互通尺素，並時入翠巖，執弟子之禮。兩人間有唱和，都可以看出道璨對張即之為人襟抱、出處操守之欽慕。他有〈賦張寺丞檉寮〉一詩，錄在所著《無文印》卷首，最足以代表身為張即之忘年交的晚輩對張即之的認識與崇敬。

> 檉寮先生千載士，草木有誰同臭味。
> 外無刀斧斫削痕，中有冰霜難老氣。
> 紅紫紛紛滿上林，我自無心趁桃李。
> 蘇秦張儀自縱橫，寵辱不驚魯連氏。
> 梁棟峩峩入阿閣，我自無心為杞梓。
> 杜喬李固自黨錮，網羅不及徐孺子。
> 故家喬木百世陰，有此孫枝能蔽芾。
> 落去英華植本根，深培不朽聖賢事。
> 犧尊青黃互翻覆，眼看世事如醒醉。
> 願言善保丘壑姿，留取清風在天地⑰。

⑰《無文印》卷一，〈賦張寺丞檉寮〉，頁一ab。「難老氣」，四庫《柳塘外集》本作「不老氣」。

此詩對張即之人品、操持讚許備至，視之為「千載士」，具有「冰霜」節。「千載士」與他稱讚「曾大父」大慧宗杲與其遠祖陶淵明的「千載人」相似，同為最高之讚譽⑱。他仰慕張即之才高而無意仕進，有戰國時期義不帝秦的魯仲連（約公元前三〇五～前二四五年）之「天下士」氣概⑲，及東漢淡泊名利的南州高士徐穉（孺子，九七～一六八）之高尚情操⑳。他認為張即之能繼其家學，歸尋本根，致力於聖人之業，於眾醉獨醒之中，觀察世事，知出處之分際，而能善保其胸中之丘壑，而留取天地之清風㉑。

道璨對張即之推崇之語，實是言出肺腑，因為他他年二十餘，即「登公門」，而張即之「進之坐隅，睠焉顧之，若撫其雛，垂三十年，愛甚如初㉒。」在「出入公門三十年」之間，張即之總是「寒而衣之，病而藥之，飢渴而飲食之，契闊則訪問而撫

---

⑱他稱陶淵明為「千載之人也」，見本書第三章。

⑲按：魯仲連為天下士，出於其對手新垣衍之口，見《史記》卷八三，〈魯仲連、鄒陽列傳〉。

⑳按：王勃，〈滕王閣詩序〉有「人傑地靈，徐孺[子]下陳蕃之榻」之句，將東漢豫章太守設榻招請徐孺子之故事傳之於世，遂使徐孺子不朽。見唐・王勃，《王子安集》（上海：商務印書館，《四部叢刊初編》本，一九三六）卷五，頁一a。南州為豫章郡，正是道璨的家鄉，故道璨以徐孺子比張即之。

㉑《無文印》卷一，〈賦張寺丞樗寮〉，頁一a―b。

㉒同前書，卷一三，〈祭樗寮張寺丞〉，頁一a―二b。

存之。」對他真是「猶父[之]愛子，母之念雛也㉓。」三十餘年間之來往，他深受張即之待之猶子的百般護持，早已視之如父。兩人間的情如父子之師生關係，是道璨後來遊方行腳或住持禪剎時，心中常常惦念其安泰的緣故。道璨對張即之的節操與襟抱，由衷欽佩，不只一次地在其詩文中予以表揚。他常提醒他的讀者，張即之實不僅僅單純是位舉世聞名的大書法家而已，而是位「胸中有義理者㉔」，也是位懷抱著屈子行吟之心的忠君愛國知識分子。在張即之書贈他的《楚辭・九歌》一章，道璨有此一跋語云：

> 樗寮先生多書九歌，擘窠大字如此本者，人間無第二本。沈著而不重滯，痛快而不輕浮，藹然詩書之氣，流動其間，于湖死百年無此作矣。雖然，先生豈獨以書學誇後世哉？忠君愛國，不能自制，孤悶隱憂，寄之翰墨，先生之心，屈平之心也。寤窗東游行李中，載此而返，無乃大富也歟㉕。

道璨從張即之學書法，尊之為師，師生之間經常保持聯繫，受張即之贈字不少，對張即之書法之熟稔，幾無人可比；對張書的超拔，當然也是佩服得五體投地，故有

㉓《無文印》卷一三，〈祭樗寮張寺丞〉，頁一ａｂ—二ａｂ。
㉔同前註。
㉕《無文印》卷一〇，〈跋樗寮書九歌〉，頁七ｂ。

「于湖死百年無此作矣」之讚。于湖是紹興狀元張孝祥（一一三二～一一六九），為張即之的伯父，也以書法名家，但因英年早逝，書名遂不甚傳㉖。道璨雖稱美張即之在書法上之成就，但不僅單就字體之優劣評論，而每從字風所流露之修養及所表現之氣魄，論其人品、學養與風格之獨特。他說此〈九歌〉一帖，「藹然詩書之風，流動其間」，是肯定張即之在詩書上的造詣。但更重要的是，他要強調張即之的翰墨，實寄託著「忠君愛國」之志，而其遺世而獨立，憂國而惜民之心實即屈原澤畔行吟之心。由於有這樣之認識，道璨對張即之的孤悶、窮獨及起居之安泰，更加關切。所以他在跋自己所藏張即之書帖時，曾如此說：

某從判府寺丞秘閣樗寮張公游二十年，幅紙往來，好事者皆爭持去。篋中所藏蓋西還後十數帖也。開慶改元秋，胡馬飲江。冬十一月，破興壽。明年二月，犯江西，二浙戒嚴。某來開先，適與亂會，偃臥黃石巖上，自念平生所學死事：死於鋒鏑、死於老病等死；死何憂？一老遠在東海之濱，是則可憂之大者。夏四月，王師逐北，江以南

㉖明代大儒陳繼儒曾說：「安國，名孝祥，仕終顯謨閣學士，所謂于湖先生，孝伯之兄，即之之伯父也。其書師顏魯公，嘗為高宗所稱。即之稍變而刻急，遂自名家。然安國僅年三十有八，而即之八十餘，咸淳間猶存。故世稱樗寮書，而于湖書鮮稱之者。」見陳繼儒，《眉公書畫史》（在盧輔聖編，《中國書畫全書》第三冊），頁一〇三五；又見其《妮古錄》（在盧輔聖編，《中國書畫全書》第三冊），頁一〇五四。

> 無寸矢，急走一介行李，問無恙。秋八月，書還，老氣硉兀，與翰墨爭鮮明，足以觀所養。亂後得書，幾若松下剖甕所見者，不可不刻之石。公鴻筆麗藻已滿天地間，此書刻不刻，於公不足道也㉗！

此跋所說的開慶元年（一二五九）秋，「胡馬飲江」，係指蒙古軍在忽必列的率領之下，於當年九月兵臨長江北岸，並渡江攻打鄂州之事㉘。鄂州之役，雖因蒙哥汗病死，忽必列恐國內生變而退兵，但據道璨之記錄，蒙古軍仍破興壽，並於開慶二年（一二六〇）秋入江西。其年張即之年七十五歲，早已致仕住翠巖山中，罕與世接。不過偶有禪僧來拜訪他，而道璨即是其中最常探問者。蒙古軍渡江後，宋廷震驚，立即於兩浙、四明招兵募勇，設城堡防禦之。道璨知軍情緊急，憂慮張即之的安危，故說「一老遠在東海之濱，是則可憂之大者。」蒙軍退兵後，道璨託人送信至張即之處問安，不想立即獲其答書，而其詞高亢，豪放之氣不減，與其翰墨爭鳴，顯然無視己身之安危，故道璨說：「足以觀其養㉙」。

㉗《無文印》卷一〇，〈跋樗翁帖〉，頁六ａｂ。按：此帖所寫時間，張即之已七十五歲，所以「二十年」，當為「三十年」之誤。

㉘參看何忠禮、徐吉軍，《南宋史稿》（杭州：杭州大學出版社，一九九九），頁三四八—四九。胡昭曦，《宋蒙（元）關係史》（成都：四川大學出版社，一九九二），頁二三五—三九。

㉙《無文印》卷二，〈紀夢〉，頁一〇ａｂ。「硉兀」有「凹凸不平」之意，亦有是「高亢」、「豪放」之意。

理宗淳祐戊申（一二四八），道璨由西湖至四明奔妙堪之喪後，往翠巖山留住十日，復歸徑山作夏。這段經過，是他所說的「既哭笑翁老子，遂訪樗寮隱君，於翠巖山中留十日㉚。」這年，張即之年六十三歲，已過了幾年的退隱生活，頗享閒居山林之樂。道璨既至四明，自然趁便訪謁。

寶祐三年乙卯（一二五五），道璨奉詔命至饒州薦福寺住持說法，也在此年再度訪張即之，其時張即之年已七十歲。道璨曾作詩一首，賀張即之生日，贊張即之為「晉唐以前舊人物，翩然乘風下大荒㉛。」並再次強調張即之不愛為官的性格，並將其致仕後退隱山林，種花養梅，與花為兄弟，飲自製梅酒，陶然忘機、淡泊與清雅的閒適生活，生動地描繪出來，似有將他比作其遠祖陶淵明之意：「平生厭官不愛做，

㉚同前註。又釋自融，《南宋元明禪林僧寶傳》（臺北：新文豐出版公司，《卍續藏經》第一三七冊，一九七五）卷五，頁六六八；《增集續傳燈錄》卷一，頁七六〇a。按：《南宋元明僧寶傳》作者自融將妙堪卒年錄為慶元庚申（一二〇〇），並說妙堪請「張寺丞主後事」，誤甚。其年張即之不過十五歲，而道璨尚未出生。張即之主後事之事，當為實錄，但時間應從道璨所說之淳祐八年戊申（一二四八），以符「既哭笑翁老子，遂訪樗寮隱君於翠巖山中」之說。明・朱時恩，《佛祖綱目》（臺北：新文豐出版公司，《卍續藏經》第一四六冊，一九七五）亦作淳祐八年戊申，見卷三九，頁八一四。道璨在〈行狀〉中說荼毗之日「實淳祐七年三月二十七日也」，則他去翠巖應該是笑翁的週年忌。

㉛《無文印》卷一，〈樗寮生日〉，頁六b—七a。以下所引詩句同出此詩。「禁得清寒耐得霜」，四庫本作「禁得清寒耐後霜」，疑「後」字誤。

自歌招隱山中住，後園明月手自鋤，多種山前老梅樹。歲寒心事梅花清，滄浪白髮梅花明。有時指花對客道，此是吾家難弟兄。上國春風醉桃李，過眼紛紛付流水，禁得清寒耐得霜，幽獨何曾有如許？今年枝間著子無？黃金作顆應纍纍。想見日長庭院靜，時時繞枝如哺雛。摘來不用供調鼎，且喚稺生相管領。等閒一醉一千年，莫遣東風吹酒醒㉜。」

道璨對張即之的退隱生活，顯然瞭如指掌，所以他的詩勾畫出張即之在〈引年得謝帖〉中所表達「自由」意願的實現：

即之引年得謝，不負初心，私竊自幸。寓直中祕，此朝家優老之恩，以華晚節，即之何者，一旦得之，恍不知其所自，連日驚悸未寧也。慶語首題，非愛念之深，何以有此？感激！感激！即之叨承門蔭，一生狷僻、狷僻！方始結局，此身得以自由矣㉝！

道璨與張即之情如父子之關係與交往，使他時時懷念與張即之問學相處之日，即令在張即之去世後仍然如此。譬如，張即之去世後一年㉞，道璨在一篇〈紀夢〉的短

㉜同前註。
㉝清・卞永譽，《式古堂書畫彙考》（臺北：臺灣商務印書館，影印文淵閣《四庫全書》本，一九八三—一九八六）卷一五，頁二一b—二二a。
㉞按：前章已說過，張即之的卒年有一二六三及一二六六兩說。應以咸淳二年丙寅（一二六六）去世，年八十一為較正確之說法。張即之老而彌篤，雖年過八十，仍在作字。故袁桷說：「樗寮太中公以字畫醞藉重一時，年過八十，作字猶嫵媚，本茂枝亘，有自來矣。」見前引袁桷，〈以避穀圖壽張治中并識其後〉。

文中，描述他在夢中與張即之「共坐南窗」，而張即之贈詩索和之情狀。由是而想及他從張即之處所學之種種學問，不禁感慨系之。此記夢之文雖短，但敘述生動如真實故事，可略窺道璨以弟子之禮師事張即之的原因，其文如下：

> 余疇昔之夜夢與樗寮共坐南窗，翁出所作詩字韻詩索和，既覺，能記前六句，續之成章。余從翁三十年，五帝三王之學，二氣五行之理，古今治亂之端，夷夏盛衰之數，與到劇談，亹亹不已，而半語未嘗及詩。翁仙去逾年矣，豈以此為欠事，故為余修末後供耶？余平生夢中所作詩文，不能追憶一語，而此詩能記六句。吁！亦異矣！追念夙昔，感慨生死，泫然書之：
>
> 輕雲巷雨過簷牙，楊柳池塘合亂蛙，
> 四壁月華春夜永，一年風物此時嘉。
> 詩當淡處工差進，心到平時語不誇。
> 睡眼醒來人不見，杏花散影滿窗紗㉟。

這篇短文已在第二章引用過，此處再引，無非是要說明道璨與張即之道義之交的淵源。張即之的學問駁雜，博學能詩，但他與道璨相聚時，只談政治、歷史，不論禪

㉟《無文印》卷二，〈紀夢〉，頁一〇ab。

佛、不談詩詞。今於死後逾年，卻在夢中作詩索和，難道是為生時相聚，半語未嘗及於詩而托夢道歉？所以道璨說：「翁仙去逾年矣，豈以此為欠事，故為余修末後供耶？」當然這只是有感而言，豈能當真，因為道璨深知張即之忠君愛國之思，了解他雖不忘「關心」時政，卻憾無力扶危救傾，只好寄情翰墨，宣洩鬱悶。這種心情，道璨在讚張即之畫像時，有更哲理化之闡述：

> 夷進退之畛畦，孰為山林？孰為臺閣？剖物我之界線，孰為釋老？孰為伊洛？出其餘緒於翰墨，猶足以發山川之耿光，掩古今而合作。眼蓋乾坤，氣橫海嶽……身老東海而名落天下，澤可及物而志不及行。問其字學，則眼中無二王；問其心學，則身外無六經。議論非今人之所可，取捨非今人之所能。蓋安樂窩中打乖之人，梅花樹下有髮之僧㊱。

道璨此讚之第一段，說明張即之不求聞達，不合時宜，故只能退居泉下，遁迹山林。但他身在方內，而心遊方外，故能自由自在，揮灑翰墨。這段話，雖然是對張即之的素描，也頗有夫子自道之意味。第二段說張即之對自己的書法，相當自負，王羲之父子皆不在其眼中。而於學問，則不受拘於六經，故議論非世人所許可，而進退出

㊱《無文印》卷一四，〈樗寮張寺丞畫像讚〉，頁二b—三a。

處之間，取捨非常人所能。末兩句「安樂窩中打乖之人，梅花樹下有髮之僧」可概括張即之的退隱生活。前句出自邵雍（一〇一一～一〇七七）〈安樂窩中好打乖吟〉一詩，「安樂窩中好打乖，打乖年紀合挨排」之句，將他比擬為住在「安樂窩」的邵雍，故說他是「打乖之人㊲」。後句指張即之退隱養梅於翠巖山，而寫經論佛，有如帶髮之僧。

由道璨對張即之了解之深刻，吾人不難想見為何他時時憂掛這位處在「東海之濱」的「一老」。為了即之的老邁安危，他寧可放棄閫帥江萬里（一一九八～一二七五）的福州東禪寺之召㊳，不辭勞頓，驅車往拜。他時時以張即之的起居為念，經常的書問與探望，確實是筆者詩句「人間道義固吾事」的表現。

㊲〈安樂窩中好打乖吟〉一詩，見邵雍，《擊壤集》（臺北：臺灣商務印書館，影印文淵閣《四庫全書》本，一九八三—一九八六）卷九，頁一八b。全詩云：「安樂窩中好打乖，打乖年紀合挨排。重寒盛暑多閉戶，輕暖初涼時出街。風月煎催親筆硯，鶯花引惹傍樽罍。問君何故能如此，只被才能養不才。」邵雍又有「自和打乖吟」一詩云：「安樂窩中好打乖，自知元沒出人才。老年多病不服藥，少日壯心都已灰。庭草剗除終未盡，檻花擡舉尚難開。輕風吹動半醺酒，此樂直從天外來。」見卷九，頁二一b—二二a。

㊳關於此事，見筆者《一味禪與江湖詩——南宋文學僧與禪文化之蛻變》。

四、與吳革兄弟之交

道璨的道義之交不乏當時赫赫有名之人物，其中以江萬里（一一九八～一二七五）、方逢辰（一二二一～一二九一）、吳革兄弟等人為中、高級官僚，道璨都與他們建立了相當深厚的交誼㊴。尤其他待吳革兄弟，最見情義。

1. 吳革

吳革即是《無文印》中的吳恕齋，廬山人，景定四年（一二六三）知臨安府，咸淳五年（一二六九）宣撫江東，兼知建康府，後知福州，著有《恕齋存稿》、《讀易講義》與《平心論》等書㊵。吳革是其友劉克莊（一一八七～一二六九）之父劉彌正（一一五七～一二一三）的門生，故劉克莊對他相當稔熟，頗稱賞他的文章及政事，

㊴同前註。
㊵按：吳革於咸淳五年（一二六九）「除寶章閣直學士、沿江置制使、江東安撫使、主管行宮留守司公事、知府事。」見李之亮，《宋兩江郡守易替考》，頁四二。

曾說：「恕齋吳公之學由關洛遡洙泗者，談經折理，深入聖處。其門生故吏，彙其歷官擬筆判案曰《平心錄》為十四卷，補遺一卷。凡民負抑胥、舞文世吏，俯首受欺，曲董狐之筆，高下伯州犂之手者，公一覽如鏡見，像湯沃雪，是是非非，兩造厭服。夫人情予之則恩，奪之則怨，賞之則喜，罰之則怒。至於奪人邑而伯氏不怨，廢人終身而為李平、廖立，所思惟管葛能之，公何以使人至此哉？平其心而已矣㊶。」劉克莊對吳革之評論，先讚他學問有淵源，能深入聖學堂奧；再論他能秉公斷案，賞罰嚴明，使違法犯紀者信服，雖被奪削鄉邑而不致有怨言。而官吏被廢終身如李平及廖立之廢為平民者，唯有孔明之思維者能為，而吳革亦能臻此境，實是因為他平心為公而不徇私之故㊷。

㊶劉克莊，〈恕齋平心錄〉，《後村先生大全集》（上海：商務印書館，《四部叢刊初編》本，一九三六）卷一〇一，頁二ａｂ。

㊷按：吳革之書判，《名公書判清明集》（北京：中華書局，一九八七）收有二十篇，當是從《恕齋平心錄》選錄出來的，因為《恕齋平心錄》已經不傳，故此二十二篇，對吳革生平與事業的研究，頗值得注意。劉克莊所說的「伯州犂」，源於《左傳》「伯州犂問囚」之故事，是「上下其手」一成語的來源。伯州犂是春秋時代楚國大夫，《左傳》〈襄公二十六年〉：「楚康王與秦人侵吳，及雩婁，聞吳有備而還。遂改侵鄭國。五月，至於城麇。鄭國大夫皇頡守城，出與楚師戰，兵敗為楚國的穿封戌所俘，楚康王之弟公子圍與穿封戌爭囚，雙方互不相讓，求正於伯州犂。」於是發生伯州犂「上下其手」之故事。《左傳》之文說：「伯州犂曰：『請問於囚。』乃立囚。伯州犂曰：『所爭，君子也，其何不知？』上其手，曰：『夫子為王子圍，寡君之貴介弟也。』

吳革之學本於關（張載）洛（二程）而可溯及孔子，學問根柢甚深，但他並不是一位貴性理而輕風月的理學家。劉克莊尤愛其詩，讀了他的詩作，不禁興起萬般感慨，大讚其詩曰：「嘲弄風月污人行止，此論之行已久。近世貴理學而賤詩，間有篇詠，率是語錄講義之押韻者耳。然康節、明道於風月花柳未嘗不賞好，不害其為大儒。恕齋吳公深於理學者，其詩皆關繫倫紀教化，而高風遠韻；尤於佳風月、好山水，大放厥辭，清拔駿壯。先儒讀〈西銘〉云：『某合下有此意思，然須子厚許大筆力。』公學力足以畜之，筆力足以洩之，分康節之庭，而昇明道之堂，非今詩人之詩也㊸。」劉克莊之讚詞，固然是個人之意見，但確實反映二程以來假「作文害道」、「玩物喪志」之論調來表現重義理而賤詩文的觀點㊹。劉克莊說吳革固寫理學家關繫人倫教化之詩，但也有縱情山水，風月花柳之作。還強調邵雍（一〇一一～一〇七

下其手，曰：『此子為穿封戌，方城外之縣尹也。誰獲子？』囚曰：『頡遇王子。弱焉。』戌怒，抽戈逐王子圍，弗及。楚師以皇頡歸。」劉後村認為伯州犁這種假裝公允而暗中使陰險的人，在吳革的明鏡高懸之下，是無所遁形的。李平及廖立為三國蜀人，兩人在蜀後主時為諸葛亮廢為平民。詳見陳壽，《三國志・蜀書》卷四〇，〈廖立傳〉，頁九九七—九九八；同卷，〈李嚴傳〉，頁九九九—一〇〇〇。

㊸劉克莊，〈恕齋詩存稿〉，《後村先生大全集》卷一〇一，頁一b—二a。

㊹按：程朱都能作詩，但總是在詩中說義理。謝上蔡見程顥，舉文史成誦，明道曾其問作文害道與否，而曰：「害也，凡為文不專意則不工，若專意則志局於此，又安能與天地同其大也。書云：『玩物喪志』，為文亦玩物也。」《二程遺書》卷一八，頁九五a。程顥之說，傳於其門人，朱子亦發揚其說。

七）、程顥（一〇三二～一〇八五）亦如此，但並不害其為大儒，吳革與他們相似，自亦可為大儒。

道璨與吳革至少有八、九年以上的交情。咸淳五年，他五十七歲，聞吳革受節帥金陵，有書致吳革，略謂：「不瞻望道德遂八九年㊺」書中除表示恭賀吳革「開大幕府、建小朝廷，平分天子半面旌旗，臥護長江千里天塹㊻。」還謝謝他的愛護之意，所謂「不棄弊帚，稱之於諸公，舉之於儕之有位者，咄咄不絕口，不責其跡，豈不毫毫亮其胸中所存者乎㊼？」道璨的描寫，證明吳革不但揄揚其詩文，而且對他多所拔擢，即使道璨未必接受其惠，但未嘗不會引為知交。所以吳革之弟吳山泉（生卒年不詳）錄示吳革由閩入橫江經鄱陽、過昌邑、下吳山所作詩時，道璨「即嘗和韻，致拳拳不想忘之意。其言有曰：『雲屯萬騎西風急，月浸三邊月柝清㊽』。」這兩句即出

㊺道璨，〈恕齋吳制置〉，《無文印》卷一八，頁二b—三b。
㊻同前註。道璨說吳革「臥護長江千里天塹」，則吳革宣撫江東時似帶病在身。
㊼同前註。
㊽同前註。唯「西風」，原詩作「秋風」。吳山泉原名及生平事迹不詳，但道璨與他常有唱和之作，可以略窺其生涯之大概，容下文說明。又，林希逸有〈用珍字韻謝吳帥分惠乃弟山泉所寄廬山新茗一首〉，是寫給吳革的詩，證明吳山泉是吳革之弟。見林希逸，《鬳齋十一稿續集》（臺北：臺灣商務印書館，影印文淵閣《四庫全書》本，一九八三—一九八六）卷七，頁一a。

自〈寄賀恕齋除兵部〉一詩，其詩曰：

面無老色氣精明，南海歸來住未成。
不道山中無宰相，要從恕上做功名。
雲屯萬騎秋風急，月浸三邊夜柝清。
謀國定知有長算，胡雛不樹向南旌㊾。

既然任兵部侍郎，自然有負責東、西、北「三邊」邊防之責，道璨對吳革期許甚高，希望在他的運籌帷幄之下，千里秋風之外，雲屯霧集的萬騎雄兵，能拒元人南下之旌旗。

道璨與吳革之深交亦見於他們的酬唱詩，〈和恕齋吳提刑松陽庵居〉為其一，其詩曰：

截斷人間名利塵，橫塘深碧護新墳。
昏明不定霜天月，開合無心竹屋雲。
風雨對床差可喜，乾坤萬事不堪聞。
栽松種竹閒功課，卻為憂時一半分㊿。

㊾道璨，〈寄賀恕齋除兵部〉，《無文印》卷一，頁九ａｂ。
㊿道璨，〈和恕齋吳提刑松陽庵居〉，《無文印》卷一，頁六ａｂ。

此詩詩題顯示吳革曾任過提刑，但其時間不詳。《會稽續志》錄有吳革於「寶祐二年（一二五四）以朝奉郎八月十三日到任」為提舉兩浙東路常平等事，即是提刑官，計其時間，應就是恕齋吳革51。他出任提刑時，曾入饒州薦福寺去看道璨，與他談三教之旨。之後還贈詩道璨，故道璨在其書劄說：

昨辱枉顧，侍坐雖不久，而得於教誨亦已甚。至三聖言外之旨，斷之以二十八字，探賾索隱，幾無餘韻。彼九師十翼，無乃詞費已甚歟。夜寒擁鼻，令侍僧反復誦而聽之，優柔宛轉，深入心肺。充然所得，蓋甚於耳提面命時也。雪窗冷坐，軍將打門，妙墨新詩，羅列几案。鶺鴒和鳴，春意滿室不復知天地間有寒色矣52。

此劄證明道璨與吳革不僅是詩友，而且是論道之交。因為吳革通三教，又精於易學，在與道璨晤面之時，也談了「三聖言外之旨」。而其所說之義理，道璨以「九師十翼」皆不如，而讚其探索之深。「九師」是漢・淮南王劉安（一七九～一二二BC）所聘之九位解說《易經》之「明易者」，其所說之易，俗稱「九師法」或「九師說」。《漢書》〈藝文志〉錄有《淮南道訓》即是「九師法53」。「十翼」是《易

51見李之亮，《宋代路分長官通考》（成都：巴蜀書社，二〇〇三），頁一九七八，引《續會稽志》。
52道璨，〈恕齋吳提刑〉，《無文印》卷一七，頁五b—六a。
53見《漢書》（北京：中華書局點校本，一九七七）卷二〇，〈藝文志第十〉，頁一七〇三。

經》之傳注，因有十篇，故稱《十翼》。宋以前皆認為《十翼》乃孔子所作，但歐陽修《易童子問》獨樹一幟，懷疑《十翼》中之〈繫辭〉、〈文言〉、〈說卦〉非聖人之言，其後疑《十翼》非孔子所作之學者愈多㊹。道璨說「彼九師十翼，無乃詞費已甚歟」，貶「九師說」及《十翼》。可見他對易傳之作，若不是有相當認識，即是聆吳革之教益所生之感想。

此唱和詩可能寫於恕齋卸任提刑之後而於其居處建「松陽庵」時，依詩之第二句看，應是其家功德墳寺。全詩大意謂：既然您已經掛冠回鄉，斷棄人間名利之塵，只好在深綠的水塘間守護新立的墳隴。月亮在霜寒的冷天中，隨著竹屋上雲彩的無心開合而忽明忽暗，益增蕭索。稍覺可喜的是，您我還有風雨對床的機會，談起乾坤萬事，真是不堪聞問了。現在雖然栽松種竹是您悠閒時的日課，但一半的閒情，也被憂國憂時的心情所分了。詩中所用「風雨對床」一詞，是兄弟或親友共處一室，傾心交談之比喻，可以反映道璨與吳革關係之親近。

另一酬唱詩為〈和恕齋濂溪書院〉二首，詩曰：

㊹關於〈十翼〉非孔子所作之討論甚多，現已成為定論。姚際恆，《古今偽書考》（北京：中華書局排印本，顧頡剛點校，《古籍考辨叢刊》本，一九五五）卷一，頁一一二—一一七。又張心澂認為〈彖傳〉及〈象傳〉為孔子所作，〈繫辭傳〉以下當非孔子所自作。見《偽書通考》（臺北：明倫出版社，一九七二），頁七八。

滿目青山滿面風，誰云太極在圖中。
晦翁去後僧來少，苔滿空堂曉日融。
洙泗淵源水一溪，蘚花綠遍考亭碑。
白雲散盡青山出，一卷通書未寫時[55]。

此詩主題既然是濂溪書院，當然要說及周敦頤（一〇一七～一〇七三）相關之事。周敦頤字茂叔，號濂溪。曾先後在江西分寧（今修水）、南安軍（紹興時改贛州）、南昌、虔州、南康軍等地任地方官，並兩度遷湖南，為桂陽令及郴州守，所至以教育為務，創立濂溪書院多處，分別以濂山、宗濂、景濂、清濂、愛蓮書院等稱之，開宋代書院之先聲[56]。宋仁宗嘉祐六年（一〇六一），周敦頤通判虔州途中經廬山，山之北麓有溪，發源於蓮華峯下，潔淨紺寒，周敦頤濯纓而樂之，後遂寓居其地，築書堂於其上，以其故里之濂溪稱之，隱居講學，教授學子[57]。吳革為廬山人，其所作詩自然是因訪廬山的濂溪書院而作，故道璨說「滿目青山滿目風」。又周敦頤

[55]道璨，〈和恕齋濂溪書院〉，《無文印》卷一，頁一二b。
[56]見朱熹，〈濂溪先生事實記〉，《南宋文範》下冊（臺北：鼎文書局，一九七五），頁六七七b—六七八a；除在江西、湖南外，周敦頤也曾在四川合州、湖南永州、邵州（今邵陽）及廣東廣州等地。
[57]同前註。又，朱熹，〈江州重建濂溪先生書堂記〉，《晦庵先生朱文公文集》（上海：商務印書館，《四部叢刊初編》本，一九三六）卷七八，頁一四a。

嘗作《太極圖說》及《通說》四十篇。《太極圖說》代表周敦頤對陳摶（八七二～九八九）「太極圖」的解釋。他認為太極自無極而生，因動靜之不同而生陽陰兩儀、五行二氣而及於萬物⑱。朱熹（一一三〇～一二〇〇）為《太極圖說》注解，推崇備至，至謂「得千聖不傳之秘，孔子後一人而已。二陸不以為然，遂起朱、陸之異同⑲。」道璨生於朱陸死後，又受學於朱門之湯巾，自然知道這一段公案，也對濂溪先生的學養有所認識。詩中的「誰云太極在圖中」或指滿目青山即是太極之變化所生，太極若為圖之全部，青山自為圖之局部，全部之圖（太極）自不會見於局部（青山）之圖中。或者謂太極本無須有圖，自然無處可見。正如金華王柏（一一九七～一二七四）說：「蓋周子以此圖以示人也。而太極無形無象，本不可以成圖，然非圖，則造化之淵微又難于模寫，不得已畫為圖象，擬天之形，指為太極。又苦無形無象，故于圖首發此一語(按：即『無極而太極』一句)，不過先釋太極之本無此圖象也⑳。」

⑱見周敦頤，〈太極圖說〉，《周元公集》（臺北：臺灣商務印書館，影印文淵閣《四庫全書》本，一九八三—一九八六）卷一，頁一ab。

⑲《宋元學案》（北京：中華書局點校本，一九八六）卷一二，〈濂溪學案下〉，頁五一四，黃百家案語。

⑳同前註，〈濂溪學案下〉，頁五〇九。按：王柏，號魯齋，從何基學，以教授為業。曾受聘主麗澤、上蔡等書院。著述繁富，有《詩疑》、《書疑》及詩文集《甲寅稿》等，多已佚失。今存《四庫全書》本《魯齋集》為其詩集。

詩中「晦翁」一句，頗有深意。蓋濂溪書院自二程拜在周敦頤門下之後，成為人文薈萃之地，兩宋名儒常造訪之。朱子在淳熙六年（一一七九）五十二歲時，出任南康守，在匡廬建白鹿洞書院，講關洛之學，並與三教九流人物來往，大肆批判江西學者的詩賦詞章與禪學。還作《太極講義》、出示學者。又建濂溪祠堂、印《太極通書》，授《太極圖說解》，大倡濂溪之學。淳熙七年（一一八〇）與八年（一一八一），他先後改除江西與浙東常平茶鹽公事[61]。離南康軍之前，率其弟子多人由山南遊至山北，訪濂溪書堂，並膜拜書堂之濂溪遺像，與周敦頤之孫輩在「光風霽月堂」設食，還在書堂講周敦頤之《太極圖說》[62]。此次與朱熹同訪濂溪書堂者，還有禪僧志南。而朱熹除了拜像、設食、講演之外，還寫了兩首仰慕濂溪之詩，可謂極其慎重其事[63]。朱熹離南康軍之後，濂溪書堂已不復以往之盛，恕齋之學既本二程，而接朱

[61] 李之亮，《宋代路分長官通考》，頁二〇三七。

[62] 朱熹，〈山北紀行十二章〉，《晦庵先生朱文公文集》卷七，頁一六b—一七a；卷三四，〈答呂伯恭〉，頁一〇b；又，參看束景南，《朱子大傳》（福州：福建教育出版社，一九九二），頁四五六—五七。

[63] 此二首詩在其〈山北紀行十二章〉之第十及十一首，各曰：「北度石塘橋，西訪濂溪宅。喬木無遺株，虛堂唯四壁。竦瞻德容睟，跪薦寒流碧。幸矣有斯人，渾淪再開闢。」及「平生勞仰止，今日登此堂。願以圖象意，質之巾几傍。先生寂無言，賤子涕泗滂。神聽儻不遺，惠我思無疆。」見朱熹，〈山北紀行十二章〉，《晦庵先生朱文公文集》卷七，頁一六b—一七a。按：石塘橋實在道州營道縣榮樂鄉，周敦頤之故鄉，其西即為原濂溪之所在，朱熹「北度石塘橋，西訪濂溪宅」之句，當是根據他對原來濂溪方位之了解而說。見朱熹，〈書徽州婺源縣周子通書板本後〉，《晦庵先生朱文公文集》卷八一，頁一八a。

子，自然也宗濂溪。他可能在他的詩中表示對儒者少至濂溪書堂的感慨，故道璨也附和之，表示不但儒者少來，連禪僧也少來了。他自己可能是極少數中的一位了。而他所見的濂溪書院，是青苔長滿空堂，與融融的曉日恰成對照。

道璨對濂溪書院沒落的感傷，在「洙泗」以下各句，更進一步地表現出出來。首句追溯濂溪溪水自洙泗，象徵濂溪學問的淵源。但是書院中朱熹留下的碑記，已經為開遍滿地的薜花所掩蓋。當白雲散盡而青山現出之時，所見的濂溪書院就像未曾有周敦頤寄寓在此一樣。「一卷通書未寫時」之「通書」，係指周敦頤所寫的《通書》。朱熹認為濂溪之學，「其妙具於太極一圖，《通書》之言，皆發此圖之蘊⑭。」可見《太極圖說》及《通書》兩者實為一體。周子因此二書而名家，而濂溪書院也因之而吸引學子。現在既無人願來訪其地，豈不同「一卷通書未寫時」一樣，回歸其無名之初？道璨寄恕齋詩所表現的心情，進一步證明了他具備了儒家人文主義的生命情調，也證明他與吳革是以儒家道義相交的。

---

⑭朱熹，〈周子太極通書後序〉，《晦庵朱文公文集》卷七五，頁一八b。又，朱熹，〈再定太極通書後序〉亦說濂溪之學「莫備於太極之一圖，若《通書》之言，蓋皆所以發明其蘊。」《晦庵朱文公文集》卷七六，頁四b。

2. 吳山泉

吳山泉是吳革之弟，雖然其本名及生平事迹已無可考，但他錄吳革所作〈飛踈夜集詩〉以示道璨時，官銜是「計使[65]」，是差遣官，屬三司，或為總計使或左、右二計使，管十道錢穀事，其官品視所帶本官階而定[66]。又道璨〈書聚星圖後〉一文，稱「山泉漕使」，可見他曾任過路轉運使，負責租稅、軍儲及檢查儲積，審核帳冊，刺舉官吏臧否等事[67]。由於道璨文集中有數首酬答吳山泉之詩，其中有兩首稱呼他「知府」，可見吳山泉也任過知府，但不詳在何處。此外，道璨在一封致吳山泉的書劄中稱他為「提舉」，可見吳山泉也任過提舉[68]。

依〈山泉吳提舉〉一書劄看，吳山泉任提舉之前，曾致書道璨，略謂本已「上章丐免」新任官職，但君召已至，不容自己，不得不趨行上任。而道璨也表示他過去與吳山泉晤面，「細識熟察精神念慮，多在歌行風賦間。語及仕宦，若將浼焉。」因而

[65] 道璨，〈恕齋吳制置〉，《無文印》卷一八，頁三a。按：原文「飛踈」兩字不明，不詳何指。《全宋文》作「飛燿」，不知正確否？見《全宋文》第三四九冊，卷八〇七六，頁二五四。

[66] 見《宋代官制辭典》（北京：中華書局，一九九三），頁一一六

[67] 道璨，〈書聚星圖後〉，《無文印》卷一四，頁五a。關於「漕使」，見《宋代官制辭典》，頁四八一—八二。

[68] 道璨，〈山泉吳提舉〉，《無文印》卷一七，頁六b。

歎曰：「何物功名，乃逼人如此⑲！」他還拿吳山泉與香山居士白居易（七七二～八四六）相比較，覺其人品風格俱不在白居易之下，而寡慾忘情則有過之：

> 白傅幅巾藜漲杖，從容草堂誦詩讀書，燒丹煮藥，真若無意於人間矣。丹成竈破，而忠州刺史除書適至，世間、出世間二法不可兼得。提舉風味人品，視白傅無異，故出處亦大略相似。然白傅於蠻素尚未忘情，提舉翛然，於此又過白傅⑳。

此劄中的白傅自然是唐代大詩人白居易，他曾官太子少傅，後人稱之為「白傅」或「白太傅」。白居易因得罪當道，由太子左贊善大夫貶為江州司馬。在江州司馬任內，於廬山遺愛寺立隱舍，又於東西二林香鑪峯下立草堂，與禪師為伍，做方外之

---

⑲此段引文，皆見道璨，〈山泉吳提舉〉，《無文印》卷一七，頁六b。按：吳山泉所說「方上丏免之章，而三節在道，終不容自己」，是應君召之意，「三節」俗稱「三節之召」。「節」信也，象相合之形，以竹為之。宋制「凡君召以三節，二節以走，一節以趨。」見宋・祝穆，《古今事文類聚續集》（臺北：臺灣商務印書館，影印文淵閣《四庫全書》本，一九八三—一九八六）卷二五，頁一b。宋・韋驤（一〇三三～一一〇五），〈別李世美〉一詩有「願聆三節促歸軒，聊慰馳情想風格」之句；〈送章少卿赴闕〉有「三節召歸方汲汲，列城懷戀尚嗷嗷」之句，都指皇帝召至，奉調官員須立即上任。見韋驤，《錢塘集》（臺北：臺灣商務印書館，影印文淵閣《四庫全書》本，一九八三—一九八六）卷一，頁二三b；卷三，頁三四b。又張孝祥，〈和都運判院韻輒記即事〉有「先生名字帝所識，三節在道已相望」之句，應是道璨所用「三節在道」之所本。見《張孝祥詩文集》（合肥：黃山書社點校本，二〇〇一）卷一〇，頁一二一。

⑳道璨，〈山泉吳提舉〉，《無文印》卷一七，頁六b—七a。

遊。在廬山上，他「躋危登險，及林泉之幽邃。至於翛然順適之際，幾欲忘其形骸⑪。」又據傳他「嘗煉丹於廬山草堂，作飛雲履，以元綾為質，剪素絹為雲，四面緣飾之，染以四選香，每振履飄飄如烟霧。嘗著之以示山中道侶曰：『吾足下雲生，不久且登朱府矣⑫。』」故蘇軾說：「樂天作廬山草堂，蓋亦燒丹也，欲成而爐鼎敗。來日，

⑪《舊唐書》卷一六八，〈白居易傳〉，頁四三四四—四五。

⑫《江西通志》（臺北：臺灣商務印書館，影印文淵閣《四庫全書》本，一九八三—一九八六）卷一五九，頁二〇a。按：南宋・姚寬摭拾白居易鍊丹詩，證明他對丹道之興趣，有謂：「白樂天〈自詠〉詩云：『硃砂賤如土，不解燒為丹。玄鬢化為雪，不解休為官。』又〈不二門〉詩云：『亦曾燒大藥，消息乖火候。至今殘丹砂，燒乾不成就。』〈潯陽晚歲寄元八郎中庾三十二員外〉詩云：『商水年將暮，燒金道未成。丹砂不肯死，白髮自須生。』〈對酒〉云：『謾把參同契，難燒伏火砂。有時成白首，無處問黃芽。』〈赴忠州至江陵舟中示舍弟〉云：『幼學將何用？丹燒竟不成。』〈酬元郎中書懷〉云：『終身擬作臥雲伴，逐月須收燒藥錢。』〈與故刑部李侍郎早結道友以藥術為事〉詩云：『金丹同學都無益，水竹鄰居竟不成。』〈贈江州李使君〉云：『跡為燒丹隱，家緣嗜酒貧。』〈題別遺愛草堂〉云：『曾在廬峯下，書堂對藥臺。』〈竹樓宿〉詩：『小書樓下千竿竹，深火爐前一盞燈。此處與誰相伴宿，燒丹道士坐禪僧。』《後集》第五十一卷〈同微之贈別郭虛舟煉師五十韻〉，敘燒丹事甚詳，有云：『簡寂館鐘後，紫霄峯曉時。心塵未淨潔，火候遂參差。萬壽覬刀圭，千功失毫釐。先生彈指起，奼女隨烟飛。始知緣會開，陰隙不可移。藥竈今夕罷，詔書明日追。』〈對酒〉云：丹砂見火去無跡，白髮泥人來未休。』〈贈杜錄事〉云：『河車九轉宜精煉，火候三年在好看。』〈酬夢得〉云：『丹砂煉作三銖土，玄髮看成一把絲。』又〈燒藥不成命酒獨酌〉云：『白髮逢秋至，丹砂見火空。不能留奼女，爭免作衰翁。』是樂天久留意金丹，為之而不成也。又有〈感事〉詩云：『服氣崔常侍，燒丹鄭舍人。』又云：『唯知戀杯酒，不解煉金銀。無憂亦無喜，六十六年春。』又作〈醉吟先生傳〉云：『設不幸吾好藥，

忠州刺史除書到，乃知世間、出世間，事不兩立也[73]。」也就是說他過了這種棲心釋道，燒鍊金丹，浪迹林壑的生活，似乎宦情衰落，無意於出仕。不料三年之後，又調升忠州（今重慶忠縣）任刺史，再居要職，只好放棄優遊山林之生活。故道璨說「丹成竈破，而忠州刺史除書適至，世間、出世間二法不可兼得[74]。」又世傳白居易有家妓多人，其中樊素能歌，小蠻善舞，嘗為詩曰：「櫻桃樊素口，楊柳小蠻腰[75]。」白居易鍾情於樊素，但年六十八時，患風痺之疾，放諸妓歸。樊素將去，馬嘶人泣，白居易不忍，作〈不能忘情吟〉一篇[76]。道璨熟悉白居易之事迹，故說他「燒丹煮藥，真若無意於人間」，而卻於「蠻素尚未能忘情」，較吳山泉略遜一籌。

損衣削食，煉鉛燒汞，至於無所成，有所誤，奈之何?今吾幸不好彼。』又〈答客〉詩云：『海山不是吾歸處，歸即應歸兜率天。』則是晚年藥術竟無所得，乃歸依內典耳。」見姚寬，《西溪叢語》（北京：中華書局點校本，一九九三）卷下，頁九九—一〇〇。

[73] 蘇軾，《東坡志林》（上海：華東師範大學出版社點校本，一九八三）卷一，頁二三。

[74] 按：白居易於元和十年（八一五）七月召授江州司馬，十八年（八一八）冬量移忠州刺史，計任江州司馬有三年餘。見《舊唐書》卷一六八，〈白居易傳〉，頁四三四四、四三五二。

[75] 白居易家妓多人，見《容齋隨筆》（上海：上海古籍出版社，一九七八）第一冊，卷一，〈樂天侍兒〉，頁一〇；《甕牖閒評》（北京：中華書局點校本，二〇〇七）卷三，頁六一。其詩見宋・李上交，《近事會元》（鄭州：大象出版社，《全宋筆記》第一編第四冊，二〇〇三）卷四，〈楊柳枝〉，頁一七四。得風痺之疾及放諸妓歸，見《舊唐書》卷一六八，〈白居易傳〉，頁四三五五—五六。

[76] 見《容齋隨筆》第二冊之《容齋五筆》卷九，〈不能忘情吟〉，頁九〇七—九〇八。

由於吳山泉為廬山人，故道璨與他的唱和詩多以廬山為背景。〈和吳知府山泉〉一首曰：

亂來誰訪古，杖屨竹邊聞。小立真堪畫，閒談亦自文。
長翁千載語，中允百年墳。寂寞廬山下，幽尋獨有君⑰。

此詩顯示吳山泉曾訪道璨於他所住持之開先寺⑱。其大意是說：世亂之時，已無人有心訪廬山之古寺。但吳山泉執杖屨過訪，經竹林邊時，我已聽聞他的聲音。他小立於竹邊之姿，真堪入畫。而跟我閒談時，也是一篇斐然文辭。東坡流傳千載的「不見廬山真面目」之語，仍在耳邊。而西澗居士劉凝之的墳已經有百年了。它在廬山之下，而只有您來尋訪此幽靜之地啊⑲。

---

⑰道璨，〈和吳知府山泉〉，《無文印》卷一，頁九b。

⑱按：開先寺在廬山山南，為南唐中主李璟所建，其開山為紹宗圓智禪師。陳舜俞說其場圃「大富莊」為山南、北之界，過了大富莊即是山北，可至濂溪書堂。見陳舜俞，《廬山記》（臺北：新文豐出版公司，《大正藏》第五一冊，一九八三），頁一〇二六bc。

⑲同前註。按：「長翁」指的是蘇東坡，他的「不見廬山真面目，只緣身在此山中」一句，應就是道璨所指的「千載語」。東坡此句膾炙人口，早已不朽，道璨之說一點都不誇張。至於「中允」，我認為是指劉恕（一〇三二～一〇七八）的父親劉渙（一〇〇〇～一〇八〇）。劉渙字凝之，號西澗居士，筠州人，天聖八年進士。初任穎上令，剛直不善逢迎，年五十，以太子中允致仕，歸隱廬山之陽。元豐三年九月卒，葬於清泉鄉。蘇轍曾為文悼之，說「其容晬然以溫，其言肅然以厲。環堵蕭然，饘粥以食，而遊心塵垢之外，超然無戚戚之意。」見蘇

〈和吳知府萬竹亭〉一首也是唱酬之作，其詩很簡單，只有四句：「風期不減晉諸賢，冰雪精神已凜然。歲晚莫教枝葉盛，聽他明月下青天⑩。」似乎是詠物詩，但可能有答吳山泉「託物言志」之意。其大意是：你們這些竹子的風格真是與晉代諸賢的竹林相似，那種如同冰雪的堅毅精神，真有凜然不可侵犯的氣概。已經是歲暮了，你們還是那麼生意蓬勃，還請莫教枝葉盛長，好讓明月能夠步下青天啊。此詩是「白戰體」詩，即是歐陽修所倡的「禁體物」詩⑪。雖是詠竹，但全詩都無一「竹」字及相關詞。而暗中將吳山泉之萬竹亭比作魏晉竹林七賢之竹林，而將吳山泉比作青天之月。

另有兩首酬唱詩似也是仿「白戰體」而作的詠物詩，一首詠雪，係酬吳山泉所寄的〈喜雪〉一詩。一首記雪菊於雪後未開，是次韻吳山泉談雪菊未盛開一詩而作。前者曰：「高下隨風自在吹，縱橫萬舞急還遲。園林傾刻回生意，天地中間有此奇。深

轍，〈哀西澗先生辭〉，宋・劉渙等，《三劉家集》（臺北：臺灣商務印書館，影印文淵閣《四庫全書》本，一九八三—一九八六），頁六三；又蘇轍，〈劉凝之屯田哀辭并敘〉，《欒城集》（上海：上海古籍出版社點校本，一九八七）卷一八，頁四二五—二六。

⑩道璨，〈和吳知府萬竹亭〉，《無文印》卷一，頁一二ａｂ。

⑪關於「白戰體」，見趙翼，〈禁體詩〉，《陔餘叢考》（京都：中文出版社，一九七九）卷二三，頁四七一—七二。

入重城誰縛虜，不持寸鐵令行詩。月來竹外深盈尺，凍損梅花人未知⑧²。」雖是詠雪，但是全詩無一雪字，雖然還是用了「舞、月、梅」幾個字，未全依歐陽修在潁州任州守時，與客會飲賦雪詩的規定而作，但不用「雪」字已不容易。尤其「深入重城誰縛虜，不持寸鐵令行詩」一行，藉東坡「汝南先賢有故事，醉翁詩話誰續說。當時號令君聽取，白戰不許持寸鐵」之句點出永叔、東坡遺意，可見他於兩人之詩亦有涉獵，且頗有會心⑧³。後者之作，是因吳山泉花圃中有雪菊，按例盛雪時會開，但當年「雪已再作猶未開」，故山泉有詩記其事，道璨因而次韻和之。其詩甚長，將雪菊擬人化，有「大雪凍不死，秋風吹不開。許大天地間，受得一氣獃」之句，描述雪菊「不開」之癡獃樣子。又有「老仙造化手，妙處能奪胎。喚醒萬黃金，桃李皆奴材」之句，是指吳山泉有造化之妙手，能讓雪後的百花甦醒而開，也使桃李都成其奴。但對著花酌酒的老仙，情致高雅，誰能與他作陪呢？只有東籬的佳人雪菊啊，但它怎麼遲遲不開而招不來呢⑧⁴？觀道璨之作，似乎他對吳山泉之花圃甚為熟悉，當為其常客。

⑧² 道璨，〈和山泉喜雪〉，《無文印》卷二，頁五 a。
⑧³ 蘇軾此詩句，見〈聚星堂雪并引〉，《蘇軾詩集合注》卷三四，頁一七二三—一七二四。按：永叔詩原序說：「玉、月、梨、梅、練、絮、白、舞、鵝、鶴、銀等字，皆請勿用。」這些字就是東坡所說的體物語。
⑧⁴ 道璨，〈山泉圃中有雪菊，盛雪乃開。今歲已再作，猶未開也。山泉有詩，次韻〉，《無文印》卷二，頁七 a。

除了與吳山泉一起賞雪與賞花之外，道璨還與他登開先寺附近的芝山，並作詩「追和范文正公舊韻」。其詩曰：

> 培塿視崔巍，眼高如許哉。舉頭天在上，四面景皆來。
> 漸老成多病，看山又一回。盡供詩世界，霽色為君開[85]。

此詩題說「追和范文正公舊韻」，是因范仲淹（九八九～一〇五二）亦曾遊芝山而寫詩記其事之故。考范仲淹曾於仁宗景祐三年（一〇三六）年五月貶知饒州，在饒州約一年半，曾遊廬山，作〈芝山寺〉一詩曰：

> 樓殿冠崔嵬，靈芝安在哉。雲飛過江去，花落入城來。
> 得食黿朝聚，聞經虎夜回。偶臨西閣望，五老夕陽開[86]。

此詩之「崔嵬」與道璨詩之「崔巍」，雖字有異，但皆出《楚辭》，都為高大雄偉之意思[87]。兩詩都押「十灰」韻，也都對芝山寺之高聳壯觀表示讚歎。唯道璨是再登山寺，有感覺老病益衰之心境。但當他看到如詩的山景，敞開其清明之山色，心情

[85] 道璨，〈陪山泉登芝山追和文正公舊韻〉，《無文印》卷二，頁六b。

[86] 參看《范文正公研究資料彙編》（臺北：行政院文建會，一九八八）中之樓鑰，《范文正公年譜》，頁一一二五及湯承業，〈范文正公年表〉，頁一二〇五。其〈芝山寺〉，見《范文正公研究資料彙編》中之《范文正公集》卷四，頁一四七。

[87] 「崔嵬」一詞，見《楚辭》，〈屈原・涉江〉：「帶長鋏之陸離兮，冠切雲之崔嵬」；又見《詩經》，〈小雅

也為之一振，覺得是迎吳山泉來訪的好兆頭。與范仲淹的靜心遊觀山景，而忽見夕陽出現於五老峯的欣喜，有異曲同工之妙。而道璨與吳山泉之推誠相與，正是其道義之交的表現。值得注意的是，道璨此詩的「盡供詩世界」一句，及他〈喜雪詩〉的「不持寸鐵令行詩」之句，都可證明道璨對詩之熱衷與講究。

3. 吳雲壑

吳雲壑本名及生平事迹不詳[88]。但他應當是吳革之仲弟，吳山泉之兄。此可以從道璨的〈山泉吳提舉〉一劄獲得證明。因為道璨在劄中說：「恕翁小泊豫章，某候迎南浦，相語甚款。雲壑屬京漕，山雲泉參制府，長翁、少翁麾節相望，二季宦遊率不遠數百里，功名之盛萃於一門[89]。」此處恕翁指恕齋吳革，因為長兄，故稱長翁。山泉為少弟故稱少翁。「二季」為「二弟」之代稱，意思是說吳革與其兩位弟弟，三人

•〈谷風〉：「習習谷風，維山崔嵬。」「崔巍」一詞，見《楚辭》，〈東方朔・七諫，初放〉：「高山崔巍兮，水流湯湯。」都有「高山雄偉」或「高山之顛」之意。分別見《楚辭》（上海：商務印書館，《四部叢刊初編》本，一九三六）卷四，頁九ａｂ；《毛詩》（上海：商務印書館，《四部叢刊初編》本，一九三六）卷一三，頁一ｂ；《楚辭》卷一三，頁二ｂ。

[88] 按：孝宗時有書法家名吳琚者，字雲壑，開封人，工翰墨，與此吳雲壑顯然非同一人。

都有在湘贛之地任官，故說「二季宦遊率不遠數百里，功名之盛萃於一門。」

雖然吳雲壑之經歷不詳，但根據道璨給他的書劄及唱和詩的稱呼，可見他曾歷制置大使之參謀官與通判之職，也可略窺兩人關係之親近。雖然如此，他與吳文壑唱和之詩流傳不多。《無文印》中僅見〈和吳衡州雲壑〉一首，詩云：

紛紛世事幾昏明，作計還山又未成。
欲學種松消永日，不徒煨芋博虛名。
雲開衡岳鵬程闊，秋入鄱湖雁影清。
也欲摩挲病來眼，春風暖處望前旌⑨⓪。

此詩前半說自己的處境，後半寄望故人大展鴻圖。大意略為：世事紛亂，已經幾度明暗。自己雖有意還歸廬山，但始終不能如願，只好學種松樹來消遣時日，但不願

⑧⑨道璨，〈山泉吳提舉〉，《無文印》卷一七，頁七a。按：原文「山雲」，疑為「山泉」之誤。吳山泉之經歷與其兄吳革甚類似，都曾任在制置使司任職，或為制置使，或為其參謀官。「制府」是「制置大使司」的簡稱，故「參制府」一詞，應是在制置大使司任參謀官或參議官。參看《宋代官制辭典》，頁四五六。

⑨⓪道璨，〈和吳衡州雲壑〉。《無文印》卷二，頁九a。按：「不徒」原本作「不同」，二者皆通，但「不徒」意較佳。茲按《宋百家詩存》所錄〈和雲壑吳衡州〉改。見《宋百家詩存》卷四〇，頁三七a。又「作計」一語，《全宋詩》作「仙計」，疑誤。見《全宋詩》第六五冊，卷三四五六，頁四一一八九。

只想每日烤食蕃薯，像明瓚懶殘一樣博取虛名[91]。後半說吳雲壑既入衡州，雲開瑞現，仕途變得更寬闊，而鄱陽湖正逢秋高氣爽之時，雁群也清晰可見了。我也想拂拭我的病眼，希望在來年的溫暖春風處，遙望你奉三節之召的旌旗啊。大概吳雲壑時任衡州通判，晉升之日有期，故道璨寄書表示期待。

當然，他也期盼吳雲壑發揮其詩才與他唱和。在〈雲壑吳通判〉一劄中，道璨表示他曾去拜訪吳雲壑之官舍，但逢其外出，深感遺憾。又值山寒歲晚，足不出戶，也未能再去拜訪。接著便說：「今早四山霧合，頃之，陰雲解駁，晴色滿窗，與冰雪相激射，戶庭几案清甚。他日而清詩忽來，置之几案，冰雪不敢消矣。謝家兄弟能吟者，靈運、惠連而已。山谷稱少游昆季，亦不拓二、三人。而昆令季強乃萃於一門，文章種性有如此者，奈之何不放一、二日出城，面誦所以銘藏之意[92]。」這封書劄，以吳家一門兄弟皆善詩文之說，來除鼓勵吳雲壑寫詩寄贈，為道璨與吳雲壑之密切關

[91] 按：唐衡嶽寺有明瓚禪師，釋徒謂之懶殘。鄴侯李泌隱南嶽讀書時，異其所為，夜半往見之。時懶殘撥火煨芋，見李泌至，授半芋而曰：「慎勿多言，領取十年宰相。」此煨芋懶殘之故事，當是道璨「不徒煨芋博虛名」一句之所本。此故事見《太平廣記》（臺北：新興書局，一九五八）卷三八，〈李泌〉，頁二六〇。《宋高僧傳》（北京：中華書局點校本，一九八七）卷一九，〈唐南嶽山明瓚傳〉，頁四九二。《齊東野語》（北京：中華書局點校本，一九八三）卷五，頁八五。

[92] 道璨，〈雲壑吳通判〉，《無文印》卷一七，頁六ａｂ。

係又多了一項佐證，也進一步證明道璨著詩文以見道義之心思。

五、與謝枋得兄弟、馮去非、姚勉及毛所齋父子等文士之交

道璨的道義之交還包括謝枋得（一二二六～一二八九）及謝雨兄弟、馮去非（一一九二～？）、及姚勉（一二一六～一二六二）、蔡公亮等文士，這些人雖曾入仕，但因種種不同原因，不樂仕途，寧願避居市廛，悠遊山川溪畔，與禪僧交遊。道璨成了他們結交的對象，與他們有相當頻繁之互動，激勵他書寫不少詩文，而其一詩一文，皆見道義。

1. 謝枋得、謝雨兄弟

謝枋得字君直，號疊山，信州弋陽（今江西）人。寶祐四年（一二五六）與文天祥同科進士。因性好直言，得罪賈似道而遭黜斥。開慶元年（一二五九）信庵趙葵宣撫江東西，辟為屬，尋除禮兵部架閣。故道璨以「謝架閣」稱之。後來他奉命募兵援江上朝廷之兵，出楮幣十萬貫，得信、撫各州義士數千人以應。隨後任江東提刑、江

西詔諭使，知信州（今江西上饒）。率兵以守饒、信、撫州，與元兵戰。兵敗之後，易服變姓，負母棄家走閩中，隱於市中為卜者。宋亡，尚書留夢炎薦之不起，遺書曰：「吾年六十餘矣，所欠一死耳，豈復有它志哉㊾！」

根據其友李源道（一二九五年前後仍在世）說，謝枋得「性資嚴厲，雅負奇氣，風岸孤峭不能與世軒輊，而以天時人事推宋必亡於二十年後。抗論憸宰老，竭蹷不售，終不取合於時，其為人蓋如此。……少力學六經百氏，悉淹貫。為文章偉麗，卓然天成，不踐襲陳言宿說，論古今成敗得失，上下數千年，較然如指掌。尤善論樂毅、申包胥、張良、諸葛亮事，常若有千古之憤者。而以植世教立民彝為任，貴富貧賤一不動其中㊿……。」他慕許月卿之忠直，嘗書其門曰：「要知今日謝枋得，便是當年許月卿[95]。」

謝枋得既是道璨的大同鄉，又是個重氣節的人物，道璨自然是樂於結交的。《無

[93]見李源道，〈文節先生謝公神道碑〉，《疊山集》（上海：商務印書館，《四部叢刊初編》本，一九三六）卷一六，頁七b—一〇b。

[94]同前註。又《宋史》卷四二五，〈謝枋得傳〉，頁一二六八七—九〇。

[95]謝枋得語及許月卿事迹，見許月卿，《先天集》（上海：商務印書館，《四部叢刊初編》本，一九三六）附錄〈山屋許先生事錄〉。按：許月卿為魏了翁門生，因先後忤當道史嵩之、謝方叔及賈似道而罷官。「宋亡，衰服深居五年不言，後雖言，常如病狂不可了。」（〈山屋許先生事錄〉）

文印》至少有書信兩通及詩一首寄謝枋得，可見兩人有某種程度之交往。此兩通書，都以謝枋得任六部架閣庫官之官銜稱之⑯。其一是道璨閱讀邸報之後，知謝枋得出任尚書六部架閣，表示朝廷是「以石渠東觀借重於天下第一人品」，勸謝枋得勿因此而氣餒⑰。道璨認為朝廷任賢自有其公道在，並舉江萬里當國之初，首舉剛正不阿之士為例，來支持其看法。他又認為人之進退用捨也因為這種公道而能維繫，所以沒有只進不退，只通不塞之道理。當年張孝祥（一一三二～一一六九）年未三十即與老臣汪澈（一一〇九～一一七一）同為紫微舍人，他盛年英氣，對汪澈往往褻慢之。後來汪澈為任臺諫官，曾論張孝祥，但十年之後，汪澈由地方回朝廷，卻力薦張孝祥，並謂「昔者之論，正為朝廷養育其才氣，令可用矣⑱。」他還暗示謝枋得之出任六部架

⑯按：尚書六部架閣庫官，掌儲藏帳籍文案以備用，擇選人有時望者為之。舊有管幹架閣庫官，宣和罷之，紹興十五年復置，吏、戶部各差一員，禮、兵部共差一員，刑、工部共差一員，以主管尚書某部架閣庫為名，從大理寺丞周楙請也。嘉定八年，又置三省、樞密院架閣官，見《宋史》卷一六三，〈職官志三‧六部架閣〉，頁三八六五。

⑰按：六部架閣庫官由進士出身及有政績者出任。架閣庫為儲才之地，官員之官品、俸祿視何官差而定，但估計不會太高。參看龔延明，《宋代官制辭典》（北京：中華書局，一九九七），頁一九五、二〇四。

⑱道璨，〈疊山謝架閣〉，《無文印》卷一八，頁一一b—一二a。按：道璨所說的汪明遠即是汪澈，因字明遠，故稱之而不名。道璨說汪澈先斥張孝祥後力薦之，是因汪澈有藉此為朝廷養才之意，此說不知何所據。不過《宋

閣，若是因賈似道幕後主使，則賈似道是否也是出於此意呢[99]？此種猜測，自然是因他視賈似道為佛教外護而將他比作汪明遠，而不知賈似道排擠正人的陰險心態。不管如何，道璨認為謝枋得是個能夠「居聖人之代，成聖人之典，搜抉遺佚，放失舊聞，誅姦諛、發潛德，肆比而誅，肆口而說」的遠識拔俗之人。他誦讀謝枋得之文及其所賦詩，見其「詞不屈，氣不餒」，而知其胸中之抱負，非尋常人能比。

道璨在此書中還抱怨自己與謝枋得別後，病體益差。雖然曾問醫廬山，去其所苦之部分，但病根不除，仍憂疾病纏身而不能痛快一死。但他仍關心謝枋得之出處，常從南來友人之口，知其所寫之詩。其中「靜觀諸老皆兒女，且與忠臣教子孫」兩句頗獲傳誦。道璨未得其詩，還囑咐謝枋得能寄全詩供他閱讀[100]。

另一通書有謂：「正初還西山，一溝明月，遂退還東湖。舟車來番（鄱），不得

史》說張孝祥登第係出湯思退之門，而湯思退素不喜汪澈，故當他與張孝祥同為館職時，老成持重的他，往往為年少氣銳之張孝祥所「陵拂」之，故他任御史中丞時，便首劾孝祥，說他「姦不在盧杞下」。盧杞（？～七八五）曾於唐德宗朝拜相，他忌能妒賢，曾陷害張鎰、楊炎、顏真卿、李懷光等人，眾人皆言其為姦邪之輩。由此可見汪澈說孝祥「姦不在盧杞下」，似不像有斥之而再力薦之理。張孝祥因此而罷，後實因張浚之薦而還朝。參看《宋史》卷三八九，頁一一九四三。

[99] 同前註。道璨所謂「秋壑之意豈出此耶」應是指此。

[100] 同前註。按：此兩句不見於現存《疊山集》所收詩。

候迎柳下，愧負不可言[101]。」證明謝枋得曾至柳塘訪道璨，但道璨歸家返東湖柳塘省親時，為時稍晚，未及相見，故感到遺憾。不過，他在信中對謝枋得大加鼓勵，言出至誠。其語曰：

> 閉門讀書，求聖賢所傳，觀古今治亂盛衰之由，察南北消長離合之機，他日舉而措之天下，為生民立極，此第一義也。或言，架閣胸中所存，浩浩不可遏，將決科於六題十二躰之間，某以為未必然。或以為必然，比周生來，問之，則信然矣。架閣言語文章如春風行空，遇花成花，遇柳成柳，滿天地間皆生機活法矣。所謂宏且博者，何假科名而行哉？埋輪縶馬，求吾之所大欲，如前所云者，豈不偉甚？以文字為功名，以文字名後世，是豈天之所以生架閣之意哉？是豈生民之所以望架閣之意哉？蛟峯、致軒咸以為然，而不欲以書道所以然，某恃知心厚甚，故攙言之，察其心，不督其過，幸甚[102]！

這通書之大意，是勸謝枋得不要去擔任主持科考之工作，因為他的文章超絕一時，學問也非常宏博，應該去求聖賢所傳，觀古今盛衰成敗之由、南北消長離合之機，以舉而錯之為生民立極，如此才不辜負天所賦予之英才偉識。他還表示方逢辰及

[101] 道璨，〈疊山謝架閣〉，《無文印》卷一八，頁六b—七a。
[102] 道璨，〈疊山謝架閣〉，《無文印》卷一八，頁六b—七a。按：「躰」古同「體」字。

其他儒者也與他有相同看法，都希望他成名山之業，作一名傑出的史家及臺閣之大臣，可見他對謝枋得重視之深與期待之高。可惜謝枋得有才無命，終無展露抱負之日，道璨的〈和謝君直新除史館檢閱〉多少有為他惋惜之意：

久矣當峩豸角冠，未應尚綴史臣班。
名高自是推難去，才大如何愛得閑？
齋閣不須垂絳帳，精神留取上蓬山。
散人夢落滄江外，白馬冥冥去不還[103]。

此詩所說之「豸角冠」是「獬豸」所製之冠帽。「獬豸」是古代傳說中的神獸。生一角，形似牛或羊，能別曲直，故以為冠，以稱御史。《後漢書》云：「法冠，一曰柱後，高五寸，以纚為展筩，鐵柱卷，執法者服之。侍御史、廷尉正監平也。或謂之獬豸冠。獬豸，神羊，能別曲直，楚王嘗獲之，故以為冠[104]。」又注引《異物志》曰：「東北荒中有獸，名獬豸。一角，性忠，見人鬥則觸不直者，聞人論則咋不正者[105]。」

---

[103]道璨，〈和謝君直新除史館檢閱〉，《無文印》卷二，頁五 a。
[104]見《後漢書》，志第三十，〈輿服志下〉，頁三六六七。
[105]《中文大辭典》，〈獬豸〉條，頁九〇九三。

「獬豸」亦作「解廌」，宋代的御史戴「解廌」冠，而其官服就繡有「解廌」圖樣⑩⑥。此「獬豸冠」或作「解冠」、「獬冠」、「豸角冠」，都指御史之職。道璨之詩係為唱和而作，顯然對謝枋得之不遇深表不平。他認為謝枋得早是御史人才，卻仍留在史館任職。如此名高才大之人，是難推辭臺閣之選的而任閑差的。可惜他有志難伸，只落得流離四方，在私齋中絳帳授徒。道璨甚至認為世亂已亟，連授徒也不須考慮了，還是留取精神，退隱到蓬山過仙人般的生活吧。他自己是個懶散無用的世外之人，心中的夢想也落在深綠的江水之外，隨著白鳥遠飛而入蒼冥而不返了。這雖然是為朋友之不遇而心灰意懶，但也透露了他那種「三綱實係命，道義為之根」的生命底蘊⑩⑦。

道璨還與謝枋得之弟謝雨（字君澤，生卒年不詳）也頗有深交，《無文印》中有數首致謝君澤之詩，即是與謝雨唱和之作。他是信州貴谿人（今江西），有文名。其友李養吾（生卒年不詳）曾說：「[枋得]季弟君澤，游太學，早有聲。詩文推本色，

⑩⑥《宋史》卷一四八，〈儀衛志六・鹵簿儀服〉云：「其鏽衣文……車幅以白澤，駕士司徒以瑞馬，牧以隼，御史大夫以獬豸……」，頁三四七四；又卷一五二，〈輿服四・諸臣服〉：「朝服：一曰進賢冠，二曰貂蟬冠，三曰獬豸冠，皆朱衣朱裳。……三、梁冠：犀角簪導，無中單，銀劍，佩，師子錦綬，銀環，餘同五梁冠。諸司三品、御史臺四品，兩省五品侍祠朝會則服之。御史大夫、中丞則冠獬豸角，衣有中單。」頁三五五〇。

⑩⑦此語出文天祥〈正氣歌〉，見《文山先生全集》（上海：商務印書館，《四部叢刊初編》本，一九三六）卷一四下，頁四〇a。

〈彗星應詔書〉尤絕出。九江潰後，惠余書曰：『署為立禮生宋仁』，悲哉其為志也⑩⑧。」他曾題詩於西湖之畔曰：「杜鵑呼我我歸休，陸有輕車水有舟。笑殺西湖湖上客，醉生夢死戀杭州。」正巧賈似道帥西湖，疑此詩譏己，遂陰使人害之。謝雨察覺，急投呂師夔（一二三〇～一三〇一）而獲免⑩⑨。

《無文印》有三首致謝雨的詩，都是和詩。其一為〈和謝君澤弋陽桃花寺〉，兼有弔某鄭盤翁之意。詩曰：

一曲清溪十二闌，分明常在畫中安。
千年藥竈和雲暖，五色丹光徹夜寒。
魂些不來懷石友，山居能久是蒼官。
葛翁顏色紅如染，不信桃花樹上看⑪⓪。

此詩詩題所說的桃花寺，在信州弋陽縣玉亭鄉，北宋景德年間所建。謝雨的家鄉

⑩⑧宋・李養吾，〈讀疊山北行詩跋〉，附於《疊山集》卷一六，頁一四a。

⑩⑨元・劉壎，《隱居通義》卷一七，〈謝君澤詩〉，頁八ａｂ。呂師夔字虞卿，號道山為呂文煥從子，後降元。

⑪⓪道璨，〈和謝君澤題弋陽桃花寺（鄭盤翁嘗寓山中）〉《無文印》卷二，頁二a。按：《柳塘外集》之詩題為〈和謝君澤題弋陽桃花寺并弔鄭盤翁〉，而「魂些不來懷石友」讀作「魂夢不來懷好友」。見《柳塘外集》卷一，頁一八ａｂ。又鄭盤翁生平事迹不詳，但道璨有書劄〈盤翁鄭知縣〉一通，可知他曾任知縣，但不詳在何地。又知他為許月卿之同年友，見許月卿，〈題德新堂〉，《先天集》卷五，頁二b。

貴溪縣，原屬弋陽，其縣南八十里即是道教發源地龍虎山。山上兩峯相峙，狀若龍虎，為道書第三十二福地。相傳漢張道陵煉「九天神丹」於此[111]。桃花寺與龍虎山比鄰，難免沾上了道教丹道信仰之氣氛。道璨曾訪桃花寺，作〈過桃花寺懷東叟〉云：「主人去後客來過，丹竈重重鎖碧蘿。滿院碧桃花寂寞，春風不似舊時多[112]。」可見桃花寺確有丹竈的遺蹟，也有滿院桃花樹。道璨訪寺時，應是春天，滿院都結滿碧桃花，但無春風相伴，故顯得寂寞，所以有「春風不似舊時多」之感慨。「東叟」應是為他語錄作序的東叟仲穎，似曾先來過桃花寺任住持，故道璨說「主人去後客來過[113]」。

這首和謝雨的詩，前兩聯描寫寺前清溪與柵欄的如畫光景，院內丹爐和暖雲下之白日，及五色丹光沁人心脾的徹夜之寒。想到好友鄭盤翁之亡魂已不再入夢，只有懷念

[111]《江西通志》（臺北：臺灣商務印書館，影印文淵閣《四庫全書》本，一九八三—一九八六）卷一一，頁九a；卷一〇四，頁三四a。或說龍虎山在貴溪縣西南百里。見《方輿勝覽》（北京：中華書局點校本，二〇〇三）卷一八，頁三一八

[112]道璨，〈過桃花寺懷東叟〉，《無文印》卷一，頁四b。

[113]按：諸禪史及燈錄對東叟仲穎之生平事迹都未詳述，只說他曾在吳興某道場，廬山開先寺，而多半時間都在南屏淨慈寺。分別見《龍源介清禪師語錄》（臺北：新文豐出版公司，《卍續藏經》第一二一冊，一九七五）頁四八一a；《南宋元明禪林僧寶傳》卷八，頁六九七a；卷九，頁七〇三b；《增集續傳燈錄》卷三，頁七九一b、七九三b、七九五a。

情如堅石的謝君澤，遙想他能久居山中如松柏一般之堅貞。此時又逢滿院桃花泛紅時節，想起靈丹煉就後的葛仙翁，這不就是他羽化成仙而容貌如生的顏色嗎⑭？

另有〈和謝主簿君澤〉一詩，稱讚謝雨之文與其兄謝枋得相仿，都足以與日月爭輝：

掉臂紛紛桃李場，聲名暴耀急收藏。
春風未解瞻顏色，落月長思滿屋樑。
太學十年心獨苦，天門一疏日爭光。
弟兄千載詩書澤，染得人間草木香⑮。

此詩首兩聯大致說謝雨為人閒適自在，無意攀附顯要，列為桃李，故聲名方著，就急著收斂而深藏。次聯說春風未能替他關照友人的近況，令他有「落月滿屋樑」之

⑭按：「蒼官」一詞常用來比喻松樹或柏樹。王安石〈酧王濬賢良松、泉二詩〉之〈松〉詩有句云：「詩雖祝我以再黑，積雪已多安可掃？試試問蒼官值歲寒，戴白孰與蒼然好？」以「蒼官」為松之代名。見《臨川先生文集》（上海：商務印書館，《四部叢刊初編》本，一九三六）卷四，頁四a。又「葛翁」應指三國時吳國的丹陽葛玄。葛玄，字孝先，從左慈（元放）受《九丹金液仙經》。常餌朮，尤長於治病。死之日語其弟子張奉（大言）曰：「今當尸解，八月十三日日中時當發。」至期，衣冠入室，臥而氣絕，其色不變。見《太平廣記》（臺北：新興書局，一九五八）卷七一，〈葛玄〉條，頁四六一—四六四，引《神仙傳》。

⑮道璨，〈和謝主簿君澤〉，《無文印》卷二，頁三ab。

懷念故友的誠摯心情⑯。想起謝雨在太學十年的苦心攻讀，寫得〈天門〉一疏之類的文章，真是堪與日月爭光。他與謝枋得弟兄所留下的千載詩書之遺澤，可以染得人間草木都為之綻放芳香呢！詩中既讚友人之詩文，亦表達他對其人格之仰慕，非其道義之交，豈能如此？

2. 馮去非

馮去非（一一九二～？）字可遷，號深居，南康郡都昌人，與道璨為大同鄉。因任過宗學諭，故又被稱馮深居或馮宗諭⑰。道璨與他為同鄉，兩人情誼甚厚，為忘年交，常稱之為「老先生」，時表跟隨從遊之意。道璨府上的「柳塘書院」之銘文，即是馮去非所寫，可見他與道璨之家庭頗有淵源⑱。這種關係，可見於道璨致馮去非書劄二通。其〈深居馮宗諭〉一通，是寫於拜訪馮去非之後，故有「匆匆稟違，冒五、六月大熱，行二千里脩途，兼旬方抵鄱陽」之語⑲。又有「大化更張，僉謂鴻筆麗藻

⑯按：此句用杜甫〈夢李白〉詩云：「落月滿屋樑，猶疑照顏色。」
⑰南宋嘉定七年九月，設「宗學」隸宗正寺，改原王宮大、小學教授為宗學教授、宗學諭，後者簡稱「宗諭」，官職卑小，只正九品。見《宋代官制辭典》，頁三五八。
⑱道璨，〈深居馮宗諭〉，《無文印》卷一五，頁二ａｂ。「柳塘書院」可能是道璨父親陶躍之所立私塾之名。
⑲道璨，〈深居馮宗諭〉，《無文印》卷一五，頁二ａｂ。

宜在北門、西掖間，何乃尚退託於寬閑廣莫[漠]之地」之問，可見是聽說馮去非罷官歸廬山而寫[120]。道璨在千里拜訪馮去非之後，「兩領賜翰」，見其書「眷存之意甚備」，知馮去非對他青眼有加，頗覺受寵若驚，因而在信中自謙說：「某挾奇疾游人間，非狂則愚。可規也，而頌之，恐非老先生教法之造，亦非某所敢望於老先生者[121]。」後來聞馮去非罷官，不憂反喜，認為正是天意讓他在陸游（一一二五～一二一〇）、范成大（一一二六～一一九三）之後，主盟詩壇，所以說「少緩趁班，大肆其力於長歌短行，發越湖山顏色，天意無乃在是歟？」又表示「恨不得朝夕從游，竊窺藩籬以進其所未至，蓋天之所以與我者，止於如是而已，非於老先生無文字緣也[122]。」

另一通書劄是寫在託人向馮去非求寺記之後，為了求此寺記，他先寫了一首長詩，描寫其寺地失而復得之情況，請寺之「西苑徑上人」攜見馮去非。其詩曰：

西苑寶峯麓，占地寬一弓。梵放殿青冥，與峯相長雄。
鬼蜮何方來，包舉歸提封。樓鐘不敢鳴，僧趨鄰寺鐘。
徑也鐵石姿，直欲箋天公。天高不可叫，虎豹守九重。

[120]按：「北門」、「西掖」都是朝廷重地，前者為翰林院所在，後者為中書省所在。
[121]道璨，〈深居馮宗諭〉，《無文印》卷一五，頁二ab。
[122]同前註。

六年長安道，往來如飛蓬。雲開杲日正，死草生華風。
青山復入手，盡掃狐兔蹤。魚鼓發新響，松桂還舊容。
掘地尋泉源，鋤荒理菊叢。桃李一家春，萬古無異宗。
玉色十丈碑，秀潤淨磨礱。大書付誰氏，千載深居翁。
他年來讀碑，病眼摩朦朧。為碑三昔留，臥聽寒巖松[123]。

此詩大意是說他在饒州寶峯山麓下的薦佛寺西苑僅佔一小塊地，但每天梵唱徹響雲霄，可與寶峯相爭雄[124]。忽然來了一群險惡之人把它佔據為私人之地，使得寺僧因此再也不敢在鐘樓上鳴鐘，而要跑鄰寺去了。徑上人有鐵石之魄力，要箋請朝廷主持公道，但朝廷高高在上，有虎豹之旅守著九重關卡，真是難以契及。上人向朝廷請命，往來京城道上六年，如飛蓬一樣飄泊，終於撥雲見日，春風吹來，朝廷允許那塊

[123] 道璨，〈送西苑徑上人見深居馮常簿求寺記〉，《無文印》卷一五，頁二ａｂ。按：「鬼蜮」或作「鬼域」，疑誤；「杲日正」或作「日正杲」，後者有韋應物句「朝日正杲杲」為據，似較常用；「十丈碑」或作「十丈煇」，前者較合適。「三昔留」或作「三夕留」，「昔」通「夕」，亦可作夜晚解。見《柳塘外集》所錄同詩，卷一，頁一〇ａｂ。韋應物句見其《擬古詩十二首》之一，《全唐詩》（北京：中華書局二十五冊本，一九九六）第六冊，卷一八六，頁一八九六。

[124] 道璨在致馮去非之另一書劄中表示碑記是為薦福寺而寫。見道璨，〈深居馮常簿〉，《無文印》卷一六，頁九ｂ—一〇ａ。

青山寶地歸還西苑，而經寺僧之整頓，狐兔之蹤，一掃而盡，鐘鼓木魚之聲也再度響起，松桂等樹也恢復舊時的容光。他們在地上掘出山泉，開墾荒地，整理菊花叢木，種植桃李，使各種花樹都在春風中生發，如同釋教各宗一樣，萬古無異。寺僧弄來玉色的十丈碑石，已經磨砥光潤明亮，但是誰來為它作碑記呢？當然只有千載之士馮深居啊！若他年回來此處，讀到碑記，我一定摩挲著朦朧的病眼，仔細地品味，還要為它留下三晝夜，臥在碑前傾聽寒巖旁邊老松迎風吹拂的聲音啊！

道璨這首詩之所以值得注意，是因為它是求碑記之詩，而不是文，與一般禪僧求名家寫寺記或碑記之習慣不同。一般禪僧求文人寫寺記或碑記，通常要由自己寺僧先撰寫初稿，陳述原委，再攔請有名文士根據其事實點染成章。有時僅是口頭邀請撰記，往往要一再懇求方得。道璨之詩，情意悃悃，委曲婉轉，令受邀者難以婉拒。馮去非與他交情又深，當然只有慷慨應允其請。隨後，道璨又遣鑒上人援例請他寫序，他也答應。道璨說此一記一序使其「殘山剩水，一經點染，十倍精神⑫⑤。」道璨還說：「薦福自雷轟碑後，斷趺殘碣，僵立回簷。壁間斵苔，細讀，少有可人意者。某領事四年，由三門至莫莫堂，屋之新者三之二，欲藉此求記始末。大書深刻，以洒主

⑫⑤道璨，〈深居馮常簿〉，《無文印》卷一六，頁九b—一〇a。

林之愧⑫⑥。」除表示薦福寺在他四年的住持任內已經整修三分之二，還進一步說明馮去非的碑記對薦福寺的意義。值得注意的是，道璨所說的「薦福自雷轟碑後，斷趺殘碣」令人不解。因為他的描述似乎有意無意在證明「雷轟薦福碑」的傳說為真有其事。蓋薦福寺碑記原為唐書法家歐陽詢（五五七～六四一）所書，據說在文正公范仲淹（九八九～一〇五二）為饒州守時為雷轟毀⑫⑦。但范仲淹在景祐三、四年間（一〇三六～一〇三七）守饒州⑫⑧，至道璨在咸淳二年（一二六六）左右住薦福寺之時，已有二百三十年上下，其間住持薦福寺者不少，似都未提及雷轟薦福碑或所遺殘碑事。南宋寧宗慶元朝（一一九四～一二〇〇），汝陰王明清（一一六三～一二二四）曾聽其友人婁機（一一六六年進士）之語謂：「薦福寺雖號鄱陽巨剎，元無此碑，乃惠洪

⑫⑥道璨，〈深居馮常簿〉，《無文印》卷一六，頁九b—一〇a

⑫⑦按：「雷轟薦福碑」一故事，宋人傳者甚多，蘇軾有〈窮措大〉一詩殘句曰：「一夕雷轟薦福碑」，應是最先見於記錄者。惠洪則記有其事原委：「范文正公鎮鄱陽，有書生獻詩甚工，文公禮之。書生自言：『天下之至寒餓者無在某右』。時盛習歐陽率更書，《薦福寺碑》墨本直千錢。文正為具紙墨，打千本，使售於京師。紙墨已具，一夕，雷擊碎其碑。故時人為之語曰：『有客打碑來薦福，無人騎鶴上揚州。』東坡作〈窮措大詩〉曰：『一夕雷轟薦福碑』。」見惠洪，《冷齋夜話》（鄭州：大象出版社，《全宋筆記》第二編第九冊，二〇〇六）卷二，頁三七。惠洪之後，亦有他書記錄此事，見宋・曾慥，《續墨客揮犀》（北京：中華書局點校本，二〇〇二）卷四，頁一五三。

⑫⑧李之亮，《宋兩江郡守易替考》，頁一四八。

偽為是說」，遂認為雷轟薦福碑事為虛構[129]。婁機因曾任饒州通判，所說應為可信。既然無碑，道璨為何有「薦福自雷轟碑後」及「斷趺殘碣」之說？兩者之間，究竟何者為是？難道婁機訪薦福寺只是走馬看花，因不見碑，遂以為原即無碑？不像道璨身在寺中四年，日思修葺，對寺院周圍之花草樹石必瞭若指掌，所說「斷趺殘碣」，當為實錄。至於是否為「一夕雷轟」之結果，雖有可能，但已無法考詰。不管如何，對道璨來說，他新立之寺碑，有馮去非的碑記，與他重新整修後的寺院，當然是相得益彰的。這一方面是拜道璨作詩求記之效，一方面也是因道璨與馮去非有厚交之結果。

由於馮去非與多位禪師、尊宿來往，叢林視之為外護，道璨亦尊之為長輩，對他頗為敬服。他在〈題馮深居簡翁序〉一文說：

深居先生，飽道足學，肆筆而書，契道契理，如箭中的。為簡翁作此說，發明入道之要，徑正直截，雖老師宿衲不能道。然既曰「空諸所有」矣，而又有真實之可取，是所有未嘗空也。心生，種種法生；心滅，種種法滅。曰起，曰造，一耶？二耶[130]？

[129] 宋・王明清，《玉照新志》（上海：上海古籍出版社點校本，一九九一）卷三，頁五七。但一如王明清所言，惠洪或蘇軾都未曾偽造此事，不過聽前人所傳而已，此其所謂「恐是先已有人妄及之者」之意也。

[130] 道璨，〈題馮深居簡翁序〉，《無文印》卷一〇，頁五a。

馮去非的〈簡翁序〉當是為景定四年（一二六三）主天童寺的簡翁居敬所作⑬，但是原文已不得見，無法知其內容。道璨雖質疑他言「空」而不能脫「有」，但知此「空有」之問題，不易說明。他以《大乘起信論》所說之「一切法皆從心起妄念而生，一切分別，即分別自心，心不見心，無相可得？」「心生，種種法生；心滅，種種法滅⑬」，來揭示「心」與「實相」之間的必然依存關係，等於承認心物一元，「空有」非二。如此看來，「空有」之問題，與「萬法唯心」、「心生心滅」相關，馮去非似知之甚深，不過未點明而已。故對道璨來說，他的飽學知道，深入理趣，實非一般老師宿衲可比。

雖然深服馮去非的為人行事，但道璨身為浮圖，對這位喜歡談空說道的詩友，也會偶而揶揄一番。在〈題馮深居愢庵說〉一文，他如此說：

棠首座示余深居愢庵說，因問其出處。曰：「今年次東浙，去年留西湖，前年寓維陽，又前年客鄱江。不數年間，若江、若淮、若浙，遊歷遠遍。」余聞而嘆曰：「大矣哉！

⑬按：簡翁居敬曾主徑山、淨慈及天童。住持天童時間，見《天童寺志》（臺北：宗青出版社，一九九四）卷三，頁二三〇。馮去非年八十餘卒，此時寫此序，時間上當無疑問。

⑬見高振農，《大乘起信論校釋》（北京：中華書局，一九九二），頁五九。

憩庵三昧乎？踏破虛空，誠如深居所云矣。在家行腳，果如深居所云乎⑬？」

〈憩庵說〉已經失傳，所以其內容已不可考。不過，它的寫作時間當在馮去非罷官之後，所以才有四年之間在東浙、西湖、維陽、鄱江四地築庵暫憩之事。觀馮去非之說法，此「憩庵」與元僧中峯明本（一二六三～一三二三）的「幻住庵」似乎有異曲同工之妙。但道璨以為，既然馮去非「踏破虛空」之說，固無疑義，但「在家行腳」則說不通，故「果如深居所云乎」一問，實是揶揄之問，是明知其非而故問之也。

由於道璨與馮去非之關係，可以用杜甫的「人生交契無老少，論心何必先同調」一句來形容⑭。也因如此，馮去非死後，他寫了一首相當「白描」的悼念詩，頗能勾畫深居為人之風格。其詩曰：

> 泛宅江湖上，蕭蕭兩鬢皤。秪知衣可典，不厭客來多。文富家安有，名高實若何。身前身後事，令我起悲歌⑮。

大意是說他浪跡江湖，四處為家，此時已是稀稀疏疏兩鬢白髮的老人。他為人重義輕利，只知典當衣物度日，從不厭來客之多。雖然才多文富，但手無餘貲；名雖高

⑬道璨，〈題馮深居憩庵說〉，《無文印》卷一〇，頁七ａ。
⑭此句出杜甫，〈徒步歸行〉，《杜詩詳注》（臺北：里仁書局，一九八〇）卷五，頁三八六。
⑮道璨，〈哭馮常簿深居〉，《無文印》卷二，頁八ａｂ。

而家無恒產。想起他身前如此貧困，身後如此淒涼，真要讓我悲傷而歌了！其詞之哀，可謂「一死一生，乃知交情」！

3. 姚勉

這種「一死一生，乃知交情」的人間道義的表現，也見於他與姚勉之來往。姚勉（一二一六～一二六二）字述之，新昌人，與道璨是同鄉。寶祐元年（一二五三）中進士第一，除校書郎，授平江節度使。他是九軒蔡杭（一一九三～一二五九）的門生，故蔡杭因大學生論丁大全被逐而去國時，他亦求去[136]。姚勉好與禪僧交遊，尤喜詩僧。他曾說：「漢僧譯，晉僧講，梁魏至唐初僧始禪，猶未詩也。唐晚禪大盛，詩亦大盛。吾宋亦然，禪猶佛家事，禪而詩駸駸歸于儒矣。故余每喜詩僧談[137]。」在《無文印》中，他是以雪坡姚狀元的稱呼出現。觀道璨的〈雪坡姚狀元勉〉一書劄，可知兩人關係也不比尋常。這封信先說他曾經「瞻望顏色於春風得意之時，見面盎背

[136] 姚勉，〈與佑神蔡仁齋書〉，《雪坡集》（臺北：臺灣商務印書館，影印文淵閣《四庫全書》本，一九八三—一九八六）卷三〇，頁三a—五a。又見《宋史翼》（臺北：鼎文書局，《新校本宋史并附編三種》，第一八冊，一九七九）卷二九，〈姚勉傳〉，頁三四一a。

[137] 姚勉，〈贈俊上人詩序〉，《雪坡集》卷三七，頁七b。

皆功名之氣」，又說姚勉曾「尋僧北山，酌泉西湖，蕭然山林之興又溢於眉睫」，可見兩人早有數面之緣。然後表明他與姚勉已有三年未見。這三年之間，他僕僕風塵，「今年而四明，明年而臨安，又明年而鄱陽」，與馮去非一樣，居無定所。又「挾病與勞，顛連困頓」，所以雖然曾寄書姚勉，問候起居，而書未達其官府，但逆知他能「仁義以為居，道德以為廬，起居飲食，固無適而不安也⑬⑧。」其次說姚勉曾往來西山南浦間，「濃墨大字，幾遍園亭。」雖然「池館之上，幽人處士之室」，遺憾未能見。但過去所贈之「琳琅妙墨，尚留篋笥，燁然文星，光燄萬丈」，即使「折旋俯仰」，也「未嘗不再照臨間」。表示都妥善保存，時取出玩賞⑬⑨。

道璨以「仁義以為居，道德以為廬」之語，來形塑姚勉的人格特質，有如以儒生文士之口吻與同儕共勉，充分表現他對士人品格之高度期待，頗值得玩味。不幸，姚勉四十七歲即先他去世⑭⓪，其友湘南淵上人欲向道璨求姚勉詩留念，道璨回顧他與姚勉之，掩不住心中之悲傷，寫了此詩：

⑬⑧道璨，〈雪坡姚狀元勉〉，《無文印》卷一五，頁九ａｂ。
⑬⑨此段引文皆見道璨，〈雪坡姚狀元勉〉，《無文印》卷一五，頁九ａｂ。
⑭⓪按：《宋史翼》〈姚勉傳〉說他「卒年四十二」，疑誤。見《宋史翼》卷二九，頁三四一。文及翁在《雪坡集》序裏說姚勉得年四十六，較近事實。

湘雲漠漠吞平楚，卷地北風鳴萬鼓。
雪深一丈大如席，坡前坡後無行路。
中有梅花樹下人，練練寒光染眉宇。
仰望湘山無一拳，俯視湘流才一縷。
玉樓起粟不自知，懷古寸心良獨苦。
少林遠矣不可作，四海無人空歲莫。
歌徹楚騷天不聞，卻立坡頭淚如雨[141]。

道璨以「雪」與「坡」二字入詩，描寫湘南上人在冬日雪坡的梅花樹下，俯仰湘江山水，肩上生寒至於凍起生粟子仍不自知[142]，而拳拳寸心仍在孤苦地懷念作古的姚勉。他難過地唱起《楚辭》，立在雪坡上頭，淚如雨下。此雖是寫湘南上人之悲痛，未嘗也不是寫自己傷友之逝，與傷逝之淚。

---

[141] 道璨，〈湘南淵上人求雪坡詩〉，《無文印》卷一，頁三b—四a。

[142] 按：「玉樓起粟」一詞，得自蘇軾「凍合玉樓寒起粟，光搖銀海眩生花」一聯，見蘇軾〈雪後書北臺壁二首〉，《蘇軾詩集合注》卷一二，頁五八二。宋・趙令畤《侯鯖錄》載王安石解其詩云：「道家以兩肩為玉樓，以目為銀海。」見《侯鯖錄》（北京：中華書局點校本，二〇〇二）卷一，〈荊公博學〉，頁五〇。後遂以「起粟」為受寒後，皮肉上生起粟子，也就是凍得起雞皮疙瘩之意。

4. 毛所齋父子

毛所齋父子與道璨都有十年以上交情。毛所齋原名已不可考，但他任過提刑，所以《無文印》稱「毛提刑」之詩文有多處。其中有覆所齋之書說：「樗寮寺丞聞大旂有臨訪之期，極以為喜。畏景如此，亦不敢必望耳⑭③。」意指在四明翠巖的張即之知道他將來訪，非常喜悅。不過因為逢時局艱難，也不敢期望太高。他在此信上甚至勸毛所齋說只要他能夠「發政施仁，興利除害，不愧吾心，不負吾民，則所謂大權者亦何必遠求於玉几之下哉⑭④？」「玉几」是明州阿育王山寺所在，道璨之師妙堪曾在此傳法，而道璨也在此認識張即之。所齋有意調遷至明州，但擔心無法如願，故道璨勸他勿因此事而憂惶不安。他同時應所齋之請，獻詩一篇，並表示因衰病廢學，「不足以發揮盛美耳⑭⑤」，可惜此詩並未收入《無文印》中。

道璨與毛所齋相從至所齋去世有十九年之久，深以為所齋對他「愛之至，念之篤」，非一般親手足可比。雖然兩人每次見面，深談密論，意見有別，但「心同而論

⑭③道璨，〈所齋毛提刑〉，《無文印》卷一五，頁七b—八a。
⑭④道璨，〈所齋毛提刑〉，《無文印》卷一五，頁七b。
⑭⑤道璨，〈所齋毛提刑〉，《無文印》卷一五，頁七b—八a。

異」，但總覺無你我之可分。他認為所齋「所稟者直氣，所蘊者正學」，任職提刑，確實能做到上不負於君，下不愧於民。他對道璨特別關心，雖相別愈年，而「千里九書，告余甚諄諄也⑯。」由於此種密切之關係，道璨對所齋也不忘盡朋友之義。譬如，他視所齋之子如同己子，希望所齋「養以忠厚，守以專靜，由是而之焉，為學不難矣。」雖然其子早已耳聞過庭之訓，但他因所齋「荷愛之厚」，故仍一再表達此意，不能自已⑰。

毛所齋之子即是《無文印》中的「毛直閣」，其原名經歷也已不可考。不過「直閣」是宋代諸閣成員，為龍圖、天章、寶文、顯謨等等諸閣官職最小者，一般是正七品之職⑱。道璨因與毛所齋情如兄弟，故待毛直閣如子姪。他在毛所齋去世後，自已也逢父、弟之喪，而七十老母寢食不自安，自己需在家娛侍左右，故寫信致毛直閣，表示無法奔至四明參加其父葬禮⑲。他在信中強調與毛所齋之關係，說「追惟十九年

⑯此段引文見道璨，〈祭毛提刑〉《無文印》卷一三，頁五b—六a。
⑰此段引文見道璨，〈所齋毛提刑〉，《無文印》卷一五，頁八a。
⑱如直龍圖閣、天章閣或寶文閣皆是正七品。見龔延明，《宋代官制辭典》，頁一三九—一四二。
⑲道璨，〈毛直閣〉，《無文印》卷二〇，頁三b。按：道璨此信說：「適有便過四明，留其一日推亢而作……」可見毛直閣在四明主持其父葬禮。

間，往來如一日，相愛如骨肉，朝夕不能忘，但恨此身不能飛去耳⑮。」然後話鋒一轉，勸毛直閣應該努力博取功名，不應只享先人之遺澤，靠蔭補為官，詞氣宛如嚴父之訓子，這是因為他與毛所齋深厚之關係有以致之。其書曰：

天資高妙，筆力已逼人，當留意時文，以取世科自期。不當受先澤而已。壽堂令人壽體必康寧。母子相依為命，當以恭遜孝順為第一義。嚴君早失，此是大不幸事。能親師擇友，刻意於學；善無細不為，惡無微不戒，如此則先大夫為不死矣。議親誰氏，不必論貲產，得貞潔敬順之女以奉慈族矣。先大夫無恙時，與某熟論者也。先業儘可供伏臘，緊把慢放，自可優游卒歲。奢則易竭，鄙則為人所不齒。奢儉得中，此持盈守成之道⑯。

此段文字簡直與儒門之家訓無異，訓誡之事含：⑴留意時文以參加科舉；⑵侍奉母親，恭遜孝順；⑶親師擇友，刻意於學；⑷為善戒惡，不違父志；⑸議婚不計女方資產，但求貞敬能孝慈之女；⑹善守先人家業，持盈守成，勿奢侈鄙陋。他還說其父毛所齋在世時，不論身為臺諫或監司，都不知有富貴。每次來書都說：「仕官三十

⑮道璨，〈毛直閣〉，《無文印》卷二〇，頁三b。
⑯道璨，〈毛直閣〉，《無文印》卷二〇，頁三b—四a。

年，不識仕官之為樂，孳孳矻矻，死而後已[152]。」如此才是立身行己之所當為。除了有關孝順、學問、道德、倫理、治家、婚姻等等的說教之外，道璨也勸導毛直閣作詩文之道曰：

作詩文不必出自己意，須是謹守古人法度。跌踼程度之外，必是杜撰矣。年事方盛，學力日進，如川之方至，進進未可禦。今之學為文字者，紙上不患不黑，但患不成家數，不入行家眼耳[153]。

這些勸導之語，如父之教子，不僅反映了道璨為人之友的深重道義，而且顯示他為人、行事態度之一貫，在在都證明了他偏向儒家文士觀點及風格的生命情調。

六、餘論

道璨身為禪僧，但頗有文士之風。他性好詩詞文章，又慷慨好客，樂於與四方之

[152] 道璨，〈毛直閣〉，《無文印》卷二〇，頁四a。
[153] 道璨，〈毛直閣〉，《無文印》卷二〇，頁四a。

奇士交遊；僧俗不分，依違於出世與入世之間。他所交的士人，上至公卿宰相，下及微官小吏，常以詩章倡和，往往表現深厚之交情。其中可稱道義之交者有吳革兄弟、謝枋得兄弟、馮去非、姚勉及毛所齋父子等等。其他許多名不見於史籍者，亦多與他相結為知己。而他對這些知己之深厚情義，常很自然地表現於其詩文中。茲再以他和某士人熊伯淳之關係為例說明。此熊伯淳身分籍里不詳，但應該是位地方官。故道璨在致熊伯淳一書中有「比寓邸語別之後」一語⑮，又謝熊伯淳遣人來詢問他是否「歸舟到岸」，可見兩人頗有交遊，乃至說「議論英發，筆力痛快如伯淳人品，眼中不多見。疇昔之夜與橫舟燈前語次，橫舟屢首肯也。某年大以來，世間萬事無所好樂，獨於名勝士則酷愛之如嗜昌歜。而士之名勝者亦確喜與之遊。今得第一人品如伯淳，豈造物者憐其所好，盡舉與之，以厭其欲耶⑮？」這段話顯示他與熊伯淳關係甚密，因熊伯淳是他一向渴望結為摯友的「名勝士」。

道璨與文士相交，常善道人之長，樂稱人之善。而且與人書問論詩，充分表現對詩文之熱衷，而且多引儒家議論，彷彿儒學文士。雖或時而青燈古佛，兀自禪坐，但

⑮道璨，〈熊伯淳〉，《無文印》卷二〇，頁八ａｂ。東京內閣文庫藏四冊寫本之照相本（室町時期）亦有此文，見該本卷一三，頁三六ａ。唯此本第四卷之後書寫甚潦草，多漫漶不明處。

⑮同前註。

交遊四海君子、禪客，或與之把臂論詩，或與之連床對話，閒逸之風度，不輸翩翩詩人詞客。尤其書寫詩歌，放懷吟唱，往往氣血澎湃，真情流瀉，可以說他是一位博學多才，富有情義，而光風霽月的禪者及文學僧，不能因為其詩不脫「蔬筍氣」而對他有偏見。他固然曾表示有悔遊人間之意，卻總不能忘情世間而離群索居、遺世獨立。雖然自號無文，但鍾情於詩文，鍛字鍊句，老而不歇，可以說是南宋文學僧之典範。南宋俞德鄰（一二三二～一二九三）在其〈無文頌〉的序文說：「西皐趙侍郎持浙西憲節，暇日飲淨慈寺，作二詩遺無文老。無文本達磨不立文字之意，何事于詩？而無文獨寶斯帖，親授之猶子楊君巽申保之藏弆，是無文未始無文也⑯。」俞德鄰還說：「師入涅槃，詩乃在笥⑰」，指道璨示寂時，仍有詩在其竹匣子中。這是長期鍛鍊詩文的習慣，而他的動機之一實是以詩文結交士人，以道義立於人間！

⑯俞德鄰，〈無文頌〉，《佩韋齋集》（臺北：臺灣商務印書館，影印文淵閣《四庫全書》本，一九八三—一九八六）卷八，頁九a。
⑰同前註。

第六章：道璨之孝思與孝行

一、引言

道璨是位禪僧，也是許多官僚文士的道義之交，又是一位名副其實的孝子。他的孝思表現於他長年遊方，但在征途上時時思家念母心情，也表現於他恪守先人之教而不忘奉甘旨之養的「儒孝」之實踐，更表現於他「尊聞行知」，恆存孝思的生涯上。與同輩許多禪師之看法及作為不同，值得我們仔細探討。

二、長年遊方，思家念母

道璨自幼與其兄叔量及弟萬鈞、萬里受教於其父豫章進士陶躍之。其後從鄉里宿儒張祥龍習儒業，不久又至南康的白鹿書院，從學於朱熹弟子湯巾①。但因自覺魯而

①按：白鹿書院在北宋慶曆、熙寧時為四大書院之一，在江西南康軍，廬山下。

不敏，遂徵得父母之同意出家為僧，隨其「三師」歷經蘇、杭各地禪剎，幾三十餘年。雖然如此，道璨於儒書有深厚之基礎，所以他的行事作為，即令在身為禪僧之時，都能不拘於叢林規繩，而具體地表現儒家「孝義為先」之觀點。所以雖是遊方行腳，道璨總是時以家鄉為念。因為其父早逝，其兄從湯巾遊，而其弟萬鈞亦早夭，他又「漫遊四方」，留老母在家，自覺不孝，念母之思未曾稍止，常常表達於其詩中。譬如淳祐七年（一二四七），道璨遊杭州徑山。這時他三十五歲，逢除夕之夜，面對西湖，想起六十歲之母親，寫下這首詩：

又來上國看新元，細嚼梅花嚥冷泉。
阿母在家年六十，孤兒為客路三千。
身居東海滄波上，心在西山落照邊。
碧戶朱門楊柳岸，不知歸日是何年②？

此詩已於前章討論過，茲不再贅。道璨因為常常思念母親，甚至在離家後十年，就返江南，志在習「疾病醫藥」，不想後來一入江浙，遂與母長期相別。這段期間，

②道璨，〈西湖除夜〉，《無文印》卷一，頁二a。按：道璨母死於咸淳二年丙寅（一二六六），時年七十九歲。以此逆推，其年六十之時，應在淳祐七年（一二四七）。

他已「出家」多年，但時時念著還鄉或「歸家」。即使與宗門法友間的唱和，也毫不諱言如同俗家遊子的歸家之情。譬如，淳祐十一年（一二五一），他年三十九歲，因送法友誠上人歸鄉，心中有感，寫下他的「歸故鄉」之心情如下：

長安城頭秋日黃，長安道上秋風涼。
遊子念親從定起，一衲卷雲歸故鄉。
七月八日吳越路，十里五里東南疆。
遙知子母相見處，籬落黃花吹晚香。
我母今年六十四，千丈百髮應滄浪。
石田茅屋歸未得，西山幾度明斜陽。
因送君行發深省，天地闊遠愁茫茫。
他年相尋君勿忘，楊柳當門水滿塘③。

這首詩說他風塵僕僕於吳越路上，常思念著返鄉盡他晨昏定省之責任，遙知會在黃花落地、晚香吹拂之柳塘前與白髮蒼蒼的母親相見，但是這種企盼，總是無法實

③道璨，〈送誠上人〉，《無文印》卷一，頁七ａｂ。按：四年前，淳祐七年（一二四七）道璨在徑山時，其母六十歲，此詩中說其母六十四，可見在淳祐十一年（一二五一）。

現，只能望著遙遠的西山，在斜陽中逝去，而慨歎歸不得家鄉的石田茅屋。最後一句，提醒友人將來要去尋他，定不要忘了他家門前的楊柳與涔涔的水塘。這等於是說他會在父母之家等待友人之相訪。

所以如此念茲在茲，心懸其家，部分是因為道璨自承「無四方萬里之志」，並未像許多其他禪師一樣，欲於出世後，留在江浙或遠離家鄉，長年住持外地禪剎。反而多半時間都留在家鄉南昌附近，或在饒州薦福寺，或在廬山開先華嚴禪寺擔任住持，盡衲子之傳法義務。

道璨的家鄉在南昌的柳塘，由於其父嘗聚生徒授課，故四方賓友，常會聚於此。而其母為善待賓友，則「殺雞為黍，燒松煮韭」，甚至「客至趣辦」而無難色。似乎家境還算不錯。道璨生性至孝，他既無四方之志，又擔心先人塋墓遭受破壞，常考慮設菴照顧先壠。其住宅附近有一寺曰慈觀寺，在西疇南畝間，聚敗屋十椽，「傾欹顛仆與老竹相俯仰」，甚至連住在該寺之寺僧都「面目無生氣」，故道璨幼時，即「極厭其卑且陋④」。這種卑陋之狀，甚至於他在外遊歷三十年歸家後，不僅沒改善，反而更加隳壞。所以理宗開慶元年己未（一二五九），他年四十五歲，奉命赴廬山主持

④道璨，〈慈觀寺記〉，《無文印》卷三，頁一〇ab。

開先寺。行前，他與其母親及兄長商量修建慈觀寺以奉祠先人，並買田度僧以世守松櫝。由於所費甚鉅，其兄不知所以對，而其母亦覺非道璨能力之所及，頗為猶豫。道璨知其母以柳塘為其成長之地，頗希望見慈觀寺之興復，故一邊度材鳩工，一邊徵詢其母有關各項營建之意，態度相當認真。估計前後約修建八年，才將兩廊、堂庫、佛殿、壽祠、「笑翁、無準、癡絕三老受業師杞室」及法堂建完。他還在法堂中蓋補陀岩及石肖觀音大士像，並請張即之書「清淨願海」之匾，揭諸楣間⑤。這時他已經五十五歲，回顧出家從釋後晨昏定省之缺，不禁深深悔疚，感慨而曰：

悲夫！余為不敏所驅，早而從釋，去母四十餘年，近而數十里，遠而千里外，一飯不能忘母。是故灑掃應對，欲進乎學，不敢違母教也；視聽言動，欲由乎禮，不敢辱母慈也；卷舒出處，欲合乎道，不敢負母望也。尊聞行知，死而後已，求毋愧於吾母而已⑥。

所謂「一飯不能忘母」，正是他屢屢思歸的原因之一，而「不敢違母教」、「不敢辱母慈」、「不敢負母望」，則是做到下文所說不忘母訓，「尊聞行知」的根本。

⑤道璨，〈慈觀寺記〉，《無文印》卷三，頁一一ab。
⑥道璨，〈慈觀寺記〉，《無文印》卷三，頁一一ab。

三、尊聞行知，毋負母教

道璨因為不能在家奉母，盡人子孝養之責，深覺愧疚，故出外求師問學、習道，不敢忘卻母訓。凡「灑掃應對」、「視聽言動」、「卷舒出處」都要謹記為人子之道，堅守「母教」、不辱「母慈」及不負「母望」。他宣誓要「尊聞行知，死而後已」，不外在盡其為人子之的本份，求無愧於其母而已。

道璨時時思家、一飯不能忘母的情結，顯示他並不是一位「身心俱出家」的禪者。他的為人與行事，在在都表現儒家人文主義的倫理與道德素養；生命情調也與「在家」的儒者或居士類似。他既然宣示不忘先人教誨，做到「尊聞行知，不負所學」，即令身在叢林，住持大剎，也堅決履行其諾言。他先後任廬山開先與饒州薦福寺住持，在叢林中享有相當尊榮之地位，但是對領袖十方寺院，並不熱衷，對個人之窮達，毫無關念，頗有一切隨緣，甚至聽天由命的想法。他曾自述：

> 雖然，住院何足道[哉]？近年勑差堂除者何限，可掛齒牙者能幾人？使吾有口可以呑三世諸佛，則曲彔床終身不坐又何慊？無聞以為何如？某行年五十有四，昔者入衆見

識字人，多不修細行，決意不作書記。諸老不作，據位稱師者，又多看不上眼，遂無意出世，今俱[皆]不遂其初矣。住院十年名為長老，只是舊時璨上座。飲食起居與堂僧無異，出入時多了一轎兩僕耳。使目不眩，轎僕亦不用之。相從衲子，歲不下百數十人。遇五日撾鼓陞堂，以平時在諸老間所得細大法門，隨分東語西話，斷不敢以脫空語籠罩學者；亦不敢以過頭語欺謾學者。說到無巴鼻、無滋味處，欣然自笑，聽者未[不]必解笑也。士大夫多相知，然所知者不過謂其讀書也、能文也、解起廢也、硬脊梁也。蓋膽毛幾莖，則知者鮮矣。常住日黃簿，逐日結算，隨身行李，逐日結束。可任則任，要去便去，決不肯叉手向士大夫求公庇，一不作書與士大夫說住院兩字。天之所以與我者已足，何必求人？命苟有矣，雖颺在糞堆頭，未嘗不放光動地也⑦。

此書劄是寫給號稱「知無聞」的法友，故有「無聞以為何如」之問，顯示他對擔任住持，覺得可有可無，無可眷戀。這是因為一方面他見到許多據「曲彔床」說法之禪師，細行不修，出入喧嘩，攀結權貴，漁獵聲名，破壞住持清譽。另一方面，他知道叢林裏奔競之風盛行，自己有隨時被瓜代的可能之故。他雖然有幸當了住持，但他出入如常人，輕車簡從，完全符合他「卷舒出處，欲合乎道」的自我要求。在禪院說

⑦道璨，〈知無聞〉，《無文印》卷一九，頁一〇b—一一b。

法時，他也是以一貫「尊聞行知」之態度，就其所學，謹慎傳授，不敢以空言虛語來欺誑學者。他所認識之士大夫甚多，但絕不藉其關係，有所干求，更不會提到「住院」兩字。抱著「可任則任，可去則去」之心情，隨時準備卸職歸鄉。所謂「命苟有矣，雖颺在糞堆頭，未嘗不放光動地也。」這種心情，與儒家士人的宿命論相去不遠。這大概也是士大夫稱許他的行事與做人之原因。

當然，士大夫也知道他是位精通文墨，文采斐然的硬脊梁之「文學僧」。對他的詩文造詣，頗刮目相看⑧。而他對詩文所表現的熱心，及透過詩文來呈現儒家倫常、孝義與報恩之意識，使他更顯得鶴立雞群，格外突出。固然他是出家的禪僧，但是他總是忘情不了在家的師、友及親人，總以「尊聞行知」來表達他仰承教晦，不敢悖離對父母、師長的承諾。北宋僧覺範惠洪（一〇七一～一一二八）嘗對其友人說：「身心俱出家，豈復論家世。一念斷攀緣，即入三摩地⑨。」所謂「斷攀緣」是佛家「斷病本」之工夫，應是選擇出家之後的正常作為。但是以「游戲筆硯，登高臨遠，時時

⑧詳見筆者《一味禪與江湖詩——南宋文學僧與禪文化之蛻變》。

⑨惠洪，〈次韻吳興宗送弟從為山空印出家〉，《石門文字禪》（臺北：新文豐出版公司，一九七三）卷六，頁八a。按：《維摩詰所說經》（臺北：新文豐出版公司，《大正藏》第一四冊，一九八三）云：「何謂病本？謂有攀緣。從有攀緣，則為病本。何所攀緣？謂之三界。云何斷攀緣？以無所得。若無所得，則無攀緣。」

為『未忘情之語』」的惠洪⑩，固然做不到，而「少學夫詩，老不加進，而嗜之無斁」的道璨也顯然做不到⑪。

既然「身心俱出家」是佛家所相信的最清淨、高尚的人生路程，「豈復論家世」應是順理成章之事。不過惠洪這「豈復論家世」的詩句似有兩層意思：其一是既獻身佛門，就不須再回顧俗家之出身；其二是既斷棄家庭之紐帶，就如同否定夫婦生養之人倫價值。這種人生途徑顯然是違背儒家孝道理想的。對儒家來說「孝悌」是為人之本，「無後」是不孝之大者，既然選擇出家，已是不孝，又如何奢言孝道呢⑫？但是為何還要強說孝順與報恩呢？這是因為孝順之道不僅是深植於人心的儒家倫理，也是儒家禮教之重要部分。所謂「生，事之以禮；死，葬之以禮，祭之以禮⑬」。事父母

⑩惠洪語見〈題言上人所蓄詩〉，《石門文字禪》卷二六，頁一三b。

⑪道璨語見〈書趙騰可雲萍錄〉，《無文印》卷一〇，頁一一b—一二a。

⑫宗密、契嵩或者他們前後談「佛孝」的僧侶似乎都忽略了孝道還有維繫家庭的香烟世系的使命在。這種世系不能維繫，如何會有所謂「三世」、「七世」或「多世」的孝道與報恩呢？Bernard Faure 對此也有類似之看法，參看氏著 *The Rhetoric of Immediacy: A Cultural Critique of Chan/Zen Buddhism*（Princeton: Princeton University Press, 1991）, p.246。

⑬此說出《論語・為政第二》第五章：「孟懿子問孝，子曰：『無違』。樊遲御，子告之曰：『孟孫問孝於我，我對曰：無違。』樊遲曰：『何謂也？』子曰：『生，事之以禮；死，葬之以禮，祭之以禮。』」又同篇第七章：「子游問孝，子曰：『今之孝者，是謂能養。至於犬馬，皆能有養；不敬，何以別乎？』」

以禮，不僅要「能養」，還要能「無違」與「能敬」，這都不能因為信佛而忽視的。佛家原無此套禮節，為了因應與調適中國之民情，便不得不營造出「大孝」之說及「七世」報恩之觀念⑭，從而產生下文柳宗元所說的「去孝以為達」或契嵩所謂以

⑭已故的陳觀勝教授（Kenneth K.S. Ch'en）過去曾稱此為佛教的「中國化」（sinicization），見於其所著 "Filial Piety in Chinese Buddhism," *Harvard Journal of Asiatic Studies*, Vol. 28,（1968）, pp. 81-97; *Buddhism in China: A Historical Survey*（Princeton, 1964）; *Chinese Transformation of Buddhism*（Princeton, 1973）。陳觀勝在 *Buddhism in China* 一書中還引龍門石碑為證據說明佛教「中國化」的結果，導致「雖然僧尼已出家，但與家庭之間仍維持相當強而持久之連繫」（見P179）。此說引起印度佛教學者 Gregory Schopen 之反駁，Schopen 認為第二世紀的考古證據可以證明早期印度文化中已普遍存在「孝」的觀念。出家僧尼以布施之方式盡孝，而他們最常實踐的宗教布施行為目的是「施利益於布施者在世或已死之父母」。Schopen 認為這種對個人在世或死去父母之福祉之關切是印度僧侶之「積極關切」（active concern）及「主要心念」（major preoccupation）。他還強調這些僧侶，多半是官方或正式的（official）佛教文學師（teachers）及傳道者（transmitors）。見 "Filial Piety and the Monk in the Practice of Indian Buddhism: A Question of 'Sinicization' Viewed from the Other Side," *T'oung Pao*, Second Series, Vol. 70, Livr. 1/3（1984）, pp. 110-126。此文後來收入作者的 Bones, *Stones, and Buddhist Monks: Collected Papers on the Archaeology, Epigraphy, and Texts of Monastic Buddhism in India*（Honolulu: University of Hawai'i Press, c 1997）。筆者以為 Schopen 以布施來強調印度佛教自古以來即有的古老的（old）、整體的（integral）及遍佈的（pervasive）的孝道傳統與儒家之孝道是不能同日而語的。他沒有考慮到儒家孝道之為「家庭倫理」的主幹，是有其「禮」為基礎的。何況，他所說的布施物品，都無經濟價值，既非土地、房子、衣服、食物，而多半都是舍利（relics）、窣屠婆或塔婆（stupas）、聖像（images）、或繪畫（paintings），其象徵意義大於實質意義，於供父母之溫飽，毫無助益。且其布施並無表達還債之思維（conception of incurred debt）或報償之觀念（idea of reciprocity）。

「出家專道」為由，而「欲不為孝」的現象。

道璨在離家參學於三師，或受命住持寺院，或遠行四明探望待他如子的張即之時，都能拳拳謹記父親之教，母親之訓，「尊聞行知」，始終如一。一旦歸家，與母親兄弟團聚，則感「千里來歸，侍母友弟，天下至樂，寧復有過此者⑮？」充分體現了儒家人文主義的孝道與報恩精神，所以他對釋子「去孝以為達」，或以「出家專道」為由，而「欲不為孝」的作法深不以為然，所以他身體力行的孝親之道，是儒家之孝，是求能奉養甘旨之孝。

四、雖為佛子，奉行儒孝

道璨雖出家為禪僧，不但不認可叢林「去孝以為達」及「出家專道」之心態，還指斥託言為「佛子」而視父母如路人之行為。他認可的孝道，是儒家禮法的溫清定省

⑮道璨，〈疊山謝架閣〉，《無文印》卷一八，頁六b。按：受書人「謝架閣」即謝枋得（一二二六～一二八九）。

之孝。他堅信為人子者，須承事供養，菽水甘旨，給其衣食，盡其「無違」、「能敬」之孝心於萬一，而不是依《父母恩難報經》之說，做「若父母無信教令信，獲安隱處」之事，使父母信佛⑯。他這種觀念，與當時自認為「佛子」而奢言「佛孝」，摒棄孝親之僧侶，是不可同日而語的。

道璨認為人子之盡孝道，不該因出家變成「佛子」而有所變。儒家禮法為基礎的「儒孝」倫理是孝道的基本要求，與「佛孝」的要求，並不相悖，所以他特別引申「佛之於母，未嘗不極其至」之說：

> 升忉利天三月而返，佛之於母，未嘗不極其至。而後之為佛者乃曰：「吾佛子矣，母猶路人也！」於乎！天下豈有無母之國哉？納萬世學者於不孝之域，是豈佛之所以為佛哉⑰？

道璨指責的「佛子」之錯誤行為，正是僧侶棄其原生家庭而進入佛教教團的大家庭所產生的認知行為。在他們「教團家庭制度」的認知與說辭下，他們既為「佛

⑯《父母恩難報經》（臺北：新文豐出版公司，《大正藏》第一六冊，一九八三），頁七七八c。
⑰道璨，〈慈觀寺記〉，《無文印》卷三，頁一一ab。

子」，自然只對佛盡孝，而無須對父母盡孝⑱。因為這種佛孝是更高尚、更高倫理而影響更久遠之行為。道璨深不以為然，認為這是視生生之母為路人，而「納萬世學者於不孝之域」。其看法正與北宋禪僧明教契嵩（一〇〇七～一〇七二）《孝論》裏所表達之若干看法，前後相呼應。契嵩著《孝論》時，已離故鄉籐州鐔津二十七載。這段期間，他時時都惦念父母之墳，擔心被盜賊所破壞，「未始不欲南還墳隴，脩法為父母之冥贊⑲。」果不其然，其鄉邑嬰大盜之亂，而父母之墳廬亦為其所剽暴。契嵩知之，漣然泣下。不久之後，遂著《孝論》十二章，以表明其心跡，發明「聖人大孝之奧理」。契嵩所謂的聖人，即指佛，而所謂發明「聖人大孝之奧理」即是鼓吹「佛孝」的道理。在〈必孝〉一章，他說：

> [聖人]方其成道之初而登天，先以其道諭其母氏，三月復歸乎世，應命還其故國，示

---

⑱Alan Cole 在"Four Modes of Family Rhetoric in Buddhist Discourse: A Brief Exploration"一文中稱：僧尼群居於寺院之後，出現了原生家庭以外的家庭制度。為了正式獲得僧尼之身分，可以加入此一假想的親屬關係（fictive kinship）而為「佛子」。Alan Cole稱此為佛教的第二種家庭說辭的模式，而名之曰「法人家庭制度」（corporate familialism）。Cole之文見Don S. Browning et al., *Sex, Marriage, and Family in World Religions* (New York: Columbia University Press, 2006), pp. 304-308。筆者覺得Cole所用的名稱及其含意過於沈重，改為「教團家庭制度」（sangha familialism）。

⑲契嵩，〈孝論〉，《鐔津集》卷三，頁一b。

父於道，而其國皆化。逮其喪父也，而聖人躬與諸釋負其棺已趨葬。聖人可謂與人道而大順也。今夫方為其徒，於聖人則晚路末學耳，乃欲不為孝，謂我出家專道，則吾豈敢也！是豈見出家之心乎？夫出家者，將以道而溥善也，溥善而不善其父母，豈曰道邪？不唯不見其心，抑亦孤於聖人之法也⑳。

契嵩之文顯示不少僧侶因為有「出家專道」之認知，只求盡佛之「大孝」，而捨父母之「小孝」，致有「以道溥善而不善父母」之作法。故契嵩大聲疾呼，高唱「佛子情可正而親不可遺」之說，提醒佛門弟子了解佛成道後仍在盡孝，而「孝也者，大戒之所先」之說㉑。他還重申經中所謂「父母與一生補處菩薩等」，故當有「承事供養」之必要㉒。而戒律亦有「教其弟子得減衣鉢之資而養其父母」之說㉓，身為晚路

⑳契嵩，〈孝論・必孝章第五〉，《鐔津集》卷三，頁五b—六a。
㉑契嵩，〈孝論・明孝章第一〉，《鐔津集》卷三，頁二ab。
㉒契嵩，〈孝論・必孝章第五〉，《鐔津集》卷三，頁六a。按：契嵩所說見《增壹阿含經》（臺北：新文豐出版公司，《大正藏》第二冊，一九八三）卷一一，頁六〇一a。
㉓按：宗密，《佛說盂蘭盆經疏》（臺北：新文豐出版公司，《大正藏》第三九冊，一九八三）首用「減衣鉢」之語，而有所謂：「儒則怡聲下氣，溫清定省等故，有扇床溫席之流；釋則節量信毀，分減衣鉢等故，有割肉充饑之類。」見頁五〇五c。而契嵩似為首位指出戒律「教其弟子得減衣鉢之資而養其父母」之僧侶，但他所指的戒律，不詳為何書。《摩訶僧祇律》（臺北：新文豐出版公司，《大正藏》第二二冊，一九八三）雖有「若

末學之徒子徒孫豈可忽之？但他這種呼籲似乎作用不大，到了道璨的時代，僧徒視自己為佛子而父母為路人者，大有人在㉔。道璨對其母教養之恩念念不忘，嘗謂「七八歲時與女兄、仲弟具病疹，先君出未返，兒女咿嚶滿室，先妣入視醫藥，出理門戶事；待夜篝燈，製衣履，朝夕憔然無寧居」，而「晚節末路，子女各植立，而養不能久㉕」。道璨之修慈觀寺，原在表明自己於孝道有虧，愧對先人，希望能在母親終老之前，侍奉先人之祠，安靖其母之心，略盡儒家養志孝親的素願。孰知其母去世時，他卻在「千七百里外，後二十七日乃聞訃㉖。」這對他來說，真是情何以堪，欲報恩

父母不信三寶者，應少經理。若有信心者，得自恣與無乏」（卷二八，頁四五九c）及「若父母貧苦無信心者得少多與，若有信心者得自恣與」之句（卷三一，頁四八〇c），差似契嵩「父母之正信者可恣與之，其無信者可稍與之」之句，但無「得減衣鉢之資而養其父母」之說法。契嵩在《夾註輔教編》之〈孝論要義〉說：「《僧祇律》教訓凡為佛之弟子者，得減衣鉢之資給養父母」，實際上並不見於《摩訶僧祇律》。參看《夾註輔教編要義》（京都：洛陽書堂刊本，元祿九年，一六九六）卷八，頁二九b。

㉔Barend J. Ter Haar 曾表示南宋末期至元初，出家僧尼在感情上仍與其原有之家庭整合為一。他用平江磧沙延聖寺及餘杭的南山普寧院在刻印大藏經時之布施資料，說明僧尼獻金刻經之四種動機中，孝道佔相當大的比例。前者僧尼之比例各為42%及32%，後者各為21%及31%。見氏著"Buddhist-Inspired Options: Aspects of Lay Religious Life in the Lower Yangzi from 1100 until 1340," *T'oung Pao*, Second Series, Vol. 87, Fasc. 1/3(2001), pp. 92-152。Ter Haar是從「獻金」做功德之角度去觀察僧尼與家庭間難以切斷之紐帶，與道璨的積極欲求「居家奉母」的孝行大異其趣。

㉕道璨，〈先妣贈孺人吳氏壙志〉，《無文印》卷四，頁一五a—一七b。

㉖同前註。這時他在張即之所住的桃源山，見下文。

而不能，枉為人子，故悲痛不已而歎曰：「天可荒也，地可老也，母恩不可報也㉗！」

因為道璨深信儒孝之必要，所以雖無法為母送終，但在母親去世之前，每次歸家省親，必在出門赴所住禪寺之前，特地赴先人墓所祭告，略表孝心。譬如，他赴廬山開先寺以前，曾在先人墳前祭告說：

半生病眩，已無心涉世矣。薄遊人間，父命不可違也。一鉤明月，甫退還東湖，雙磵兩峯，又居焉入手。去家不遠，省母差便，可以一行矣。尊聞行知，不負所學矣，敢不自勉，仰報親恩㉘。

此短文表示他因半生為暈眩所苦，早已無心涉世，但礙於父命，不得不應州府之請主持廬山開先寺。因開先寺離家不遠，往來還不失方便，故還可以勉強一行。道璨之務必祭告先人，其目的實是要讓先人知道，他不會忘卻先人之教誨，一定能做到「尊聞行知，不負所學」的。他也唯有如此自勉，才能夠「仰報親恩」於萬一。

又如，他從廬山開先寺被推舉至饒州薦福寺之前，也歸鄉省親，並在祭告先人之墓後才至饒州。其告詞曰：

㉗同前註。

㉘道璨，〈赴開先告先人墓〉，《無文印》卷一三，頁一二ａｂ。

廬山歸來，梅花已再發。招隱之檄至，嘗麾之使去，省父墓田，侍母醫藥，歲晚之心也。番守之命至三，番民之望甚切，於是又為不得已之出矣。弘千載單傳之道，慰九原期望之私，敢不敏勉自策勵，是豈為漁獵聲名而往哉？入別庭闈，出別松楸，兒癡戀慕，欲去復留㉙。

此篇短文先述地方官招他入薦福寺任住持，信使曾被他請回，因為他要探望父親之墓田，並為母奉侍湯藥。但詔命三番兩次催行，而地方百姓也望之甚殷，故不得不行。但是他不得已出任薦福寺住持，也是為弘揚禪宗「千載單傳之道」，以慰其先師在九原之期望，而不是為漁獵聲名。最後一句，表示他臨走之前，同時要對生母及亡父之墳辭別，心中真是眷戀不已，不忍離去。

因為孝敬生母，道璨雖然有機會膺選大禪寺的住持，總是以老母猶在高堂而推辭不就。譬如，景定五年（一二六四），鎮南閫的吏部尚書江萬里（一一九八～一二七五），以福州東禪寺招道璨，半年之間，命出三四次，道璨一再推辭，而未赴任㉚。

㉙道璨，〈赴薦福告先人墓文〉，《無文印》卷一三，頁一二b。按：《無文印》中之「番」字，發音應為「蒲波切」或「蒲禾切」，音「婆」，指鄱陽豫章縣，是道璨家鄉所在。

㉚按：福州東禪寺刻是福建大剎，在福州白馬山，北宋時即以雕印大藏著名，從元豐三年（一〇八〇年）開始雕印，至崇寧二年（一一〇三）完成大藏經六,四三四卷，稱《崇寧藏》。其卷帙遠超過《開寶藏》，是中國歷史上民間第一次集資刻成的《大藏經》。

江萬里字子遠，號古心，是江西都昌人，與道璨誼屬同鄉，交情甚篤，為道璨及其禪友做了不少事㉛。所以他再三邀請道璨主持東禪寺，對一般禪師言，是求之不得之事；對道璨言，亦本無推辭之理由。但他堅持不赴任，實是為了盡孝道之故。他在回江萬里書札上說：

第寺丞張公行年七十有九，某往來二十餘年，愛之如子弟。別去十年，每對客語及某久不相見，必潸焉出涕。昔者猶以七十七之母不可捨為辭，今為相公入閩，是母可捨矣，而乃獨不到東海之上，是豈所謂胸中有道義者哉㉜？

道璨為探望七十九歲的張即之，並為七十七歲之老母祝壽，遲遲不願赴江萬里之召。不久之後，他到四明探訪張即之，並於同年歲晚歸鄉，次年春為老母祝壽，嗣後才準備束裝南轅，赴東禪之召，但因江萬里奉詔入朝，出任參知政事，道璨「遂不復有南轅之興」。

㉛道璨，〈古翁江相公〉，《無文印》卷一六，頁一 a—七 a。按：江萬里是南宋末年的名臣，景定五年，他知福州，任福建安撫使。度宗咸淳元年（一二六五）他出任參知政事，五年（一二六九）除左丞相，因與賈似道不合而丐祠。江萬里在歷史上以辦教育著名，他在吉州所建的白鷺洲書院是南宋著名書院，訓練出不少人才。民族英雄文天祥（一二三六～一二八三）即出身白鷺洲書院，為江萬里之再傳弟子。咸淳十年，蒙古軍破饒州城，執俘時年七十七歲的江萬里，因索銀不得，將其支解，成就了江萬里「雖不在位，當與國為存亡」之志。見《宋史》卷四一八，〈江萬里傳〉，頁一二五二三—一二五二五。

㉜道璨，〈古翁江相公〉，《無文印》卷一六，頁一 a—七 a。

道璨之母於咸淳二年（一二六六）過世，道璨說他當時在千里之外，二十七日後方聞訃，實是因為在張即之卜居的桃源山盤桓近七十日之故。他聞訃之後，立即長揖而去，疾奔返家。但是老母已死，他悔疚不已。葬完母親之後，又接到張即之以楷字寫寄之來信，勸他既葬完母親，勿留東湖，希望他亟來相見，「慰此闊踈」。不料，他尚未啟程，卻聞張即之仙去。他「既不能侍母，又不能見公，」廢然而歎曰：「天地雖大，璨也何所依歸哉㉝？」這時，五十四歲的他，欲報親恩而不及，思葬誼父而未能，竟生失恃又失怙的傷痛，與難辭其咎之自責。這難道不是因他深信「儒孝」，而致內心在「出家」與「歸家」之間、「出世」與「入世」間，不斷產生矛盾與衝突之意念，而因此意念又衍生的報恩意識？

五、餘論

道璨毫無疑問是位孝子，也是一位主張且欲實踐「儒孝」的禪僧。他因為父親早

㉝道璨，〈祭樗寮張寺丞〉，《無文印》卷一三，頁一a—二b。

逝，而身為釋子，長年在外遊方參學，無法克奉甘旨之養，所以屢屢思家，時時念母，孝思極深。他雖然盡其可能，歸家省母，承事供養，終究因為身屬叢林，責在寺院，恆覺於孝道有虧。不過，他的為人、行事及出處堅守「不敢違母教」、「不敢辱母慈」、「不敢負母望」之誓言，真正做到「尊聞行知」的自我要求，也可說是無愧於其母了。蘇軾曾說：「夫榮親莫大於功名，養志不專於甘旨㉞。」「功名」雖與道璨無緣，但他在禪林及士林所受的敬重，固足以榮親，而他在「尊聞行知」上所表現的「養志」之孝行，也庶幾可以補償「菽水承歡」之缺的遺憾了。

㉞蘇軾，〈賜正議大夫同知樞密院安燾乞外郡不許批答二首〉，《蘇軾文集》卷四二，頁一二三七。

第七章：從道璨的四六、銘文、道號序與字說看其所交之法眷

一、引言

道璨長於文辭，曾在笑翁、無準、癡絕三師之下掌書記，撰寫許多禪林文字，包括詩文、疏帖、書信、序跋、銘文、塔銘與祭文，結交許多法眷，而所交之法眷也多詞章能手。事實上，也是因為他們都好善詩文，又慕道璨之成就，所以樂於攀附道璨，與他結交，所以在討論道璨所交之法眷時，自然不能忽略詩文所扮演之媒介角色。

《無文印》中有不少四六駢文、銘文和道號序，能充分表現道璨的文學修養及其與叢林互動之大概，不容忽視。本章擬從道璨用此三種文體所為之文，來辨認及討論他所交的法眷。

二、四六

1. 太虛德雲

太虛德雲（一二〇〇～一二五〇）是《無文印》中的雲太虛。雲太虛的生平事迹，不見於僧傳，道璨雖著文稱讚他的為人與詩文，但並未述及其生平與履歷。幸道璨之好友物初大觀（一二〇一～一二六八），撰有〈太虛禪師塔銘〉一篇，記雲太虛之生平頗詳①。透過此篇塔銘，我們可以大致勾勒雲太虛之經歷，也從而獲悉他與道璨有同門之誼。

雲太虛本名德雲，故其名號應為太虛德雲，依叢林慣例，稱雲太虛。他本籍越州山陰（今浙江紹興）梅市，垂髫即能吾伊成誦，但志不在儒，依其邑之真隱庵習法，學賢首教。因知鄉先哲無用淨全（一一三七～一二〇七）因「朴鈍」而得妙喜之道，喟然而曰：「真慧之發，豈關文字？」乃束包欲往天童②。他先到杭州靈隱寺見淨全之嗣法門人也是道璨之師笑翁妙堪。妙堪一見器之，攜之入大慈，命掌書記。之後，德雲遍歷叢林，遊於南、北山之間，出世會稽之瑞峯，轉四明棲真、衢州祥符與四明

①大觀，〈太虛禪師塔銘〉，《物初賸語》（東京：國會圖書館藏寶永五年刊本）卷二三，頁五b—七a。

②按：無用淨全，叢林號稱「全無用」，為越州諸暨人。諸暨亦在今浙江紹興，與雲太虛之山陰梅市比鄰，故大觀塔銘原文說：「鄉先哲全無用」。又淨全「生長田家，朴野而無緣飾。目不知書，人呼為翁木大。」但他入徑山謁大慧宗杲，「天資夙成，不假師授。雖不識一丁，而吐辭發語，形為偈頌，老師宿學，所不能及。」故大觀說雲太虛知他「因朴鈍而得妙喜之道」。關於無用淨全，見《補續高僧傳》（臺北：新文豐出版公司，《卍續藏經》第一三四冊，一九七五）卷一〇，頁一八八ab。

金峩。趙與權（生卒年不詳）為京尹，特請他主芝峯③。不久他辭退芝峯，徜徉於飛來之陰，同輩皆惋惜他早年袖手。後詔命主台州報恩寺，疏帖即是大觀所作④。其禪友雪岑行海有詩賀之曰：

> 高臥北山長懶出，忽辭猿鶴上扁舟。
> 此行為道無榮念，相送於人有別愁。
> 峯頂涼宵明月上，門前終日大江流。
> 東南一路多奇觀，寒拾諸公盡舊遊⑤。

此詩說德雲「高臥北山」，正符大觀「徜徉於飛來之陰」的說法。「忽辭猿鶴上扁舟」自然是指德雲扁舟東去，赴台州任報恩寺住持。也正是他離去之前，把它所作之四六疏帖寄給道璨之時。而大觀在次年也擇其佳者，薈萃成書。所以道璨說：

> 亡友雲太虛用力於此積三十年，勁正而婉娩，暴白而停蓄，蒼老而敷腴。敘事無剩詞，

---

③大觀塔銘所說之存耕趙開府即是趙與權。他字悅道，一字存耕，官至開府儀同三司，故稱存耕趙開府。

④原文說：「巾峯之命下，則交相賀。」此巾峯實台州報恩光孝寺之所在，佛照德光曾住持於此，笑翁妙堪亦曾鎮此，故大觀說：「巾峯虛席，計臺選掄，太虛禪師膺此新命，笑翁舊鎮，子又鎮之。」見大觀，〈太虛住台州報恩江湖疏〉，《物初賸語》卷一九，頁九ａｂ。

⑤見釋行海，〈送雲太虛禪師住台州報恩寺〉，《雪岑和尚續集》（臺北：臺灣大學圖書館藏日本寬文五年藤田六兵衛刊本，一六六五）卷上，無頁數。又此詩亦收於《全宋詩》第六六冊，卷三四七四，頁四一三二一。

約理無遺意，紆餘不牽合，簡切不窘束。蓋太虛以氣為根本，學為枝榦，詞為花葉，此所以兼詞人之能，而無詞人之失歟。太虛之赴巾峯也，以其手編寄予於徑山，既沒之明年，屬四明觀物初擇其工緻精粹者，付其孫訥刻梓以惠後學。雖然太虛嗜教有味，學道有聞，能詩有聲。今予獨取其四六，以掩其大者，太虛有靈，未必不以是見罪⑥。

此文告訴我們德雲「嗜教有味，學道有聞，能詩有聲」，而詩實是其長，但他特別稱許德雲榜疏之優點，及他能「以氣為本，以學為枝幹，詞為花葉」之涵養，非深深瞭解德雲之為人與學養，實也不能贊一詞。不過，其友大觀因編其四六成集，深知其文學修養，故也說：「[太虛]敏於宗趣，才以緣飾之。禪餘有作，雄澹幽逸可傳也⑦。」意指他於提倡宗趣之外，又有述作，當就是道璨所說之詩與四六疏帖。

道璨與德雲之相交，當是德雲入靈隱從妙堪之時。兩人有同門之誼，相知甚深。他獲德雲寄來之疏帖集之時，正在徑山。未幾，德雲赴台州報恩，但不幸未至其地而死。在道璨眼中，太虛德雲是位詩僧，又是四六能手。凡掌寺院書記之職者，都須通四六之道，唯長於文學，熟悉掌故者所能為。四六即是「駢文」的俗稱，講求對偶聲律，須懂外學又擅長詩文的禪僧才能游刃有餘，寫得出色。道璨自己曾說：「四六，

⑥道璨，〈雲太虛四六序〉，《無文印》卷八，頁一ab。
⑦大觀，〈太虛禪師塔銘〉，《物初賸語》卷二三，頁六b—七a。

詞人難能之伎。變為榜疏，尤詞人之所甚難能者。蓋體格貴勁正，意味貴暴白，句法貴蒼老。使工於詞學者為之，不失於優柔綽約，必流於怪僻鄙俗，未見其能也⑧。」這種見解，沒有寫四六及榜疏的經驗，是說不出來的。由於道璨學有根柢，文采斐然，又遍遊閩浙江贛各地，廣交禪友，閑熟掌故，復在其師妙堪門下及癡絕道沖、無準師範座下掌書記，故不僅淨慈、徑山內外疏帖，由他執筆，其他禪院之疏文亦多由他捉刀。所以他的寫作經驗相當多，所得甚深，允稱能手。

道璨既是四六的能手，他所經手的叢林疏帖也頗受禪者之重視，禪林同好往往以他為馬首是瞻，故他的同門德雲就將自己所寫的榜疏寄請道璨品評。德雲是道璨所認識的幾位足登「士」流的禪師，所以道璨頗誇獎之，還在其祭文中說道：

才不與氣合，不足以為士；學不與道合，不足以為士。具是四者而欲得志於天下，雖聖賢不能為。蓋天之所必惡，人之所必忌也。太虛負才高明，挾氣正大，始而博之以儒學，中而參之以聖教，終而約之以至道。故其發而為文，則渾而厚；變而為詩，則雅而正；溢而為駢儷，則華而滋。犯天之惡而不顧，取人之忌而不恤。是故住山雖榮，

⑧道璨，〈雲太虛四六序〉，《無文印》卷八，頁一a。按：「鄙俗」，《柳塘外集》作「詭俗」。見《柳塘外集》卷三，頁二b—三a。

而不貸其苦；取名雖富，而不療其貧；涉世雖艱，而不緩其死。由是而言，食不知旨，太虛之鐘鼎也；衣不及完，太虛之文繡也；髮不及華，太虛之壽考也。士焉若此，可以為士矣⑨。

這段對德雲之描寫，顯示道璨認為德雲之才氣與學問之高，與當世之「士」無異。尤其對他「始而博之以儒學，中而參之以聖教，終而約之以至道」，揉合儒釋之作為，認為實是他文章渾厚、詩歌雅正、駢麗華滋的主因。雖然惋惜他遭天人之忌，名富而身貧，衣食俱缺而早死，卻說：「雖然[天人]能貧太虛之身，而不能貧太虛之道學；能嗇太虛之福，而不能嗇太虛之才氣，能夭太虛之壽，而不能夭太虛之詩。翕而愈張，抑而愈揚。吾今後知凡為士者，唯恐天之弗惡，人之弗忌耳。犯惡取忌，太虛之勝天、勝人者不在茲乎⑩？」這是一種很特殊的觀點，但卻是肯定德雲為真「士」的有力看法。

2. 西巖了慧

西巖了慧（一一九八～一二八〇），是無準師範之嗣法門生，師範入徑山之後，

⑨道璨，〈江湖祭雲太虛〉，《無文印》卷一三，頁三a。
⑩道璨，〈江湖祭雲太虛〉，《無文印》卷一三，頁三b。

他也至徑山任知藏，隨即遷第二首座。後離徑山，被推薦至廬山東林寺。他住持東林一年，天童虛席，「朝命諸禪公舉，以師名奏」，於是入主天童。道璨的〈諸山勸請惠[慧]西巖住天童疏〉，即是「諸禪公舉」之證。他對西巖了慧知之頗深，所以疏文說：「中峯四世，公為有道曾孫」，又說：「豈宜邈在大江之南，合亦橫行東海之上⑪。」意指這種人才，不應被藏在邈遠的廬山之上，理當出長東海之濱的五山禪剎天童。更具體的理由是：「通身法眼，信口生機。軟頑隊裏挨拶得來；文武火中蒸煮不爛⑫。」果然西巖了慧入天童之後，「五年間，訓徒起廢，靡不加意。兩閣後先，金碧昂霄⑬。」履行了道璨「挨拶得來」、「蒸煮不爛」的薦言。

3. 物初大觀

大觀是佛照德光之法孫，淨慈寺敬叟居簡的嗣法門人。敬叟居簡或稱北磵居簡，著有《北磵詩文集》十九卷，筆者已在他處論及之。大觀善於辭章，在居簡門下曾典

⑪道璨，〈諸山勸請惠[慧]西巖住天童疏〉，《無文印》卷一一，頁三ａｂ。按：天童又稱中峯，見上文。密庵咸傑曾住天童，而西巖了慧為其四世孫，故曰：「中峯四世，公為有道曾孫。」

⑫道璨，〈諸山勸請惠[慧]西巖住天童疏〉，《無文印》卷一一，頁三ａｂ。

⑬《西巖了慧語錄》（臺北：新文豐出版公司，《卍續藏經》第一二二冊，一九七五）卷下，〈行狀〉，頁三七一ａ。

文翰，而「聲稱籍甚」。他著述頗多，凡其所作，包括詩文及為其他禪師撰寫之行狀、書序等，都編入其文集中為《物初賸語》二十五卷，可與《無文印》等量齊觀⑭。居簡相當器重他，曾說：「晚得吾觀物初從容於大中尊，所聞強記覽，未見其止⑮。」「觀物初」就是大觀在叢林的稱號，《無文印》中也是如此稱他。

大觀出世之後，先在慶元府智門禪寺傳法，後被推薦至衛王史彌遠為笑翁妙堪（一一七七～一二四八）建的大慈山禪寺，而其住山勸請疏就是由道璨執筆。疏文說「為北磵流末後之遺芳，薄游滄海；念衛王有大功於吾教，來布慈雲⑯。」即是指他是以居簡門徒之身分，入大慈山寺為住持的。又因編有《北磵和尚語錄》，與其師居

⑭關於物初大觀生平履歷，可參看筆者《一味禪與江湖詩——南宋文學僧與禪文化的蛻變》一書。燈史相關記載見《續傳燈錄》（臺北：新文豐出版公司，《卍續藏經》第一四二冊，一九七五）卷三五，頁七一三ａｂ；《五燈全書》（臺北：新文豐出版公司，《卍續藏經》第一四一冊，一九七五）卷五三，頁一五三ｂ—一五四ａ。他曾為石田法薰、大川普濟、笑翁妙堪等禪師寫行狀，又為《淮海外集》、《人天眼目》、《古尊宿語錄》諸書寫序。石田法薰及大川普濟之行狀，可見於二人語錄中。笑翁妙堪之行狀，則見於《明州阿育王山志》及《物初賸語》中。參看椎名宏雄，《宋元版禪籍の研究》（東京：大東出版社，一九九三），頁六一四。

⑮《北磵集》（臺北：臺灣商務印書館，影印文淵閣《四庫全書》本，一九八三—一九八六）卷五，〈送觀書記序〉，頁二七ａ—二八ａ。

⑯道璨，〈江湖勸請觀物初住大慈寺〉，《無文印》卷一一，頁四ａｂ。按：大慈寺原名為慶元府大慈名山教忠報國禪寺。

簡一樣，寓禪於文字中，為叢林保留不少文獻，故道璨說他：「活死句於翰簡叢中，發生機於葛藤椿上。傳千古文章之印，固不愧於若翁；為萬乘帝王之師，當毋忘於乃祖。」唯後句似說他曾入宮說法，如「乃祖」佛照德光一樣被尊為帝師，但僧史未提及此事，大觀自己也未曾言，或是道璨期望之詞。

大觀與道璨一樣，都非常熱心於文，不認為文字有礙於禪，故道璨之疏文以此意破題，毫無顧忌地說：「惟昔佛祖之道大，學而後知；自離言說之論行，置之不問。孰知酥酪，初無異致；譬猶江漢，均是朝宗。若非同臭之人，難與議聖賢之事⑰。」由於大觀曾跟隨笑翁，與道璨有師兄弟之誼；兩人又同好詩文，同交詩友，關係甚深，故《無文印》之序，大觀亦優為之，特別點出他欣賞道璨辭章之長，反譏攻文辭害道者，為道璨的「若非同臭之人，難與議聖賢之事」一語，留下了最好的案語。

4. 玉澗宗瑩

玉澗宗瑩在叢林中以「瑩玉澗」名，《無文印》中也是如此稱呼。他是位詩僧，早年為諸生，遊場屋數次皆不利，於是以緇易儒。道璨說他「胸中所存浩浩不可遏，

---

⑰道璨，〈江湖勸請觀物初住大慈寺〉，《無文印》卷一一，頁四a。

溢而為詩⑱。」道璨對其詩評價甚高，認為他的詩名，未必像惟演及參寥一樣，分別經歐陽修（一〇〇七～一〇七二）及蘇軾（一〇三七～一一〇一）之品題而為世所知⑲。《中興禪林風月集》收有他兩首詩，詩之作者「宗瑩」部分注云：「字叔溫，玉山人，號玉澗，詩集一卷在。」可見他的字號法名就是玉澗宗瑩⑳。由於他是江西信州玉山縣（今上饒玉山縣）人，與北宋名僧黃龍惠南（一〇六二～一〇六九）出自同地，故道璨的〈瑩玉澗出世饒州光孝疏〉，首句就說「積翠負千載之學，起自上饒。」積翠是惠南在其居處所結之菴名，在號稱「小廬山」之江西黃蘗山溪上，故以「積翠」喻惠南㉑。此首句之對句為：「應庵為百世之師，奮於光孝。」取應庵曇華（一一〇三～一一六三）住持饒州光孝寺傳法之事來證明光孝寺之不凡來歷。應庵曇華屬虎丘系，與道璨的大慧系不同。他歷主大寺，饒州之報恩光孝及薦福都曾駐錫。

⑱道璨，〈瑩玉澗詩集序〉，《無文印》卷八，頁三ａｂ。

⑲同前註。

⑳《中興禪林風月集》，「關大本」，卷中，頁一。「集成本」作「寶瑩」，疑為誤抄。見卷中，頁二四。見上引筆者《一味禪與江湖詩——南宋文學僧與禪文化的蛻變》第一章。

㉑按：玉山縣前有「玉溪」，可能是宗瑩自號「玉澗」之故。「玉溪」見宋・祝穆，《方輿勝覽》（北京：中華書局點校本，二〇〇三）卷一八，頁三一九。惠南之出生及結菴之地，見惠洪，〈黃龍南禪師〉，《禪林僧寶傳》（臺北：新文豐出版公司，《卍續藏經》第一三七冊，一九七五）卷二二，頁五二六ａ—五二七ｂ。

徒子徒孫甚多，最有名的為曾孫輩法嗣徑山無準師範（一一七四～一二四九）。師範之弟子含上文的西巖了慧及下文的靈叟源等禪師，道璨也曾拜於其門下，與這些不同系的禪師為法門昆季。

光孝寺原名報恩光孝寺，高宗紹興九年（一一三九），以女真來和，大赦天下。詔諸郡縣州建報恩光孝禪寺，以奉徽宗香火，此寺即為其中之一㉒。道璨因「懷兩翁而不見，慨大法之難扶」，深為光孝之無人而擔憂，幸見宗瑩出世，知為有道之僧，故熱心推薦他。

5. 靈叟源

靈叟源之生平事迹不詳，僧史所述甚簡，僅說他是「天台國清靈叟源禪師」，並將他列為無準師範之法嗣㉓。但道璨與他甚熟。深知他是癡絕道沖最愛之徒，為其門

㉒《佛祖統紀》（臺北：新文豐出版公司，《大正藏》第四九冊，一九八三）卷四七，頁四二五b；《釋氏稽古略》（臺北：新文豐出版公司，《大正藏》第四九冊，一九八三）卷四，頁八八九c。

㉓見《增集續傳燈錄》（臺北：新文豐出版公司，《卍續藏經》第一四二冊，一九七五）卷四，頁八一三b；《五燈全書》（臺北：新文豐出版公司，《卍續藏經》第一四一冊，一九七五）卷四九，〈台州國清靈叟源禪師〉，頁九五b。按：靈巖寺在蘇州府靈巖山，南朝梁建，在府城西南二十五里，又名硯石山。溫州雁蕩山亦有靈巖寺，或亦可能指該處。

下四君子之所敬，而道璨之所畏者㉔。他是渝江人，自蜀中西來，即遍參歷叩，久游癡絕之門，後入徑山拜師範為師，但「以才得忌，而遂登雙徑，周旋二老間。冷暖自知，猶漱井也㉕。」道璨作〈江湖勸請源靈叟住靈巖疏〉，推薦他住平江（蘇州）靈巖寺。疏中說他：「三十年歷諸方門戶，二六時無雜用身心。雪冷霜嚴，死在癡翁室內；風飛雷厲，活於無主棒頭。圓熟語言，如走盤明珠；痛快機鋒，如倚天長劍㉖。」可見他在師範門下，方能如魚得水，施展長才，所以希望他出世主持方面，而謂：「念大法寂寥之際，正吾徒扶植之時；乘扶搖萬里風，薄游滄海；用軟頑一着子，高建法幢㉗。」

靈叟源是否赴靈巖寺，已不可考。他曾駐錫天台國清，故稱天台國清靈源叟。而道璨疏請他駐蘇州靈巖寺，也應當是叢林「公舉」的結果。雖然如此，他自覺因才遭

㉔道璨常自謂他在癡絕老人會中得友四人：沂艮巖、遷廉谷、定勝叟及遠無外。其中遠無外為無外義遠，定勝叟為勝叟宗定，他與沂艮巖只偶見於枯崖圓悟禪師的《枯崖漫錄》（臺北：新文豐出版公司，《卍續藏經》第一四八冊，一九七五），見該書鼓山紹隆序，頁一四三a。
㉕道璨，〈送源靈叟歸蜀序〉，《無文印》卷八，頁八a—九b。
㉖道璨，〈諸山勸請源靈叟住靈巖疏〉，《無文印》卷一一，頁三b。
㉗同前註。

忌，不得不返回西蜀㉘。故道璨在送他歸蜀時，表示遺憾與憂慮，而謂江南所見蜀之遺老已剩兩、三人，猶如「短景滅沒，夕陽在山。」時值「蜀學」面臨隆替通塞，需要靈叟源這類人才維繫之時，而他卻挾技歸蜀，則將來「流通蜀學之淵源，發揮諸老之遺響，其遂付之誰手哉㉙？」道璨所指的「蜀之遺老」、「蜀學之淵源」云云，即是來自西蜀的師範、道沖，及同時主持江浙要刹的石田法薰（一一七一～一二五四）、石溪心月（？～一二五四）及北磵居簡（一一六四～一二四六）等禪師，都是他與靈叟源之前輩，而且大約先後都成了當時五山十剎最受矚目之禪師㉚。而他們同輩的西巖了慧（一一九八～一二六二）、簡翁居敬（活躍於一二六三）等等，也都是蜀人，應都是靈叟源相互聲援倡道之對象，但他卻毅然歸蜀，自然令道璨大為惋惜。

6. 庸越臺

庸越臺之原名及生平事迹不詳，道璨有〈江湖勸請庸越臺住紹興府法界疏〉，係

㉘或者說靈叟源之歸蜀也是因為聞其母之逝之故。道璨有〈源靈叟祭母〉一文，說他於母死十四年後方聞訃，當時他「有聲徹天，有淚如雨，不足以泄此悲也。」見《無文印》卷一二，頁一四ａｂ。

㉙道璨，〈送源靈叟歸蜀序〉，《無文印》卷八，頁八ａ—九ｂ。

㉚參看筆者〈參訪名師：南宋求法日僧與江浙佛教叢林〉，《佛學研究中心學報》第十期（二〇〇五），頁一八五—二三四。

為延請庸越臺（？～一二四八）住紹興法界寺而作。疏文首句說：「昔妙峯赴妙因之招，灰寒火冷；繼佛照行靈山之道，雷厲風飛㉛。」可知他是妙峯之善（一一五一～一二三五）法嗣，佛照德光法孫，與道璨之禪友東叟仲穎（生卒年不詳）、藏叟善珍（一一九四～一二七七）為同門昆季㉜。疏文又說：「五千里來自海南，瘴雨蠻烟，老其氣骨，」而「二十年薄遊浙右，菱歌漁唱，換卻鄉談㉝。」可見庸越臺是個詩僧，故道璨又在〈祭庸越臺、康南翁〉一文說：「人孰不曰，越臺可惜，詩富如錦，不療其窮㉞！」

7. 靖雲畊與省東岡

此兩位禪師之生平與事迹已無可考。但道璨既然為兩人作勸請疏，則其人當有過

㉛〈江湖勸請庸越臺住紹興府法界疏〉，《無文印》卷一一，頁二b。

㉜按：李國玲《宋僧錄》錄有兩位仲穎，一為東叟，一為道璨之友，其實為同一人。見《宋僧錄》（北京：線裝書局，二〇〇一），頁二二一—二二二。仲穎在所寫《無文和尚語錄》序文之後，蓋有鈐印「東叟」二字可以為證。

㉝道璨，〈江湖勸請庸越臺住紹興府法界疏〉，《無文印》卷一一，頁二b。

㉞道璨，〈祭庸越臺、康南翁〉，《無文印》卷一二，頁八ab。按：此文是道璨「會江湖諸友於天開圖畫，合二靈而祭」，故有二僧之名。

人之處。靖雲畊應該是永嘉人，為滅翁文禮（一一六七～一二五〇）之法嗣。故道璨說他「同宿覺一處生緣，受滅翁十分印證㉟。」因唐永嘉玄覺有「一宿覺」之稱，故以「宿覺」喻之㊱。滅翁即是滅翁文禮，臨安人。他得道於薦福松源崇岳（一一三二～一二〇二）禪師，出世於郡之廣壽，後入雁山能仁、南屏淨慈，最後奉詔入主天童㊲。靖雲畊應是文禮在天童之高弟，故道璨之〈江湖勸請靖雲畊住廣德報恩寺〉一薦疏之首聯說：「大江以東，叢林不堪着眼；中峯直下，此郎乃可起家。」中峯為天童山三主峯之一，常用以喻指天童。薦疏又說他：「皎若玉峯之立，淵乎古井之深。」可見他甚獲叢林之重視，道璨之薦疏，即是代叢林領袖而為者㊳。

省東岡之生平不詳，但道璨與省東岡關係不比尋常，則可以知之。他曾在答省東岡之書上說：「來東三年，望東岡如望歲，見東岡如見骨肉矣，失東岡如失手足也㊴。」而省東岡在其致道璨的信中，還附有〈送行序〉一篇，其中略敘與道璨「十年託契」

㉟道璨，〈江湖勸請靖雲畊住廣德報恩寺〉，《無文印》卷一一，頁三a

㊱關於「一宿覺」，見贊寧，〈唐溫州龍興寺玄覺傳〉，《宋高僧傳》（北京：中華書局點校本，一九八七）卷八，頁一八四；《景德傳燈錄》（臺北：新文豐出版公司，《大正藏》第五一冊，一九八三）卷五，頁二四一a。

㊲《南宋元明僧寶傳》（臺北：新文豐出版公司，《卍續藏經》第一三七冊，一九七五）卷七，頁六八七a。

㊳道璨，〈江湖勸請靖雲畊住廣德報恩寺〉，《無文印》卷一一，頁三a。按：廣德報恩寺之所在不詳。

㊴道璨，〈省東岡〉，《無文印》卷一九，頁四a

之意，足見兩人交情之深長與密切㊵。道璨在答書上又說：「比寓華嚴閣小室，茶休客退，晴日一窗，盡為己有。手執寂音僧傳，負暄讀之，遇會心處則欣然一笑。正當笑時，惜東岡不在左右為之證明耳㊶。」此數語，自述於冬日晴天與客飲茶之後，在其住處之華嚴閣，於陽光之下讀惠洪所著之《禪林僧寶傳》，頗自得其樂，但遇足以會心一笑處，則想起省東岡，惜其不在身旁分享樂趣。

道璨的〈請省東岡出世東山疏〉雖看不出省東岡的籍里。但從「建癡絕老子宗乘，交忠獻故家人物」一聯，約略可以推知他是癡絕道沖之法嗣，且與史彌遠（一一六四～一二三三）家族有相當關係，應該是四明人，所以道璨答書有「來東三年，望東岡如望歲」之句。而「發揮所學，大先佛千載之傳；珍重此行，慰太傅九原之望」一聯，似又暗指他出身儒門，父親曾任太傅㊷。不管如何，省東岡也是個文學僧，與道璨必多有唱和，故道璨在其答書中說：「近作亦有十餘篇，欲盡寫去求教而未暇㊸。」

㊵道璨，〈省東岡〉，《無文印》卷一九，頁四a。
㊶道璨，〈省東岡〉，《無文印》卷一九，頁四ab。
㊷道璨，〈請省東岡出世東山疏〉，《無文印》卷一一，頁四a。按：「東山」不詳指何處。「太傅」究係何人，亦難查考。
㊸道璨，〈省東岡〉，《無文印》卷一九，頁四b。

雖然如此，他手邊正好有小詩五、七首，是因有西湖僧友來訪索詩時而寫，他也抄寫在答書之上寄贈省東岡㊹。

三、銘文

銘文的形式不似疏文那麼嚴，通常是四、五字一句，偶數句可押韻，但韻腳不嚴，可轉韻。也可以用四六的方式為之，有相當程度的自由。道號序則更自由，或以古文之形式，或羼雜以四六之句為之。道璨寫有十幾篇銘文及道號序。前者多半都是四言一句，偶而雜以四六。後者分「道號序」與「字說」，都是以古文為主，亦偶雜以四六。與銘文一樣，兩者都在詮釋收受者的字號，刻劃其性格人品，除顯示其人正如其名號或字號之外，並表示自己對他們的某種期待及關懷。因為讚揚之詞不少，不免令人覺得有誇大之嫌。雖然如此，誇大之中亦常有惕勵，表現他與禪友之間誠摯之交情。

㊹詳見本書第八章。

1. 絕岸可湘

絕岸可湘（一二〇六～一二九〇）是台州人，先入徑山從無準師範，為其法嗣。出世之後，先於寶祐元年（一二五三）住嘉興府流虹興聖禪寺，其後入溫州鴈山能仁禪寺、越州九巖慧雲禪寺、天台護國廣恩禪寺、臨安府崇恩演福禪寺、溫州江心龍翔興慶禪寺、福州雪峯崇聖禪寺、咸淳八年（一二七二）主雪峯崇聖禪寺，凡十年，謝院事。退居杭州寶壽寺，卒於岑山，叢林號稱湘絕岸或絕岸湘㊺。

他在淳祐三年（一二四三）游四明，與勝叟宗定及道璨為法友。當時道璨曾以「絕岸」二大字奉寄。後入吳越，他曾書勸道璨奉詔入南京清涼寺，道璨也答書解釋未能立即離薦福寺之理由，並賀他受大臣之薦及天子之命而主持吳越寺院，可見兩人互勉互勵，交情甚深㊻。可湘曾請宗定為他寫序，也請道璨為他寫銘。道璨於淳祐七年（一二四七）入杭州徑山，以絕岸之為人，能「以靜觀動」、「斷岸壁立」，為他

㊺其卒地見《樵隱悟逸禪師語錄》（臺北：新文豐出版公司，《卍續藏經》第一五〇冊，一九七五）卷下，頁一一九b。

㊻道璨，〈湘絕岸〉，《無文印》卷二〇，頁九ab。

寫〈絕岸銘〉一篇㊼。銘曰：

道在天地，如柱如砥。世故嬰嬰。波流風靡。
遠不可極，在天一涯。誰其似之，浯溪斷崖。
高不可及，拔地千尺。誰其似之，武昌赤壁。
萬竅並號，倒海拔山。彼方愕愕，我則閑閑。
百川沸騰，駕空沃日。彼方搖搖，我則屹屹。
靜以觀動，於道庶幾，瞻彼絕岸，悠悠我思㊽。

此銘與詩無異，所刻畫的是絕岸可湘為人風格，似頗有大知閑閑，崖岸自高，聳立不搖之概。所以道璨後來於其祭文說：「尚記頃年，道中相見，白眼相向，交臂橫趨，黯然別色，莫吐一詞㊾。」道璨在此銘表示對可湘的思念，豈僅是他能「淨以觀動」而已？實是他個有道者之故。可湘出世吳越之後，道璨認為可湘「眼力高甚，藻

㊼道璨，〈絕岸銘〉，《無文印》卷六，頁七a。生卒年根據《繼燈錄》（臺北：新文豐出版公司，《卍續藏經》第一四七冊，一九七五）卷三，頁七六〇b。原文說卒年為至正二十七年（一三六七）「壽八十五」，不太可能，疑為至元二十七年（一二九〇）之誤。

㊽道璨，〈絕岸銘〉，《無文印》卷六，頁七a。

㊾道璨，〈湘絕岸祭文〉，《無文印》卷一二，頁二b。

鑒明甚」，能膺吳越禪剎之重寄，必能在該地協助朝廷羅致名流，主持叢林禪剎，對他寄望甚高。可惜在徑山得可湘之書後不久，就聞其訃音，為之神傷不已，而至「竹廬晝冷，瓦燈夜昏，寂寞几筵，坐閱六春⑩。」

2. 慶上人

慶上人生平不詳，只知他以竹林為號。道璨說他能「圓其外，虛其中」，又能「遠取諸物，反求之身」，與古之善學道者無異，故為他寫〈竹林銘〉。語曰：

> 泛應等受，故圓其外。去有即空，故虛其內。
> 我此境界，非外非內。唯道人慶，證此三昧。
> 吸青飲翠，嚼雪齧氷。拔俗千丈，不過常情。
> 我將與君，青眼同橫。相隈歲晚，毋寒此盟⑪。

道璨似乎在說慶上人因能外圓內虛，故可泛應萬事，不分類別，同以虛心受之。較朱子所說之「聖人之心，渾然一理，而泛應曲當，用各不同」更進一步⑫。他的生

⑩道璨，〈湘絕岸祭文〉，《無文印》卷一二，頁二b。文中有「西遊得書，和淚方讀。訃音隨來，萬死莫贖」一語，顯見道璨得可湘之書，當是入徑山寫〈絕岸銘〉之後。
⑪道璨，〈竹林銘〉，《無文印》卷六，頁七b。
⑫見朱熹，《四書集注》，《論語》卷二，〈里仁第四〉，頁二三，朱子解「吾道一以貫之」之語。

活，如世外高人；雖然是「吸青飲翠，嚼雪齧氷」，有「拔俗千丈」之姿。雖然如此，他並不矯情做作，超離人情之常。道璨仰慕此種高蹈之人，所以願與他青眼相横，約定在歲寒時節，相隈度日。

3. 穎雪岡

穎雪岡之生平不詳，道璨說他在徑山時，穎雪岡自天竺來訪，留徑山一個月。後奉命出世住會稽靈源山，道璨因有事於四明，遂與他同舟而東㊸。並為他寫〈雪岡銘〉如下：

維雪伊何，其明皎皎。維岡伊何，其高矯矯。
維高維明，道體現前。渺無方所，洞無中邊。
即之斯遠，向之斯背。是故昧者，望崖而退。
彼美一人，睨視周旋。不起於崖，徑登其巔。
歲晚江湖，千丈玉立。彼美人兮，瞻望弗及㊹。

㊸按：靈源山有多處，以福建晉江的靈源山歷史最悠久也最有名。會稽也有，穎雪岡可能去會稽靈源山，正與道璨去四明同方向，故道璨說「共載而東」。

㊹道璨，〈雪岡銘〉，《無文印》卷六，頁八a。按「不起於崖」原本作「不起於座」，此處依《四庫全書》，《柳塘外集》本。

此銘刻畫穎雪岡似雪一般皎明，如山岡一般卓然高立。而其所蓄之道，則隨身體現，不可限量。不知者，與他相近或相對，會覺其拒人於千里外，而至裏足不前。但因為他是個特立獨行的君子，可以睥睨周圍之人；又才氣縱橫，可以不經崖壁，立登山巔。在叢林歲晚之時，他玉立於千丈山岡，如翩翩君子，只能從遠處瞻仰，可望而不可即。

4. 賓樵廬

賓樵廬之生平不詳，道璨說他是「南昌賓上人，號樵廬」，故當為南昌人，道璨之同鄉，法號為賓樵廬。其季父為臨武（今湖南衡州桂陽）令尹，可見出身官宦之家[55]。賓樵廬將北歸臨武，請道璨為他寫銘，道璨不得辭，遂作〈樵廬銘〉曰：

> 道若大樹，直大徑正；枝葉茂密，斯為大病。
> 卑弱支離，迂曲紛披；云胡爾耶，末盛本衰。
> 必利而器，必竭而力；刪繁去蠹，其根斯植。
> 毋釋爾負，毋惑他歧；急急歸來，夕陽已西。

[55] 道璨，〈樵廬銘〉，《無文印》卷六，頁八b—九a。按「臨武令尹」原本作「臨武令君」，此處依《四庫全書》《柳塘外集》本。

山在屋頭，泉流屋下；門掩西風，燈寒深夜。
一物不為，大用熾然；如鳶飛天，如魚躍淵。
昔在曹溪，道由是顯；執柯伐柯，其則不遠56。

此銘與以上數篇，略有不同，誇善之語較少，而勸諭之詞較多。所表達的看法，與莊子在〈人間世〉中藉櫟社樹與商丘大木所宣揚的「大用」、「大祥」之觀點背道而馳。櫟社樹「其大蔽數千牛，絜之百圍，其高臨山十仞，而後有枝，其可以為舟者旁十數。觀者如市，匠伯不顧，遂行不輟」，被齊之匠石視為無用之「散木」。商丘之大木，其樹蔭可以蔭芘千乘，但其細枝，「拳曲而不可以為棟梁」；其大根，「軸解而不可為棺槨」；其葉，則咶之必「口爛而為傷」；其味，則嗅之，必「使人狂酲三日而不已」。此種大木，人皆以為「不材」、「不祥」，而神人因其「不材而全」而以之為「大祥57」。道璨說「道如大樹」，似不是指以此種「不材而全」的大樹為人之示範，而是強調為人行道，如將自己培育成大樹，應注意使其根深柢固，而不是造成其枝葉茂盛，「末盛本衰」。有如樵者之知道利其斧斤，竭其力氣於刪繁去蠹，

56道璨，〈樵廬銘〉，《無文印》卷六，頁九a。
57見郭象注《南華真經》（上海：商務印書館，《四部叢刊初編》本，一九三六）卷二，〈人間世〉，頁二一a—二六a。

除去枝葉茂密，華而不實之大病，而使其直大徑正。又要能夠不釋重負，不入歧途，悠閒自在，無為自適，在山水中徜徉，享受「鳶飛戾天，魚躍于淵」之樂㊿。道璨熟讀《詩經》，善用《詩經》之句。如「如鳶飛天，如魚躍淵」之句，出自《詩經》「鳶飛戾天，魚躍于淵」一語。最後描寫曹溪慧能之道，由樹大根深之理而顯，也是以《詩經》之句作結。所謂「伐柯伐柯，其則不遠」，即得自《詩經》〈豳風・伐柯〉章之同一句。《詩經》之義是說「伐柯者必用柯，其大小長短近取法於柯，所謂不遠求也㊾。」道璨說曹溪之道由伐柯而起，其法不遠，正是賓樵盧所該取法的。

5. 盧㝢窗

盧㝢窗生平不詳，道璨稱他「天台盧㝢窗」，可見㝢窗是他的號，法名有「盧」字，而天台應是他的出生或主要掛錫之地。道璨對他評價甚高，說他：「持陰陽造化之學，方行天下，使昏迷困頓於利害得喪之途者，知所覺焉，其有補於世道也大矣㊵。」

㊿此句出自《詩經》，〈大雅・旱麓〉。見《毛詩》（上海：商務印書館，《四部叢刊初編》本，一九三六）卷一六，頁一〇a。

㊾見《毛詩》卷八，頁九a。

㊵道璨，〈㝢窗銘〉，《無文印》卷六，頁九a。

由於張即之曾書其名贈之，可見他與張即之亦有來往。道璨為他寫〈寤窗銘〉，略謂：

天地一窗，古今一頃；云胡世人，漫不加省。
困於名場，昏於利境；長夜弗旦，大夢弗醒。
我觀乾象，其文有炳；小大洪纖，有操其柄。
開闔翕張，俾正性命；如枹在鼓，如像在鏡。
神而非誕，辯而非騁；惟虛故明，惟定故應。
孰能如此，神會心領；雲破月來，梅花弄影61。

這篇銘文以「天地一窗，古今一頃」破題，寓意深遠。由窗之開合，言及古今人世之如一剎那，正是佛家世界觀的論述。人生似夢，但世人困於名利之場境而長夢不醒者所在多是。他引《易經》「大人虎變，其文炳也」之說62，暗示盧寤窗有君子處於居變之終，變道已成，而能成其文之概。此後似皆說盧寤窗之能文。所謂：「小大洪纖，有操其柄」豈不就是劉知幾（六六一～七二一）的「能略小存大，舉重明輕；

61道璨，〈寤窗銘〉，《無文印》卷六，頁九ａｂ。
62見《周易》（上海：商務印書館，《四部叢刊初編》本，一九三六）卷五，〈革〉，頁八ｂ—九ｂ，王弼注「象曰：大人虎變，其文炳也」一句謂：「居變之終，變道已成；君子處之，能成其文。」

一言而巨細咸該，三語而洪纖靡漏」之說⑥³？也因為他能「有操其柄」，故開闔翕張，似枹鼓相應，如鏡像互映，能神能辯，得心應手，都是心領神會之結果。最後一句「雲破月來，梅花弄影」，用北宋詞人張先（九九〇～一〇七八）的〈天仙子——送春〉之句，烘托其文章渾然天成之妙，正如「雲破月來花弄影」之閒適雋永，嫵媚可喜⑥⁴。

6. 惟叟初

惟叟初生平不詳，只知他的字「初」是霅川的某覺上人賜給他的，也許是此覺上人之徒。天童滅翁文禮（一一六七～一二五〇）曾為之作序，可能是他曾參文禮之故。道璨為他作銘，採古文兼四六方式為之，與上述四言一句者不同。大略謂：

⑥³唐・劉知幾，《史通》（上海：商務印書館，《四部叢刊初編》本，一九三六）卷六，〈敘事第二十二〉，頁一五b—一六a。

⑥⁴張先原詞曰：「水調數聲持酒聽，午醉醒來愁未醒，送春春去幾時回？臨晚鏡，傷流景，往事悠悠空記省。沙上並禽池上暝，雲破月來花弄影，重重翠幕密遮燈。風不定，人初靜，明日落紅應滿徑。」見張先，〈天仙子——送春〉《安陸集》（臺北：臺灣商務印書館，影印文淵閣《四庫全書》本，一九八三—一九八六），頁一二b—一三a。又見宋・佚名，《草堂詩餘》（臺北：臺灣商務印書館，影印文淵閣《四庫全書》本，一九八三—一九八六）卷二，頁一四b—一五a。後者有若干字與前者不同。

> 「初」之於人，猶稻麻布粟，一日不可遠離，終身所當佩服。今夫安口體之娛，從耳目之欲，而昧夫厥初者，甚樊籠而逾桎梏。是故仲尼作易，致謹於不遠而復。春江縮波，秋山落木，去枝葉而歸本根，收橫流而返溪谷。是理之周流天地，備於吾身者，夷町畦而畧邊幅。返而觀之，充乎有餘；泛而求之，惟日不足。謂余不信，叟其問之天目[65]。

此銘發揮「初」字之義，強調「去枝葉而歸本根，收橫流而返溪谷」之返本歸根、反璞歸真之道，似乎有誡勵惟叟之意。因為世人多「安口體之娛，從耳目之欲，而昧夫厥初者。」如不知返其初，則必淪於「甚樊籠而逾桎梏」之境。《詩經》所謂「天生烝民，其命匪諶，靡不有初，鮮克有終」，未嘗不是此意[66]。道璨說孔子作易，致謹於不遠而復，是因為《易經》第二十四卦之〈復卦〉，即是談「不遠而復」之道理，有所謂「七日來復，利有攸往」之說法。王弼注其象文之「初九不遠，復无祇悔」一句，也說：「復之不速，遂至迷凶。不遠而復，幾悔而反，以此脩身，患難遠矣[67]。」大致而言，道璨此銘之所述，都是修身之道，此道雖然「周流天地，備於

[65] 道璨，〈初叟銘〉，《無文印》卷六，頁七b。
[66] 見《毛詩》卷一八，〈大雅・蕩〉，頁一a。
[67] 王弼注《周易》卷三，頁四ab。

吾身」，但反身觀之，若充分有餘，實則惟日不足。道璨以此警惕惟叟，若他仍不信，應去問其師滅翁文禮[68]。

7. 傑笑雲

傑笑雲之生平不詳，只知道璨是在嘉熙三年（一二三九）與太虛德雲遊東山時，借榻於某謝家池館相識的。道璨稱他為「士」，認為他是「負一字宗之左券者」，意味他是雲門宗之傑出傳人[69]。傑笑雲築樓曰「見山樓」，曾請銘於道璨，道璨因困於眼疾，汲汲於問醫，未暇為其撰寫。十年（一二四九）之後，道璨至徑山，傑笑雲已經散席，其首眾弟子又請道璨為其作銘，道璨直拖至次年（一二五〇）乃克為之。此銘兼採賦騷與四六混合之體為之，不似一言四句之作：

> 望之兮孤危，即之兮坦夷。存乎中也澤而腴，發乎外也華而滋。纖濃榮枯，雖順乎四時；高明博厚，儼萬古而不移。此蓋吾心之常分，不待智者而後

[68] 按：滅翁文禮係杭之臨安人，姓阮氏。由於家在天目山之麓，因又號天目。見《續傳燈錄》（臺北：新文豐出版公司，《大正藏》第五一冊，一九八三）卷三六，頁七一四a。

[69] 按：禪宗五家各有宗風，臨濟宗有所謂「三玄三要」；洞山有「五位君臣」；雲門有「一字關」；溈仰有「九十六圓相」，故雲門宗又稱「一字宗」或「一字禪」。

> 知。采菊東籬，悠然始見，何其遠且背而。嗟夫！淵明遠矣，吾不及見，望其形儀。月滿屋梁，秋在闌干，援北斗兮為盃，掬長江兮為酒，而招以楚人之辭，待其跨白鶴、御泠風，翩然而來也，以斯文告之⑩。

此銘雖然寫描寫「見山樓」之內外情景，但以樓比人，託物寄興。引用之典故兼及陶淵明「採菊東籬」之詩，屈原〈九歌〉「援北斗兮酌桂漿」之意象，《神仙傳》「蘇仙乘鶴」之故事，及列子「御風而行」之寓言⑪。因為想起淵明之詩，而懷念起故友，在秋色映在欄杆之情景下，願藉天上的北斗為杯，地上的長江之水為酒，以屈原《楚辭》之句招他，等待他乘白鶴、御泠風，翩然而來。可以說是富於想像的短文。

---

⑩道琛，〈見山樓銘〉，《無文印》卷六，頁四b—五a。

⑪陶淵明詩句「採菊東籬下，悠然見南山」，見《陶淵明集》，卷三，頁一一a；屈原詞句「援北斗兮酌桂漿」，見《楚辭章句》（臺北：臺灣商務印書館，影印文淵閣《四庫全書》本，一九八三—一九八六）卷二，〈九歌・少司命〉，頁一二b；「蘇仙乘鶴」故事見《古今事文類聚》卷四二，〈蘇仙乘鶴〉，頁二三a；「御泠風」本於《莊子》所說：「夫列子御風而行，泠然善也。」見郭象，《莊子注》（臺北：臺灣商務印書館，影印文淵閣《四庫全書》本，一九八三—一九八六）卷一，頁五a。按宋人及後世用「御泠風」一語入詩者甚多。譬如，黃裳有「能御泠風入九秋，豈愁光景去難留」一句，見《演山集》（臺北：臺灣商務印書館，影印文淵閣《四庫全書》本，一九八三—一九八六）卷九，頁一b。

四、道號序與字說

道璨所寫的「道號序」與「字說」，也與銘文有類似之目的及功能。不同的是「道號序」及「字說」之作，是對「人」而不對「物」，為的是闡釋禪人之道號或字，也有助於我們進一步了解道璨禪交之廣。如以下數位禪師，都與道璨有相當程度之因緣，是道璨禪交之較密切者。

1. 頑極行彌

頑極行彌（生卒年不詳）是越人，癡絕道沖之法嗣，與道璨有師兄弟之誼。他曾住越州光孝寺㉒，又曾入育王及天童，號稱彌頑極，有聲於叢林。道璨久與他遊，對他知之甚深。故作〈頑極序〉，既釋「頑」字之義，又表思念之情。他表示「聰明智

㉒《希叟紹曇禪師語錄》（臺北：新文豐出版公司，《卍續藏經》第一二二冊，一九七五）卷一，〈賀頑極和尚住越州光孝〉，頁一七九b。

慧者，不可與適道；頑鈍木訥者，乃可與語道⑬。」後者指愚如顏回、魯如曾參者。他們二人之言語文學，固非游夏輩可比，但能「佩洙泗左券」，實因為愚魯之故。道璨認為彌頑極早受「頑」之說於下竺古雲（生卒年不詳），晚聞「頑」之道於天童癡絕。道璨與之交遊甚久，知其「外和內嚴，如春在雪中」；「圓轉委折，如水行地上」；「落花植實，如冬歸木杪⑭」，處處表現頑鈍，是「愚魯」之輩，故可以語道。道璨自謂他「困於聰明，日勝月負，而學頑已晚⑮。」雖然如此，萬一某日操頑極之戈而入其室，以頑對頑，不知頑極將何以待之。他用此揶揄之詞，不外是因與行彌之間無町畦罷了。

2. 永隆瘦巖與北山紹隆

永隆瘦巖即是道璨所說的隆上人及隆瘦巖，是南州人（今江西），大川普濟法嗣⑯。

---

⑬道璨，〈頑極序〉，《無文印》卷七，頁一b—二a。
⑭同前註。
⑮同前註。
⑯見筆者《一味禪與江湖詩——南宋文學僧與禪文化的蛻變》第一章《中興禪林風月集》，「關大本」，卷上，頁二五b。「關大本」原誤刻為「永際」，為校刊者改正。

因他曾是靈隱僧，在靈隱掌書記⑰。永隆瘦巖視道璨為前輩，他自己既任書記，也要寫疏文，知道璨為高手，故馳書求教於道璨，問訊為書記之道。道璨答之曰：「古無書記，見於清規惟書狀。書記云者，創置於中古諸老，非百丈意也。第數十年來，謬謬相承，冒其名氏者多耳。山雲浦雨間，先融庵諸老尚有典刑，雛猊奮鬣，氣壓老彪，已見初步，然增其所未高，陵[浚]其所未深，不腆之人，期望於少俊者不淺，區區記侍，未足多也⑱。」這些話雖在說明書記並不出於百丈清規，而是後世假託其名而創。實際上是在讚隆瘦巖，說他的文采已氣壓前輩，只要再略為增高加深即可。道璨對他期望不淺，而自謙所作實不足為多。同時以別紙寫了首詩，有「二十八字別楮求教」之語，因為「咸謂未穩，故改作耳⑲。」其詩曰：「霜華用底筆如椽，颺在湘江不計年。昨夜西風吹急雨，隨流飄落石溪邊⑳。」可見隆瘦巖雖是晚輩，但道璨視之為可以論詩之詩友。

淳祐戊申（一二四八）二月，隆瘦巖從靈隱訪於掛錫徑山的道璨，以瘦巖之道號

---

⑰道璨，〈隆瘦巖〉，《無文印》卷一九，頁八a。此書說：「茲領惠字，乃知以掌內記。」
⑱道璨，〈隆瘦巖〉，《無文印》卷一九，頁八ab。
⑲同前註。
⑳道璨，〈隆瘦巖〉，《無文印》卷一九，頁八b。

求序。道璨說，當時「五峯新霽，春在千崖萬壑間。晚色晴光，與天地中和氣，蕩摩霄漢。」道璨覺得見到如此偉觀，方可論瘦巖之義。他說：

秋老霜飛，樹凋葉零，山蒼蒼而翠落，石巖巖而露骨；異時消彌剝落，今日華滋秀媚之機也。道學損益之效，於此又何加焉？消彌其敷腴，剝落其浮靡，而空洞其中外，則華滋秀媚者不可勝用矣。予方以是義告隆，執筆未下，天風忽來，飛花冉冉入吾几硯，管城翁奮髯而言曰：「此第一義也！」隆擊節曰：「吾得之矣⑧1！」

此序首言四時之變化，亦預示物情之剝復。秋霜之來，固使樹葉凋零，落葉滿山，蒼翠之色不再，而巖巖山石，也如露出其嶙峋瘦骨。但秋去春來，由剝而復，故當日「消彌剝落」之時，正是今日「華滋秀媚」之機。此間損益消息，明眼知道者必了然於心。道璨以此心情執筆，忽然天風吹起，緩緩帶進幾點殘花，落入其几硯之上，他立即揮筆而說，這就是第一義啊！隆上人擊節表示心領神會。道璨所說之「第一義」，是聖諦或最勝諦之意，為禪宗用來稱「向上門」或「正位」之語，是對「第二義」的「向下門」或「偏位」而言，也是用來表示超越言語思惟之絕對不可思議之境界；只能意會，不可言傳。「飛花冉冉入吾几硯」一語，觀事

⑧1道璨，〈瘦巖〉，《無文印》卷七，頁二b—三a。

物之幾微而能占其消息變化，令人想起邵康節（一〇一一～一〇七七）的「流鶯啼處春猶在，杜宇來時春已非」一句，誠非能識天機者所不能道㊷。

北山紹隆即是道璨所稱的隆北山。他是閩僧，為福清僧枯崖圓悟之至交，曾為圓悟的《枯崖和尚漫錄》寫序，序中說「余出錦谿報慈。歸延平含清數年。」說明他曾在南劍州延平邵之含清寺。序之落款曰：「咸淳八年仲春，北山（紹隆）書于鼓山老禪奄」。可見他咸淳八年（一二七二）時在福州鼓山㊸。在延平時，他有書一通致道璨。道璨於答書中說他有五年之久不知其動靜，而從友人玉澗宗瑩之來書，獲知他入延平，並有聲於該處叢林。道璨並說，其「示書虔懇，無一語一字非真情，愛存之篤，孰有加於此㊹？」他於咸淳二年（一二六六）前後，屢受駐福州之江萬里邀請入

㊷邵伯溫，《邵氏聞見錄》（北京：中華書局點校本，一九八三）卷一九，頁二一四；邵雍，〈首尾吟一百三十五首〉之第四十三首，《擊壤集》（臺北：臺灣商務印書館，影印文淵閣《四庫全書》本，一九八三—一九八六）卷二〇，頁九a。

㊸見《枯崖和尚漫錄》（臺北：新文豐出版公司，《卍續藏經》第一四八冊，一九七五）卷首序，頁一四三a。

㊹道璨，〈隆北山〉，《無文印》卷二〇，頁六b。按：此書中云有五年不聞隆北山動靜，後得瑩玉澗書，方知他說法延平之上。書中所謂「叢林光焰與劍氣相高」，是因延平古郡，傳為干將、莫邪雙劍復合之地，自然劍氣沖天。參看宋・祝穆，《新編方輿勝覽》（北京：中華書局點校本，二〇〇三）卷一二，頁二〇二。又書中謂：「尚記西湖握手之語否乎？」可見所謂「五年不聞動靜」，是在西湖會面之後。

主福州東禪寺㉟，但因三十年前曾一再經南劍州入福州，覺其地「空寒寂寥，看不上眼。」三十年後，病眩更甚，又因為該地「安僧無飯，說法無徒」，更不願往㊱。但因江萬里命之再三，只好勉強答應，他對隆瘦巖說，「區區南征，春以為期，過建安可以見玉澗，過延平可以見北山。住院不足喜，見二妙為可喜也㊲。」言下對未來入福州途中可與二人晤面，亦深以為喜㊳。雖然如此，道璨後來終因江萬里之回朝而未入福州。

3. 竹洲道人與別峯道人

竹洲道人與別峯道人生平俱不詳，道璨形容竹洲「久在江湖間，深究本根之學，雖未常東敲西擊，而忘之一字已無著處。是故八風浩蕩不屈其身，萬波橫流而不失其節；我欲從之兮路脩絕，隔秋水兮共明月㊴。」描寫竹洲不屈其身，品格類似勁直之

㉟按江萬里於景定五年（一二六四）知福州兼福建安撫使，次年回朝，又於咸淳六年（一二七〇）再入福州為福建安撫使。見李之亮，《宋福建路郡守年表》（成都：巴蜀書社，二〇〇一），頁三七—三八。

㊱道璨，〈隆北山〉，《無文印》卷二〇，頁七a。除此之外，道璨還有老母及他視之如父的張即之需要照顧，故一直推辭。詳見上章。

㊲同前註。

㊳按：建安與延平皆在福州之西北邊，由江西入閩，當先經此兩地入福州。

竹，而不失其節，則見其操守如同不變之節，可謂能道人之善者。末句「我欲從之兮路脩絕，隔秋水兮共明月」，引海陵王嵎（字山父，生卒年不詳）〈清涼寺竹賦〉之句，以見欽慕竹洲之意，亦可見其閱讀之廣⑳。

至於別峯道人，似即上文所說的太虛德雲之另一稱呼。道璨之序〈別峯〉說：「天下無二道，聖人無二法。峯有別乎？仰而觀之，則高而無上；睨而視之，則大而無外。同且不可得，烏乎別？善財失之於未離覺城之時，而得之於已登妙高之後，何其與此峯相見之晚也。別峯道人要識是峯，但心無所著，步無處所，徐步經行間，忽然踏著。吾將普告諸人曰：『德雲比丘者，即此比丘是㉑』。」此序將「峯」之高大無分別與「天下無二道」、「聖人無二法」之說相類比，正強調道璨一貫主張的儒釋相通之信念。

⑲道璨，〈竹洲〉，《無文印》卷七，頁六a。
⑳按：元・吳師道在其《吳禮部詩話》中說，他嘗見宋人何欽（字無適，金華人）寫竹賦，覺詞旨清絕可愛。後閱趙石泉道士詩集，亦載此篇，云是海陵王嵎（字山父）之作。吳師道還說，他「近見一隸字大書石本，嵎所書者，題作〈清涼寺竹賦〉云。」此賦末句為：「若有人兮凜高節，歷歲寒兮傲霜雪。我欲從之兮路阻絕，隔秋水兮共明月。」與道璨之「我欲從之兮路脩絕，隔秋水兮共明月」僅差一字，可見道璨係引王嵎之賦。蓋王嵎與劉過（一一五四～一二〇六）善，時間又較道璨為早，故其〈清涼寺竹賦〉應在道璨〈竹洲〉序之前。關於吳師道之說，見《吳禮部詩話》（北京：中華書局點校本，《歷代詩話續編》冊二，一九八三），頁五六九。
㉑道璨，〈別峯〉，《無文印》卷七，頁六a。

以上僅舉四篇道璨為禪友所寫之「道號序」為例，略說他與這些禪友不著痕跡之論交因緣。由於他有文名，叢林法友求序者甚多，他有時還以「禪語」相對待。譬如，某日他晨起宴坐於無垢軒內，有號慧無照者踵門來相見，曰：「久不奉教」。道璨答曰：「夜來一雨今日便涼」。慧無照又曰：「今夏多幸獲此同處」。道璨答曰：「昨日有人自山下來，言蠶麥大熟。」慧無照又曰：「體中安樂否？」道璨指身上青衣曰：「置來十餘年矣！」此時慧無照拿出紙來，求道璨寫「無照序」，道璨謂之曰：「尤嫌少在⑨²！」此慧無照似與道璨只有一面之緣，故再次見面時，禮數甚周，道璨乃與之打禪語。但待其表明來意，道璨仍以禪語對之，對他似不甚在意，所以他的〈無照序〉，僅是寫此事之經過，並未闡述「無照」一詞之義。

值得注意的是，當時有入宋求法之日僧多人，亦有來求序者。其中有某日僧海翁，「家在東國，百千大海納在一眉睫；不待登科，從汗漫已徹海之源底矣。來遊大唐，受釣竿於徑山老子⑨³。」他感覺到「世路迫隘」，即將乘桴東歸。遂請道璨為之寫序。道璨先說：「海於天地間，大包無外，昔者達觀逸游之士，咸至焉。泛靈槎而

⑨² 道璨，〈無照〉，《無文印》卷七，頁四b—五a。

⑨³ 道璨，〈海翁〉，《無文印》卷七，頁三a—四b。道璨序中所說的「來遊大唐，受釣竿於徑山老子」，當是指從無準師範遊，因為師範在徑山二十餘年，道璨在其處認識不少日僧。

上霄漢，踞龜殼而食蛤蜊者，心與海為侔，身與海為準，而二子或未知也⑭。」還寄語海翁說：「翁歸國中，為問津者北道主人聞，蒼茫廣漠外，逐文魚而罟扶桑，膾蒼龍而索明月，必余無疑也。翁，倘問訊行藏，當質之眠沙鷗鷺⑮。」這幾句話之遣詞用語、意象之塑造，及文學之誇張手法，似乎都宗蘇軾。蓋蘇軾有〈遠遊庵銘〉，是為某吳復古所作。其言略曰：「悲哉世俗之迫隘也，願從子而遠遊。子歸不來，而吾不往，使罔象乎相求。問道于屈原，借車於相如，忽焉不自知歷九疑而過崇丘。宛兮相逢乎南海之上，踞龜殼而食蛤蜊者必子也。庶幾為我一笑而少留乎⑯？」道璨所說之「世路迫隘」，至「踞龜殼而食蛤蜊」與東坡之語相似。他用東坡之意，告訴遠來

⑭同前註。

⑮同前註。

⑯蘇軾，〈遠遊庵銘并序〉，《蘇軾文集》（北京：中華書局點校本，一九八六）卷一九，頁五六八。按：司馬光有〈遊仙曲〉五章，其三曰：「若士北遊窮地角，還食蛤蜊卷龜殼。盧敖凡骨不能飛，今朝九陔何處期。」見《溫國文正司馬公文集》（上海：商務印書館，《四部叢刊初編》本，一九三六）卷六，頁一七a。又按：蘇軾之「踞龜殼而食蛤蜊」一語來自《淮南子》「盧敖求仙」之故事如下：「盧敖游乎北海，經乎太陰，入乎玄闕，至於蒙穀之上。見一士焉，深目而玄鬢，淚注而鳶肩，豐上而殺下，軒軒然方迎風而舞。顧見盧敖，慢然下其臂，遯逃乎碑。盧敖就而視之，方倦龜殼而食蛤梨。敖與之語：『唯敖為背群離黨，窮觀於六合之外者，非敖而已乎？敖幼而好遊，至長不渝。周行四極，唯北陰之未窺。今卒睹夫子於是，子殆可與敖為友乎？』若士者，齤然而笑曰：『嘻！子，中州之民，寧肯而遠至此，此猶光乎日月而載列星……。』」見《淮南子》（上海：商務印書館，《四部叢刊初編》本，一九三六）卷一二，〈道應訓第十二〉，頁一五a。按：此即司馬光〈遊仙曲〉之所本。

求序的海翁，說海上有達觀逸游的求仙之士。他們泛舟入霄漢，踞龜殼而食蛤蜊，身心俱在大海之內，以海為依歸，似非海翁所知。所以說「二子或未知也」應是指海翁及陪伴他來的日語通譯。後句話之「逐文魚」、「膾蒼龍」兩語相對，而「略扶桑」、「索明月」亦相對，其意象多來自《楚辭》，都是誇張之語。「文魚」即是「鯉魚」，《楚辭》〈九歌・東君〉有「乘白黿兮逐文魚」之句。「扶桑」即是太陽，《楚辭》〈離騷〉有「飲余馬於咸池兮，揔余轡乎扶桑」之句。「蒼龍」出自《楚辭》〈九歌・離世〉有「佩蒼龍之蚴虬兮，帶隱虹之逶蛇蚴」之句[97]。「索明月」一語，則來自李白「倒海索明月，凌山採芳蓀」一語[98]。大致來說，道璨這幾句之用意，都不外在表達他悠閒自在，徜徉於湖邊山林，與眠於沙上之鷗鷺為友之生活。

4. 別澗道人

別澗道人生平不詳。道璨為其所作字說，寓意頗似為別峯道人所作之道號序。其文曰：

[97] 以上諸語，分別見《楚辭章句》（臺北：臺灣商務印書館，影印文淵閣《四庫全書》本，一九八三—一九八六）卷二，頁一三a；卷一，頁一四b—一五a；卷一六，頁一二a。

[98] 李白，〈書情贈蔡舍人雄〉，《李太白全集》（臺北：河洛圖書出版社，一九七五）卷一〇，頁二五二。

道之在天下，猶水之行地中也。善諸一身而不見其介，散諸萬有而不見其雜，譬之為江、為海、為溪、為澗，豈有二水哉？疏別澗而普會百川，導百川而咸歸別澗，一味之道，橫流四達，孰謂同乎？孰謂別乎？澗水泠泠，日夜熾然，說此法也，別澗道人試以余言問之⑲。

此文所說，不外是江、海、溪、澗之水，雖有異名，其實無別。猶如天下無二道，雖有一、多之別，江河百川之分，但實出同源，別而實同。故別澗道人雖善諸一身，亦能散佈其善於萬有。

5. 月航道人

月航道人生平不詳，但他住在吳門松江之上，似為一隱居之詩僧，故道璨之字說云：「月航道人，舟楫其間（按：松江），治心養性，與月爭明；長歌短行，與月爭清，何如其樂哉⑳！」道璨描述月航道人之隱居優遊後，突然話鋒一轉，對月航表達了他的期待。他表示月有明晦，航可浮沈，月航道人以天地為航，而胸中有月，故浮沈明晦固不足論。但是他有能力「揚舲擊楫，雲興鳥逝，沼視溟渤，而盃視江湖」，

⑲道璨，〈別澗說〉，《無文印》卷九，頁五b—六a。
⑳道璨，〈月航說〉，《無文印》卷九，頁六b。按：震澤在吳江之西，故以吳江對之。

應該去「渡冥行泣岐之人，而置之康莊坦道」，才是「吾道之望，亦學者之望。」但月航在吳門安住，在「震澤風高，吳江秋老」之中，「與鷗群鷺行，更相出沒」，固為樂事，但如此獨善其身，對道璨來說，真是「如吾道何！如學者何⑩！」

道璨藉闡釋月航道人之字義，表達了他對禪友之期望，可謂煞費苦心。他所用的語句，多來自東萊呂祖謙（一一三七～一一八一）議論《左傳》之詞。《左氏博議》論「楚屈瑕敗蒲騷」一事有云：「開帆擊楫，雲興鳥逝，一息千里，雖未知操舟之術，而動於操舟之利，既不能自制，亦不能自決也。於是小試於洲渚之間，平瀾淺瀨，水波不興，投之所向，無不如意。不知適有大幸，遂以為盡操舟之術矣。遽謝遣舟師，傲然自得，沼視溟渤而杯視江湖，椎鼓徑進，亟犯大險，吞天沃日之濤，排山倒海之風，轟豗澎湃，奔鯨駭虬，乃傍徨四顧，膽落神泣，墮槳失柂，身膏魚鱉之腹⑩。」原文是評莊子所說的小知而自以為大知者，而道璨用其語來勸說大知者的月航應挺身入世，來救度夜行迷航之人，為佛門盡一點義務。

⑩以上引文皆同前註。
⑩呂祖謙，《左氏博議》（上海：商務印書館，《四部叢刊初編》本，一九三六）卷四，頁一八a，論「楚屈瑕敗蒲騷」一事。

6. 浦雲南上人

南上人生平不詳，道璨說他在吳松江水之間，可見他所住之處與月航道人相近。道璨作〈浦雲說〉來序南上人之字，有故意揶揄南上人之意，約略可見兩人相交之契。其文說「余家南浦上，浦中之雲蓋余自怡悅者也，別去數年則為南上人割據於吳松江水之間⑩。」「南浦」通常指在南昌。唐・王勃（六四九～六七六）〈滕王閣詩〉的「畫棟朝飛南浦雲，珠簾暮卷西山雨」一聯，使「南浦飛雲」馳名宇內。道璨是南昌人，視南浦雲為其所專有，故對吳江的南上人打趣地說：「此吾廬無盡藏，子烏得而有之？」南上人答曰：「山川雲月初無常主，為胸中有天地者乃能主之。雲固無心，亦豈君所能畛畦者耶？」道璨聞其言，遂歌之曰：「春草碧色兮，春水綠波，與雲相從兮，歸夢孔多。吳松之上兮，洞庭之阿，取舍不可得兮，吾未如之何⑭。」對南上人之語，當然只有無奈地認同。

7. 季通融上人

⑩道璨，〈浦雲說〉，《無文印》卷九，頁八 a。
⑭同前註。

融上人生平不詳，道璨說是「天台融上人」，可見他住天台，可能是天台教僧。他請道璨為其字作序，道璨先引申「通」之義謂：「學不難，執而不通者為難。舉一隅不以三隅反者，病在不通也。通前藏教，通後別圓，雖出世間之學無以易此⑩⑤。」其語指出為學須融會貫通之道理，簡明可解，但為執其一端者所未易行。他認為僧侶應知貫通之道，習「出世間之學」者，也不例外。其實「通」與「融」本為一體，故他對「融」字之解釋是：「融為會、為和、為結、為通，其切於為學者尤莫通⑩⑥。」他強調融上人當於天台三觀內融天下，若能如此，將「無往而不通⑩⑦」。

五、餘論

以上討論文學僧道璨所交之法眷，係從他所撰的三種不同文體之文所找出的。道璨雖身為禪僧，但自幼習儒，深受儒家典籍之薰陶，故嫻於古詩文辭、歷史掌故。後

⑩⑤道璨，〈季通說〉，《無文印》卷九，頁八b。
⑩⑥同前註。
⑩⑦同前註。

雖由儒轉釋，仍不廢外學，尤其於詩文最有偏好，操觚染翰，不失文士本色。他好結交文士與好屬文之禪師，頗以「士」視其禪友，並以之自期。所寫的疏文、銘文及道號序等三種文體之文，頗能顯示他的文學造詣與他在叢林受矚目之情況。

這些不同文體之文的書寫，或許並不能證明道璨對禪宗修行看法的改變，但卻很明顯地證明文字書寫在禪僧生活中之重要性。道璨個人對文字應用及書寫固然相當熱衷，其周邊禪友其實也不遑多讓。其實，此三種文體中的四六體疏文或榜疏，在道璨的時代已經因為五山寺院之形成，佛教領導人物師徒網絡之建立，由小邦蔚為大國，為叢林間流行之正式文書，受到相當重視。因此，非善於詞章、學兼內外之禪僧，實難膺任書寫之責。道璨寫了不少江湖勸請疏，可見叢林對他文筆的倚重。無怪日僧虎關師鍊（一二七八～一三四七）論疏榜之作，認為其法格體裁不可失誤，而嗟歎：「近世庸流叨作句語，體格盪滅⑩⑧。」因此，決定「撮古之有體製者，作類聚備鑑誡焉⑩⑨。」師鍊所謂的「古之有體製者」，都是宋人作品，而且都是筆者所說的「文學僧」之作。他的《禪儀外文集》收錄了橘洲寶曇、北礀居簡、淮海元肇、藏叟善珍、

⑩⑧日本，虎關師鍊，《禪儀外文集》（京都：四條寺町中野市右衛門刊，寬永三年，一六二六，現藏駒澤大學）卷一，頁二a。
⑩⑨同前註。

物初大觀及無文道璨之若干疏文。這些疏文經他鄭重地推介給日本五山禪僧，成了五山禪僧疏文的範本⑩。雖然師鍊把他們的疏文當作「外餘」之文，有別於三祖僧璨（？～六〇六）之〈信心銘〉及石頭希遷的（七〇〇～七九〇）〈參同契〉等「溢餘」之作⑪，但還是編製文集以強調其體製、作用之重要。

值得注意的是，道璨所寫住山疏帖，銘文、及道號序與字說，可以說是南宋禪僧出處、交遊與互動關係的鮮活記錄，也是其不少禪友擅詩文、重詞章，儼然文士流亞的見證。我們回顧道璨如此鄭重其事地書寫四六疏文、銘文及道號序，再看日僧師鍊之推重南宋榜疏文學之作，不難想見南宋文學僧之崛起，已帶給當時禪林若干新的文化氣象及動能了。

⑩其他為北宋禪僧九峯鑒韶及覺範惠洪（一〇七一～一一二八）的作品。

⑪《禪儀外文集》卷一，頁一b。師鍊所謂：「溢餘者大醇矣，外餘者不能無小疵矣。」這種「外餘」之文還包括他們所寫之祭文。

第八章：從僧詩序看道璨的禪友及文學觀

一、引言

道璨之心思經常放在作詩之上，對作詩表現了洋溢之熱情。他曾自謂：「少學夫詩，老不加進，而嗜之無斁。若七言四句，則得於七佛。五言則得於《楞嚴》、《圓覺》。古風長篇則得於《華嚴》。」可見他嗜詩成性，老而彌篤。雖然他把自己的詩學、詩藝歸諸於讀佛經之效①，但實亦歸功於深厚的儒學根基，加上佛典的啟發，自然能左右逢源，遊刃有餘。其後遊歷天下三十年，詩齡已經相當長，心中已形成詩能弘道之見解，對詩之認識更深。雖然他所作之詩不多，但風雅雋永，在叢林善詩之衲子中，頗能帶領風騷。許多年輕輩之禪僧，往往獻詩求教，唯他馬首是瞻。他也頗關注當時的詩作，常摭拾新著，為之作序，並加以評騭，留下了不少論詩之見解。

道璨之善為詩，叢林知之甚深，其法友物初大觀（一二〇一～一二六八）屢屢稱之。某次，道璨之近屬南昌覺上人，料檢其錦囊手抄道璨所作絕句數百，贈給大觀，

①道璨，〈書趙謄可雲萍錄〉，《無文印》卷一〇，頁一一b—一二a。

大觀讀後，悠然會心，深感其詩不僅可增益吟事，而且有同堂合席箴規切磨之益。他認為「無文，吾黨楚巨擘，詩有佳趣，他文亦稱是，人皆知之，不待余言也②。」

由於道璨詩文之造詣頗深，吸引了不少文士的注意，並受他們的敬慕，樂與之結交唱和，上章已論之頗詳。本章擬對道璨與叢林禪友之間對詩的關注、吟唱與談論做一番剖析，進一步證實叢林禪僧生活之文士化及禪文化的演變。

二、禪林詩友與其著作

道璨年輕時備受儒學薰陶，於詩文興趣甚深，亦能以此而見長，頗受師友之讚譽。他的文詞之長，大觀有此一說：

> 前輩愈遠，人才愈不競，一攻於吟，束大為小，口吻聲鳴如候虫。其辛苦而得之者，不離乎風雲月露。其春容大篇，寂寥短章，殆蔑聞矣！方與秦無人之嘆，于斯時也，吾友粲無文崛起，以參為主，以學為張，振南浦西山之英氣，追寂音、浯溪之逸響。

②大觀，〈題無文詩〉，《物初賸語》卷一六，頁五ａｂ。

歷掌笑翁、無準、癡絕三老之記，三老咸敬愛之③。

大觀所說的「前輩」，是禪林中的前輩。南宋以來，禪林之能文者本已不多，寶曇、居簡以後，人才凋零，大觀覺得有後繼無人之勢。他自己雖擅長詩文，但不敢以領袖自居，又不以專事吟風弄月者為能，思見能治「舂容大篇，寂寥短章」者。當他正在「興秦無人之嘆」時，見道璨《無文印》之作，大為興奮，認為他能以其文詞繼豫章先人之遺緒，擅名一方，「振南浦西山之英氣」，「追寂音、浯溪之逸響」。所謂「南浦西山」，出自王勃的〈藤王閣序〉之「畫棟朝飛南浦雲，珠簾暮卷西山雨」，代表道璨之出生、成長之地豫章。「寂音、浯溪」，分別指北宋文學僧覺範惠洪（一〇七一～一一二八）及南宋詩僧浯溪顯萬（生卒年不詳），都是叢林能詩文之前輩④。大觀知他的好友道璨在跟從「三老」座下參學並掌書記之時，早就能以文詞

③大觀，〈無文印序〉，《物初賸語》卷一三，頁二a—三a。

④按：惠洪自稱寂音尊者，故以「寂音」名於世。有關其生平事迹之論文及專書不少，筆者亦有專文討論，不再多贅。顯萬則知者甚少。據南宋詩人楊萬里在其《誠齋詩話》中，論隆興以來以詩名者說：「僧顯萬亦能詩」，並舉其詩數首為例。其看法被宋・魏慶之收入其《詩人玉屑》中，並冠以〈誠齋品藻中興以來諸賢詩〉一題。此皆可證明顯萬在南宋詩名甚高。見《誠齋詩話》（臺北：臺灣商務印書館，影印文淵閣《四庫全書》本，一九八三—一九八六），頁一二a；《詩人玉屑》（臺北：臺灣商務印書館，影印文淵閣《四庫全書》本，一九八三—一九八六）卷二，頁一a。至於顯萬之生平，據元・方回所說：「顯萬，字致一，浯溪人，嘗參呂本中，《浯溪集》洪景盧為序。」見方回，《瀛奎律隨》（臺北：臺灣商務印書館，影印文淵閣《四庫全書》本，一九八三—一九八六）卷四七，頁八〇b。

領風騷於叢林，故能「追寂音、浯溪之逸響」當不在話下。「三老」即是道璨自己所說的「三師」笑翁妙堪、無準師範及癡絕道沖。他們都是極富盛名的五山禪師，對道璨都相當愛重，除了他的慧悟之外，也是因為他長於翰墨之故。

對於道璨的文辭與為人，大觀認為：

健筆如建瓶，間以藁曰《無文印》以示余，得而備覽之，簡而足，繁而整；於理脫洒，於事調鬯。蓋假文以明宗，非專文而背宗也。噫！僧史斷缺，英才不生，網羅遺逸放失舊聞，此吾黨之責也。余嘗以此責加諸無文，他日將取償焉！則今之述作又未遽充余之饞腹也⑤。

由於大觀認為道璨善文辭，又有「假文以明宗」之懷抱，他期望道璨能將僧史所斷缺的部分，含南宋叢林的掌故，都能補完。故文末說：「余謂無文從事乎筆墨間，文采爛然，敢問無文印果安在哉？」

由於道璨非常講究作詩之道，也費了不少工夫琢磨字句，有「不是推敲字未安」的自我要求，故作詩、論詩就變成他生活裏相當重要的功課，也毋怪他會勸毛直閣「作詩文不必出自己意，須是謹守古人法度」了⑥。當然，對毛直閣的勸導，不過是

⑤同前註。
⑥見本書第五章。

他經常論詩文的一次表現而已。《無文印》中的許多題跋，除了顯示道璨自己好詩之外，也可以證明禪僧之熱衷吟唱，已使禪宗文化大為改變。以下透過道璨對其所見禪僧詩文集之評價，進一步說明此改變之可能。

1. 雪屋正韶及其《雪屋詩集》

雪屋正韶（一二〇二～一二六〇）禪師，鄱陽干越（今上饒餘干）人，為道璨同鄉。少從雕峯法慈受僧業，祝髮遊吳越，受心學於天童，歷登諸老之門。後由餘干趙必愿（嘉定七年進士）之薦，入蘇州天池山，燕坐天池十八年，欲紹述洞宗玄旨⑦。道璨於景定元年四十八歲時，寫正韶禪師塔銘，自謂他行天下幾三十年，「多交當世名尊宿，獨欠識師⑧。」可見他與正韶本無一日之雅，後來東遊吳越，嘗閱禪師《兔園集》，誦其語，遂想見其人。後至鄱陽，與正韶通信，但都未能相見。雖然如此，他對正韶的印象極佳，曾說：「師蕭閑凝遠，有晉、唐人風味。工歌詩，託物寄興，

⑦道璨，〈天池韶雪屋禪師塔銘〉，《無文印》卷五，頁五b—六a。按：趙必愿，字立夫，趙崇憲（一一六〇～一二一九）子，趙汝愚（一一四〇～一一九六）之孫，與叢林諸禪僧頗有往來。又：雕峯法慈或作雄峯法慈。見《柳塘外集》卷四，頁一b。

⑧道璨，〈天池韶雪屋禪師塔銘〉，《無文印》卷五，頁六ab。

陶寫其胸中至樂，意在言外。觀者不具眼，乃以詩家目之，是見師杜清機也。道喪千載，託於語言，紛紛末流，能以語言發揮道妙者不多見。僅僅有之而世之識真者，又絕少。淡紅淺碧眼，固正矣，句固活矣，使居今之世不目為詩家也，幾希⑨。」

道璨初在吳越所讀的正韶《兔園集》詩冊，因字體較小，他「反復閱之，不無毫髮遺恨，欲告雪屋未能⑩。」所謂「遺恨」，雖然是「字小」之故，可能也是心喜其詩卻覺有不足之處，但未識其人，無法告之。後觀其卷帙較大的《雪屋詩集》，則「前之遺恨者，毫髮不存⑪。」認為大概是其晚年所見與己暗合之故。因而借序其詩集之機會而發其詩論曰：

> 詩主於清而止於活，清之失也癯，活之失也放，此近日詩家大病。無他，學不勝才，氣不勝識，理不勝辭，故未得其真，先得其似耳。學也、氣也、理也，難與今之習唐聲者言也。雪屋大肆其力於是三者久，故清不癯，活不放，犁然有當於人心。嗚呼！微雪屋，吾將誰與論哉⑫？

⑨道璨，〈天池韶雪屋禪師塔銘〉，《無文印》卷五，頁六b。按：「杜清機」此本作「杜德機」，茲依《柳塘外集》本改。見《柳塘外集》卷四，頁二b—三a。
⑩道璨，〈韶雪屋詩集序〉，《無文印》卷八，頁三b—四a。
⑪同前註。
⑫同前註。

道璨對正韶詩作的評價甚高，竟有「微雪屋，吾將誰與論哉」之感歎，足見其推崇之意。他所說的「清而不癯，活而不放」的詩工，令人想起北宋詩人梅堯臣（一〇〇二～一〇六〇）之詩。梅堯臣之《梅聖俞詩集》在南宋紹興時重新鏤版，當時主和議的權相汪伯彥（一〇六九～一一四一），曾在新版序中說：

> 俞公之詩簡古純粹，華而不綺，清而不癯，涵泳於仁義之流，出入於詩書之府，而其工歐陽文忠公已序於集首，此不復道⑬。

汪伯彥在南宋高宗朝與黃潛善以主和論鼓動高宗一再南遷，復誣陷忠貞愛國的主戰論者李綱（一〇八三～一一四〇），留下歷史罵名，但他對梅聖俞詩的評價，應屬公論。「清」字含意甚多，論詩之「清而不癯」，當有「清新」、「清淡」、「清健」能露出「清明」、「清氣」之意，如此方能豐腴而不癯瘦，活潑而不放逸，此當是「活而不放」之意。這也是道璨序禪僧潛仲剛詩集時所以說「詩，天地間清氣，非胸中有清氣者不足以論」之故⑭。而這類詩是梅聖俞詩的特色，也是晉詩人五柳先生陶淵明（三六五～四二七）詩的特色。道璨是淵明之後，其家鄉號稱柳塘，而其詩作

---

⑬梅堯臣，《宛陵先生集》（上海：商務印書館，《四部叢刊初編》本，一九三六）卷六〇，〈《宛陵先生集》重刊版序〉，頁一七b—一九a。

⑭道璨，〈潛仲剛詩集序〉，《無文印》卷八，頁二b—三a。

亦模擬淵明，故有褒晉詩而貶唐音之傾向。他曾對年輕詩人周衡屋說：「詩至於唐，風雅已不競，元和以後，體弱而仆，氣憊而索，聲浮而淫，詩道幾亡矣⑮！」又勸周衡屋在作詩前應「養性使全，養心使正，養氣使直，使吾胸中之清明者塞乎天地間，然後為吟。」若能如此，「則唐季諸子將北面稽首於衡屋之下矣⑯！」

道璨本此對詩之看法，表彰不落俗套之詩作，同時評騭他所見南宋詩作之病。這些詩作包括禪僧及士人之詩集。禪僧詩集除上述韶雪屋、潛仲剛詩集外，還有《雲太虛四六》、《橘林詩集》、《瑩玉澗詩集》、《仙東溪詩集》、《康南翁詩集》、《敬自翁廬山行卷》、《靈草堂天目行卷》、《悟上人金陵詩卷》、《復休庵詩集》及《禮菊泉詩集》、《越山詩卷》和《月池詩卷》等⑰。士人之詩集則除上述周衡屋詩集外，還有《方秋崖開先詩卷》、《章一齋洄川詩集》及《蛟峯按部詩卷》等。這些詩集作者的生平與事迹，除少數外，多半只能從道璨之序看出蛛絲馬跡，無法知其全貌。但道璨所見多種禪僧之詩集，反映不少禪僧對於文士化生活情趣熱衷之概況。換句話說，這些詩集的禪僧作者中，不乏與道璨一樣，受學於士人或理學家者。而他

⑮道璨，〈周衡屋詩集序〉，《無文印》卷八，頁二a—三b。
⑯以上引文皆見道璨，〈周衡屋詩集序〉，《無文印》卷八，頁二a—三b。
⑰越山和月池之身分不詳，也有可能是士人。

們花在吟詩唱和的時間，似乎不少於栖心參禪的時候。以下討論可以提供更多的佐證。

2. 康南翁及其詩集

康南翁之原名及生平事迹已不可考，本書第五章曾稍論之。根據道璨〈祭庸越臺、康南翁〉一文，可知他曾為靈隱記室⑱，也曾參北磵居簡門下，故與大觀為師兄弟⑲。不過，他「早受句法於馮深居」，故為馮去非的門生，所以道璨對他知之甚深。他也與多位文士為友，時有唱和，如吳惟信、周弼、杜汝能等人都是⑳。也與詩僧淮海元肇、物初大觀為友。道璨認為他因交遊廣、識見深，故「其學益老，深沈古淡，不暴不耀，如大家富室，門深戶嚴，過者不敢視㉑。」可惜此種人才「年逾三

---

⑱道璨，〈祭庸越臺、康南翁〉，《無文印》卷一二，頁八ａｂ。

⑲道璨，〈跋康南翁詩集〉，《無文印》卷一〇，頁一ａ。

⑳道璨，〈跋康南翁詩集〉，《無文印》卷一〇，頁一ａ。跋中所說的吳菊潭即是吳惟信，霅川人。居華亭白鶴邨，詩名藉甚。以詩遊江湖間，與高似孫、趙善湘等人酬唱，有《菊潭詩集》。見《兩宋名賢小集》卷三三〇，頁一ａ。杜北山即是杜汝能，字叔謙，號北山，居西湖之曲院，有能詩之聲。見《宋詩紀事》卷七五，頁二一ａ。周伯弜即是周弼，見筆者《一味禪與江湖詩——南宋文學僧與禪文化的蛻變》第一、三章。

㉑道璨，〈跋康南翁詩集〉，《無文印》卷一〇，頁一ａ。

十，挾貧而死。」故道璨跋其詩集，特惜其早死。還說：「十數年來士之奇秀者，老天必奪其魄。余識字不多，亦不見恕，而被之奇疾，然猶後翁死者，文拙之力也。使翁之詩拙於余文，死期必可緩，惜翁不知此耳。余既為翁惜，且為士之奇秀者懼焉㉒。」這種將生死壽夭歸諸於詩文之工拙，當然非佛家之看法，而較接近儒家文人「有才無命」之說。尤其將康南翁與「士之奇秀者」相提並論，視他為「士」，可見他是將「文學僧」與士人等量齊觀的。

康南翁之詩集，現已不存。但他的論詩之語，則可稍見。他曾說：「今之以詩鳴者，琴竽異好，酸鹹異宜，是皆梏於體勢聲律而懵厥所自出也。八音諧而樂大成，五采施而繪事備，詩其可以一律論耶㉓？」他作詩的態度與道璨相似，非常講究用字，故法友大觀在〈康南翁出示近作〉一詩，有謂：「隻字不輕安，冰霜逐肺肝。裝成三小卷，翻覆幾回看。霄露驚棲鶴，晴春媚畹蘭。向來留舊作，老磵亦同觀㉔。」他序康南翁詩集也說：「[翁]間以所作示予，屬予序。一燈深霄，一字細嚼，知其吟之若矣！若夫主常用奇，刊陳出新，雲補厓瘦，澗擷瀑蜚，悠揚激躍，自趣其天。翁從深

㉒道璨，〈跋康南翁詩集〉，《無文印》卷一〇，頁一a。
㉓大觀，〈康南翁詩集序〉，《物初賸語》卷一三，頁七b—八a。
㉔大觀，〈康南翁出示近作〉，《物初賸語》卷六，頁五ab。

居馮君遊諗，議論之正，以其所論，充其所作，則翁詩之進，其可量哉[25]！」大觀之論，是就其鍊字用句之講究而言。而道璨之說，則就其詩篇之工拙與氣勢而言，角度雖不同，但都同意康南翁為一醉心吟誦的傑出詩僧。

3. 潛仲剛及其詩集

潛仲剛之原名及生平事迹也不可考，道璨說他生長在「藕花汀洲間」，可見他是杭州仁和縣（今杭縣臨平鎮）人。蓋「藕花汀洲」一詞，出道潛〈臨平道中〉一詩，其詩有「五月臨平山下路，藕花無數滿汀洲」一句，而臨平原在杭州仁和縣[26]。潛仲剛也曾遊於北磵居簡門下，所以與大觀及康南翁為同門昆仲。道璨認為，他既生長於「藕花汀洲間」，「天地間清氣故已染其肺腑」，又久從北磵遊，受詩學於南宋「永嘉四靈」之一的趙師秀（一一七〇～一二二〇？），得名家之傳，所以其詩「警拔清苦，無近世詩家之弊[27]。」道璨所說的「清氣」，是他論詩的一個標準。他認為

㉕大觀，〈康南翁詩集序〉，《物初賸語》卷一三，頁八a。

㉖按：此詩收於筆者《一味禪與江湖詩——南宋文學僧與禪文化的蛻變》首章所論之《中興禪林風月集》，「集成本」，卷上，頁四。注云：「臨平山在杭州仁和縣」。又見顧祖禹，《讀史方輿紀要》（臺北：樂天出版社，一九七三），頁三七五九。

「詩」就是「天地間清氣」的體現，但「非胸中有清氣者不足與論㉘」。他所謂「近世詩家之弊」，就是詩中無「清氣」之弊。因為這些詩家之詩「豔麗新美如插花舞女，一見非不使人心醉，移頃，輒意敗。無他，其所自出者有欠耳㉙。」「所自出者有欠」一說，就是胸中欠一股「清氣」之意。這種清氣跟他論雪屋正韶的「清」是前後一貫的。

據道璨說，潛仲剛「晚登華頂，窺鴈蕩，酌飛泉，蕭散閒淡，大異西湖、北山時。惜北磵、紫芝不及見也㉚。」顯示他晚年遊天台華頂，詩風丕變，大異在西湖、靈隱之時。這種轉變，固可能是其性情轉趨「閒淡」之故，亦由於不斷用功於詩之故。道璨有鑑於此，乃說：「自風雅之道廢，世之善詩者不以性情而以意氣，不以學問而以才力。甚者務為艱深，晦澀，謂之託興幽遠，斯道日以不競。風月三千首，自

㉗道璨，〈潛仲剛詩集序〉，《無文印》卷八，頁二b。按：原文所說「東嘉趙紫芝」即是趙師秀。趙師秀字紫芝，號靈秀，又號天樂。南宋「永嘉四靈」之首。其他三人為：徐照（靈輝）、徐璣（靈淵）、及翁卷（靈舒）。參看筆者《一味禪與江湖詩——南宋文學僧與禪文化的蛻變》第一章。

㉘道璨，〈潛仲剛詩集序〉，《無文印》卷八，頁二b。

㉙同前註。

㉚道璨，〈潛仲剛詩集序〉，《無文印》卷八，頁二b—三a。按：「蕭散閒淡」，《柳塘外集》作「蕭散閒談」，疑誤。見《柳塘外集》卷三，頁四ab。

憐心尚在；顧予病長學落，不得與吾仲剛講明此事㉛。」這種「主性情」之詩論，代有其人，反映的是儒家學者的詩觀。尤其是「詩主性情，止禮義，非深於學者，不敢言」之說㉜。這種論點，把「性情」、「學問」和「禮義」都視為作詩的基本要件，幾乎等於是杜工部或韓吏部在言詩了。雖難據以說針對某人或某派詩而發，但似乎是對唐末及乾道、淳熙時的詩風而言㉝。

值得注意的是，身為禪僧，他耿耿於懷的竟是詩道之不競。而對潛仲剛將會崢嶸頭角的期待，及因「病長學落」而無法事先告訴他的遺憾，卻以「風月三千首，自憐心尚在」一語來表達。回顧歐陽修（一〇〇七～一〇七二）當年讚王安石（一〇二一～一〇八六）而寫的「翰林風月三千首，吏部文章二百年。老去自憐心尚在，後來誰與子爭先」數句㉞，再看道璨使用此句的心情，不難想像他那種詩僧「自憐」意識下的些微自負啊。

㉛道璨，〈潛仲剛詩集序〉，《無文印》卷八，頁三a。
㉜道璨，〈瑩玉磵詩集序〉，《無文印》卷八，頁三ab。
㉝見下文道璨論休庵元復之詩。
㉞歐陽修，〈贈王介甫〉，《歐陽修全集》（臺北：河洛圖書出版社，一九七五），《居士外集一》卷二，頁二三二。

4. 休庵元復及其詩集

休庵元復是《無文印》裏的復休庵，是道璨所稱的《復休庵詩集》之作者，原名休庵元復，東嘉（浙江溫州）僧。早期受止齋陳傅良（一一三七～一二〇三）之學而為文章，而善於為詩。不但有詩集流傳於世，也是《西湖高僧傳》的原作者之一㉟。顯然是位詩文兼長的禪僧，故道璨說他「寂寥短章，舂容大篇，投之所向，無不如意㊱。」道璨自歎其生也晚，未及與元復遊，但閱其詩集，覺「優柔簡淡，應律合節，如耆年長德，步趍穩重，精神閑暇，而忠厚之氣浮於面目，望之知其為有道君子也㊲。」這與他主張養性、養氣、養心而為詩之說，如出一轍，證明他的詩論是有本有源，前後一貫的。也就是因為他有這種「詩人合一」之看法，所以總會以「詩道亡矣」之感慨來期待優柔平淡的詩作：

> 自浮淫新巧之聲作，中和淡泊之音廢，始於江左，盛於唐季，餘波末流，橫出於乾道、

㉟道璨，〈西湖高僧傳序〉，《無文印》卷九，頁二b—三a。按：《西湖高僧傳》現有《卍續藏經》本，書名略異，稱《武林西湖高僧事略》（臺北：新文豐出版公司，《卍續藏經》第一三四冊，一九七五）。
㊱道璨，〈跋復休庵詩集〉，《無文印》卷一〇，頁二b。
㊲同前註。

淳熙之後。正音不競，猶壞絃弊軫，不滿人聽。嗟夫！詩道亡矣，安得如休庵者出，與之相從，極論風雅遺音哉㊳？

將元復視為詩道存亡的表徵，不免過於誇張，但也足以反襯道璨對詩道的持續關心。

道璨自己相當重視禪史，所以他的法友大觀頗寄望他能網羅放失舊聞，成一家之言。可惜他一直患眼疾，無法專意其事。雖然如此，他對禪史之作，也相當關心，故休庵元復編寫《西湖高僧傳》，節庵元敬刻之於孤山，道璨特別作序表彰之，深讚他們都富有「尊德樂道之心」。他說：

西湖佳山水，自隋唐以來，抱道避世者多隱約其間。僧無董狐，舊聞放失久矣。東嘉復休庵頃寓天竺，取其姓名著於耳目者三十二人為傳為贊，以詔後學。後三十年，敬節庵始刻之孤山，尊德樂道之心，與復休庵無二揆也㊴。

道璨自己對僧史之要求很嚴，雖然稱讚元復之編寫《西湖高僧傳》，於佛教有功，但認為他視唐禪師國一道欽、鳥窠道林，及宋法師孤山智圓、慈雲遵式為「高

㊳同前註。
㊴道璨，〈西湖高僧傳序〉，《無文印》卷九，頁二b—三a。

僧」，實非諸老所望。因為前二人「以道鳴萬世」；後二人「以教淑天下」，都「功在斯文」，實不僅僅是「高僧」而已㊵。此種見解，是仰慕「功在斯文」的「千載士」或「千載人」，而不僅以道德崇高為足而已㊶。至於該書未錄鏡清禪師、大慈寰中及欽山文邃禪師，道璨認為「論者於此不能無遺恨焉㊷」。他感歎自己出生太晚，不及與元復遊，又因患痼疾，無法續其書，乃說：

余出也晚，不及同休庵游，今又痼其疾，發潛德之幽光，已不能畢茲能事矣！訪遺德於林丘，磨斷碑於草莽，奮筆端之銳而表彰之，以成一世大典，天下豈無人哉㊸？

由此可見，道璨有心於詩、史，欲求有功於「斯文」，所以他講求文字，絲毫不苟，豈是一時如此？實是他問學以來的一向態度。

5. 靈叟源及其《廬山行卷》

靈叟源之生平事迹不詳。根據《禪燈世譜》，他是無準師範之弟子㊹，但據道璨

㊵道璨，〈西湖高僧傳序〉，《無文印》卷九，頁三a。
㊶按：「千載士」是道璨讚樗翁張即之之語；「千載人」是他讚大慧宗杲之語。見本書第二章。
㊷同前註。
㊸同前註。
㊹明・道忍，《禪燈世譜》（臺北：新文豐出版公司，《卍續藏經》第一四七冊，一九七五）卷六，頁五九五。

之說，他是西蜀渝江（今重慶）人，癡絕道沖所愛之高弟㊺。因道璨曾參師範與道沖，可說與兩人有師兄弟之緣。他在道沖門下，以才得忌，遂登雙徑，周旋於師範與道沖之間㊻。可能因為遭同輩所忌，有志難伸，一度歸蜀，友人都以為憂，而有所謂「靈叟見道明白，如五紽之素；橫機訊疾，如百煉之精。保護固席，曾不少試其技。挾之以歸，何果於自閟也耶」之說㊼。道璨則希望他的退歸西蜀，是欲準備將來大有作為。他說：「寒暑之節，龍蛇之蟄，不積不施，不屈不伸也。深培後蓄，大有為於斯世，靈叟其以是哉㊽？」雖然如此，他仍是擔心因靈叟真的隱避於世，導致「蜀學」中斷。他說：

然余竊有憂焉。蜀之遺老纔二三人，短景滅沒，夕陽在山，此正蜀學隆替通塞之時也。艮巖諸君子不可復見，靈叟又自是而西。流通蜀學之淵源，發揮諸老之遺響，其遂付之誰乎哉？此予所以憂也，此予所以重為靈叟惜也㊾。

㊺道璨，〈送源靈叟歸蜀序〉，《無文印》卷八，頁八b—九a。按：「源靈叟」《柳塘外集》誤作「源虛叟」，見〈送源虛叟歸蜀序〉，《柳塘外集》卷三，頁一〇b。
㊻道璨所說「周旋二老間」，「二老」即指師範與道沖。
㊼道璨，〈送源靈叟歸蜀序〉，《無文印》卷八，頁八b—九a
㊽道璨，〈送源靈叟歸蜀序〉，《無文印》卷八，頁九a。
㊾道璨，〈送源靈叟歸蜀序〉，《無文印》卷八，頁九a。按：「流通蜀學」，《柳塘外集》誤作「疏通蜀學」。見《柳塘外集》卷三，頁一一a。

道璨談在他送靈叟源歸蜀時，大談「蜀士」及「蜀學」，而以靈叟源為能於「蜀學」繼往開來之「蜀士」。在他的心中，靈叟源與他自己一樣，都不僅僅是通禪學的禪僧，而是行有餘力則以學文的士流㊿。

《廬山行卷》應是靈叟源遊廬山所寫之詩，故道璨題曰：「胸中有廬山，筆下有廬山，窗下有廬山，眼中有廬山。別山十七年，見山一日間。韵險落鬼膽，語妙破天慳。永懷看山人，恨不同躋攀。摩挲青石硯，負山良厚顏。天風幾時來，乘之欲西還㉛。」此詩首數句都在說他所懷念的靈叟源是位「看山人」。雖已經離開廬山十七年了，但回來看山，一日之間，便成詩一卷。其詩多用「險韻」，可驚落鬼膽，而所用「妙語」也可破除不如意事。他深憾不得與靈叟源同登廬山，只好摩挲青石硯，寫下他辜負廬山的感覺。只希望天風快來，讓他能乘風西還廬山去。道璨所用的「韵險落鬼膽，語妙破天慳」兩句，似學韓愈「險語破鬼膽，高詞媲皇墳」之句㉜。略可證明道璨於韓昌黎詩亦有涉獵，而靈叟源之用險韻，豈不也與韓昌黎同調㉝？

㊿按：「行有餘力，則以學文」是道璨用來鼓勵清奚翁之語。見道璨，〈送清奚翁序〉，《無文印》卷八，頁一〇a。
㉛道璨，〈題源虛叟廬山行卷〉，《無文印》卷一，頁五b。
㉜見韓愈，〈醉贈張秘書〉，《韓昌黎詩繫年集釋》卷四，頁一七九。
㉝韓愈好用險韻，見《韓昌黎詩繫年集釋》附《諸家詩話》頁四〇，引《甌北詩話》。

6. 越山、月池及其詩卷

越山與月池之身分皆不明，但他們應當都是禪僧。越山的詩有學問為基礎，所以道璨對他似較讚賞。但他暗示「平淡」之境界較難，應是作詩應講求之目標：

越山詩，讀之若艱深晦澀，而中有平淡存焉。詩家謂艱深晦澀易造，優柔平淡難。越山能易、能難，非學之篤、吟之苦，能事未易至此⑭！

此語雖讚越山「能易能難」，但還是對艱深晦澀之詩不以為然。因為那種詩缺乏「清氣」。所以道璨又說：「余遊人間，乾坤清氣不復入手矣。埃溛而清揚，乃於此卷得之⑮。」「埃溛而清揚」一語，出自宏智正覺所寫之〈僧堂記〉，形容於天童道場之塵埃蕩滌，富有「清氣」。所謂「山紆盤而氣幽，松偃蹇而皮皴。蒼壁附蘿，烟晞而翠膩；孤虹枕澗，埃溛而清揚⑯。」

如上文所說，「清」是道璨論詩的一大要旨，他必然在這個字的意義上不斷地思

⑭道璨，〈題越山詩卷〉，《無文印》卷一〇，頁三a。
⑮道璨，〈題越山詩卷〉，《無文印》卷一〇，頁三a。
⑯宏智正覺，〈僧堂記〉，《宏智禪師廣錄》（臺北：新文豐出版公司，《大正藏》第四八冊，一九八三），頁一〇〇c。

考。譬如，在〈題月池詩卷〉上，他也說：

> 天地無所容其清，故融而為月、水，尤清而活者也。詩以清為體，活為用。仰觀俯察，得天地之至清，詩之進也孰禦？雖然，清不活則拘而瘠；活不清則放而疎。唐人三百家能免此過者極少。詩可以易言哉[57]！

這與他論正韶詩之「清而不癯，活而不放」之說，前後呼應，最可代表其詩論之特色，證明他在詩學、詩法上，的確下了一番工夫，真非一般禪僧或詩僧可比。

7. 玉澗宗瑩及其詩集

玉澗宗瑩在《無文印》中是以瑩玉澗之名出現的。他是道璨之至友，深為道璨所知，故道璨簡述他的出身曰：「余友瑩玉澗蚤為諸生，遊場屋，數不利，於是以緇易儒[58]。」可見他與道璨一樣，都是先務儒學後著僧服。他曾入饒州光孝寺為住持，其出世光孝之疏，是道璨所寫，在疏中，道璨描述他說：「某人拔俗千丈，苦吟半生。書足以記其姓名，非吾所好；道可以敵生死，舍是焉求[59]？」可見他又是位喜吟詩，

[57] 道璨，〈題月池詩卷〉，《無文印》卷一〇，頁四 a。
[58] 道璨，〈瑩玉澗詩集序〉，《無文印》卷八，頁一 a b。
[59] 道璨，〈瑩玉澗出世饒州光孝寺疏〉，《無文印》卷一一，頁四 b。在此疏中，道璨以「知己」形容宗瑩。

擅書法，求道不求名的禪僧。由於其詩不俗，他也享有相當詩名，《中興禪林風月集》就收有他兩首詩，詩之作者「宗瑩」部分注云：「字叔溫，玉山人，號玉澗，詩集一卷在⑥⓪。」可見他的法名是宗瑩，江西信州玉山縣（今上饒玉山縣）人⑥①。道璨認為他的詩以學問為本，是表現「性情」之作，而有謂：「詩主性情，止禮義，非深於學者不敢言⑥②。」這種觀點是《詩經》〈國風〉以來儒家傳統的詩觀⑥③。為鼓吹這種詩，道璨竟對晚唐之詩表示不滿，而說：「大曆、元和後，廢六義，專尚浮淫新巧。聲固豔矣，氣固矯矣，詩之道安在哉？然當時君子要未必不學，特為風聲習氣所移，迷不知返耳。數十年，東南之言詩者，皆襲唐聲，而於根本之學，未嘗一日用其力，是故淺陋而無節，亂雜而無章，豈其所出者有欠歟⑥④？」道璨認為大曆、元和後的唐詩「淺陋淺陋而無節，亂雜而無章」是因乏「根本之學」之故。反過來說，宗瑩

⑥⓪見筆者，《一味禪與江湖詩——南宋文學僧與禪文化之蛻變》第一章所論《中興禪林風月集》，「關大本」，卷中，頁一。「集成本」作「寶瑩」，疑為誤抄。見卷中，頁二四。

⑥①按：玉山縣前有「玉溪」，可能是宗瑩自號「玉澗」之故。「玉溪」見宋・祝穆，《方輿勝覽》（北京：中華書局點校本，二〇〇三）卷一八，頁三一九。

⑥②道璨，〈瑩玉澗詩集序〉，《無文印》卷八，頁一a。

⑥③《詩經》〈國風〉曰：「變風發乎情，止乎禮義。發乎情，民之性也；止乎禮義，先王之澤也。」見《毛詩》卷一，頁三a。

⑥④道璨，〈瑩玉澗詩集序〉，《無文印》卷八，頁一ab。

學有根本，故其詩無類似之病。他指出宗瑩詩的特色如下：

> [玉澗]胸中所存，浩浩不可遏，溢而為詩。本之禮義，以浚其源；參之經史，以暢其支；游觀遠覽，以利其器；反聞默照，以導其歸。由千斷萬煉以歸於平易；自長江大河而入於短淺。輕不浮，巧不淫，肥不腴，癯不瘠。吾是知有本者如是，而非前所謂不學者所能也[65]。

道璨所謂的「根本之學」，竟是「禮義」、「經史」。加上他的「詩主性情，止禮義」的詩觀，使他更像儒家文士了。

8. 仙東溪及其詩集

仙東溪原名與生平事迹已不可考，只知他是南昌人，與道璨為同鄉，且曾「從吳越諸公遊」，但究竟是誰的弟子，則無所知。他可能住廬山鶴鳴峯，道璨所住的開先寺就在其前，所以兩人因此而相識。道璨因心儀曾結庵於鶴鳴峯山谷下的江西詩派禪僧癩可（即祖可，一〇六七？～一一〇四？）[66]，嘗訪其居處，見有扁曰「東溪」，

[65] 道璨，〈瑩玉澗詩集序〉，《無文印》卷八，頁一b。

[66] 按：有關祖可及其作品之簡介，參看馮國棟，〈《宋史・藝文志》釋氏別集、總集考〉，《中華佛學研究》，第一〇期（二〇〇六），頁一九三。又參看黃啟方，《黃庭堅與江西詩派論集》（臺北：國家出版社，二〇〇六），頁三四八—三五二。

老屋猶在松聲竹色間，斷崖流水亦有詩家氣象，故徘徊其處，打聽祖可在世時之行藏於蒼烟白鳥之境，但人多不知，心裏覺得「孤悶不自聊67」。不料此時仙東溪攜其詩集來見，道璨閱之，覺其詩「清整麗密，思致風度俱不凡。」因而欣然覺得與祖可之詩足以相酬酢，而自己「孤悶」之感覺亦隨之烟消雲散68。

既然道璨認為仙東溪之詩可與祖可之詩相酬酢，其詩當屬無「蔬筍氣」之類，也就是能表現學問、性情，與清氣之詩。但道璨所說的「性情」固與學問、禮義相表裏，但又似有更深一層之意義。他論仙東溪之詩時，將「佛以心為宗」之義推廣至「詩以心為宗」而說：

> 或問，詩以何為宗？余曰：「心為宗」。苟得其宗矣，可以晉魏，可以唐，可以宋，可以江西。投之所向，無不如意。有本者如是，難與專門曲學、泥紙上死語者論也69！

「以心為宗」是佛家、禪僧之語言，道璨只說「詩以心為宗」，但究竟是何義，

67道璨，〈仙東溪詩集序〉，《無文印》卷八，頁四b。按：祖可有《東溪集》十二卷，應即是依其居處「東溪」而稱之，但其詩多已佚失。

68道璨，〈仙東溪詩集序〉，《無文印》卷八，頁四b。按：《四庫全書》本《柳塘外集》於〈仙東溪詩集序〉與其後兩文〈送然松麓歸南嶽序〉及〈送省東岡歸白雲序〉皆有誤抄，頗為紊亂。

69道璨，〈仙東溪詩集序〉，《無文印》卷八，頁四b。

他並未說明。合他所謂的「清」與「性情」來看，這個「心」似為塞乎天地間的「清明之心」，是須要養性、養心和養氣方能獲致之心，也許可視為「禪心」、「覺心」或「佛心」吧！

9. 橘林及其詩集

橘林之原名已不可考，只知他可能是江西人，與道璨為同鄉、好友，因為在端平（一二三四～一二三六）、嘉熙（一二三七～一二四〇）之間，他曾「挾貧攜病」與道璨結伴漫遊閩、浙。在「漫遊」期間，道璨每至旅店都會欠伸思睡，但橘林則「擁鼻苦吟，聲與候蟲俱切⑩。」道璨還跟他開玩笑，說他「速貧致病，豈不在此乎？」不料，他愈病愈重。五年之後，與道璨再相會於臨川（今江西撫州），「詩與貧俱長」，而次年遂不幸病死。他的遺稿，或稱《橘林詩集》，為其法弟沾上人所得，獻給道璨品評，道璨才為之寫序。序中並未具體評騭其詩，只是約略說：「[其詩]雖流傳失次，不無遺恨，然皆未去碔趺之良玉也。」還感歎他「忍貧而學詩，詩工而身死。」其惋惜之深，溢於言表⑪。似乎，道璨的朋友中，有不少像橘林這類能夠「忍

⑩道璨，〈橘林詩集序〉，《無文印》卷八，頁一b。
⑪道璨，〈橘林詩集序〉，《無文印》卷八，頁二a。

貧學詩」，苦吟度日，而未至華髮即死的禪僧，毋怪他說：「詩之不靈如此！九原不可作，余言奚益哉，悲夫[72]！」

10. 俊癯翁及其詩卷

俊癯翁在淳祐七年（一二四七）道璨住徑山時，隱居於浙江北部的湖州苕溪、霅水間，故道璨在其書劄上說：「別後七年，念翁如一日，頃來京師，不兩月即登雙徑，去隱地愈遠，無遊奉問。亦聞青鞋布韈，時到苕溪霅水間[73]。」道璨也聽說他在這段隱居期間，有不少詩作，「皆入行卷」，但是未見寄一字，頗感遺憾。他還表示本擬與禪友頑極行彌（生卒年不詳）同去其隱地拜見，但友人勸說「夜航搖兀，春山重疊，非奇疾者所堪」，遂未成行[74]。這時，他與俊癯翁為「十年交遊之舊」，不敢

[72] 道璨，〈橘林詩集序〉，《無文印》卷八，頁二a。

[73] 道璨，〈俊癯翁〉，《無文印》卷一九，頁八b。

[74] 道璨，〈彌頑極〉，《無文印》卷一九，頁五b。按：頑極行彌見本書第五章。他是癡絕道沖之弟子，曾任越州光孝寺及四明育王寺之住持，與道璨有深交。道璨雖然對他「內飽參學，而外見事功」表示敬佩，但聽說他在短期內由「架倚冷閣」而「起大佛殿」，認為是「安小成而急近效」，非「老癡絕之家學」。此外，道璨反復熟閱他所編成的「癡翁語錄」（按：即是今本《癡絕和尚語錄》的初稿），認為「首尾重複，多有不滿人意處。它日所見所聞，百無一存。若以為已刊者可取，則未刊者亦豈可遽舍哉？」從道璨這封致頑極行彌之信，約略可見道璨的「諍友」角色。

相忘，很期盼能夠相見。所以不久之後，俊癯翁有詩寄道璨，是描寫與友人清別澗會面之情景。其詩曰：「萬疊青山繞茅屋，閑灌春畦分杞菊。荷鋤歸來逢故人，相對衡門數脩竹。江海合并能幾回？折鐺煮茗話幽獨。春色滿笻花木香，天開圖畫山川綠⑮。」道璨見此詩，雖有「別後十年，見詩猶見翁」之感，但歎已不復能夢想到「天開圖畫之山川」處，而只能荷鋤山中跟著俊癯翁學分杞菊了⑯。

11. 禮菊泉及其詩集

禮菊泉生平事迹不詳，據說是參寥之孫。道璨認為他「嗜詩，有家法。」頗稱讚他的詩蘊含著「清氣」。如「鶯在元豐樹上啼」、「掃階雲上帚」、「亂泉飛作雨」等句，他覺得「如嚼秋菊、酌寒泉，心脾肝肺，皆乾坤清氣。」認為他若生長在元祐間，「獵獵脩名未必落參寥手矣」。對他未能像其祖參寥一樣，逢東坡一類文豪而受印可，惋惜不已。他所以敢如此肯定禮菊泉，是因為「嘗盡讀參寥詩」，而做了比較之故⑰。

⑮道璨，〈書俊癯翁送清別澗詩後〉，《無文印》卷一〇，頁二a。依道璨之「書後」來看，俊癯翁之詩應是收到他的信之後所寫。
⑯道璨，〈書俊癯翁送清別澗詩後〉，《無文印》卷一〇，頁二a
⑰此段引文皆見道璨，〈跋禮菊泉詩集〉，《無文印》卷一〇，頁二b—三a。

12. 敬自翁、靈草堂、悟上人及其詩卷

此三位禪僧之原名及生平事迹俱不詳，他們的詩卷大概都是「遊山詩」，故分別稱《廬山行卷》、《天目行卷》及《金陵詩卷》。

《廬山行卷》是敬自翁遊廬山所作。觀道璨所述，似為畫卷，間有題詩。道璨見此行卷時，已別廬山十有餘年。他在二十一、二歲間，在廬山白鹿洞從湯巾學，十餘年間，廬山之「飛瀑長松，頻來入夢。」故收到敬自翁的山中行卷，便覺「五老、三峽、兩峯、千澗，皆在吾几案上矣⑱。」道璨又說：「雖然殘山剩水，浮嵐軟翠間，意外有句，旁睨二南，而上薄騷雅。余病眩廢吟，未暇與翁相從，畢茲能事⑲。」其言下之意，是敬自翁的幾句題詩，竟能與詩經之〈周南〉、〈召南〉比肩，又能有〈離騷〉與〈大雅〉的筆調；而自己因為病眩，不能從遊唱和，實感遺憾。此種說法，再次顯示道璨對吟誦之熱誠。

⑱道璨，〈跋敬自翁廬山行卷〉，《無文印》卷一〇，頁一b。按：「五老」自然是指五老峯，「三峽」是指三峽澗，其上有三峽橋。北宋蘇軾遊廬山時，往來山南北十餘日，以為「勝絕不可勝談，擇其尤者，莫如漱玉亭、三峽橋。」見蘇軾，〈自記廬山詩〉，《蘇軾文集》（北京：中華書局點校本，一九八六），頁二一六五。三峽澗在五老峯及漢陽峯之間，二者即是「兩峯」，而漢陽實為廬山第一高峯。

⑲道璨，〈跋敬自翁廬山行卷〉，《無文印》卷一〇，頁一b。

《天目行卷》是靈草堂所作。天目指天目山，在浙江西北臨安境內。道璨說天目諸峯是「異時參寥風雅之域」，兩百年來無敢涉其境者。是否意味自參寥入天目之後便無人敢去？但現存《參寥子集》並未見他遊天目之記錄，是否他雖遊天目山，並無片言隻字記之[80]？不管如何，道璨認為靈草堂「以單騎深入其間」，頗壯其精神，故說：「壯哉！翠微人家，元祐風流，猶有存者。惜其不偕行，共聽隔鄰機杼耳[81]。」此處所說的「翠微人家」及「隔鄰機杼」，自然是暗喻道潛而說。因道潛有詩曰：「曲渚回塘孰與期，杖藜終日自忘歸。隔林彷彿聞機杼，應有人家在翠微[82]。」道璨認為靈草堂有元祐時期參寥子的風流醞藉，但深深惋惜自己未能與他偕行，一起回味參寥「聞機杼」而知「翠微人家」之樂。

《金陵詩卷》是悟上人之作。道璨在收到悟上人的詩卷前不久，曾遊金陵，但對其地山川「不敢吐一語」，遲遲未有所作，自說是因恐「沈、謝諸公見笑於地下」。「沈、謝諸公」當指南齊竟陵蕭子良門下的「竟陵八友」，沈約（四四一～五一三）、謝朓（四六四～四九九）等人，都是詩壇名家，故道璨有諸公見笑於地下之託

[80]見《參寥子詩集》（上海：商務印書館，《四部叢刊三編》本，一九三四）。
[81]道璨，〈書靈草堂天目行卷〉，《無文印》卷一〇，頁一b。
[82]道潛，〈東園〉，《參寥子詩集》卷二，頁五a。

詞。但悟上人無所顧忌，勇於賦詩，且所寫之篇章都是道璨自己遊金陵所欲言而未能者，因而有「悟既為之，余奚為哉」的感覺[83]。此雖然是有意表示謙遜，亦不外在襯托悟上人之能詩，實與自己為志同道合之輩。

13. 其他詩僧

道璨還有不少愛好吟誦的禪友，他們也擅歌詩，為禪林所知，雖未留下詩集，但漫遊江湖，周旋於文士之間，加深了禪僧能詩的形象，被道璨視為「佳士」。其中有以下幾位禪僧最值得注意。

(1) 然松麓

然松麓的籍里及事迹不詳。依道璨之描述來看，他掛錫於南嶽，是少數從南嶽來遊江西及浙江之禪僧。道璨認為他所見的少數南嶽禪僧都不滿人意，但在嘉熙庚子年（一二四〇），然松麓偕廬陵穎鈍翁至天童訪他，談了三夜之後即離去，道璨「不暇盡扣所蘊，然逆知其為佳士[84]。」這年，道璨二十八歲，已經開始行腳四方，正在天

---

[83] 道璨，〈書悟上人金陵詩卷〉，《無文印》卷一〇，頁二a。

[84] 道璨，〈送然松麓南嶽序〉，《無文印》卷八，頁六a。穎鈍翁之身分不詳。

童參癡絕道沖，顯然已為叢林所知[85]。後七年（一二四七），道璨在徑山無準師範門下，與然松麓再次相會，這時的然松麓，「學問聲實已與年俱長[86]」。但他雖為禪僧，卻不修細行，遇事如「暴風迅霆，不可禁遏。」但事過之後，立即「風休雨霽，不見涯涘。」似乎脾氣火爆，又善於收斂，性格不似一般禪僧。雖然如此，道璨認為他有大志，「屬文不凡，為歌詩有紀律，故無準喜之[87]。」

與道璨一樣，然松麓之受無準師範青睞，是因為他兼長詩文。也就是因為這種修養，道璨認為他是位「佳士」。雖然他送然松麓歸南嶽時，心裏頗感悵惘，但他深深期盼這位長於詩文的禪友惠然肯來，再下南嶽東遊豫章。同時，他也提醒然松麓在秋

[85] 按：道璨曾說：「嘉熙己亥（一二三九），侍郎東畎曹公豳帥閩，聞師道望，以鼓山來聘，未行，雪峯牒至，領事半年而天童詔下。……明年，得歲，重集如海，法度修明，雖宏智盛時，殆不之過。」可見癡絕道沖應嘉熙三年及四年之間任天童住持。趙若琚所的〈癡絕禪師行狀〉亦可證明：「會鼓山虛席，即命師主之。未行，遷雪峯。嘉熙戊戌（一二三八）入院，甫半載，有旨住太白名山。適育王住持未得人，因師之至，又強之兼領。師往來兩山間，四方學者從之如歸市，聲聞京師。」見《癡絕道沖禪師語錄》（臺北：新文豐出版公司，《卍續藏經》第一二一冊，一九七五），頁五六三b—五六六a。

[86] 道璨，〈送然松麓南嶽序〉，《無文印》卷八，頁六a。按：師範自紹定五年（一二三二）入主徑山，在淳祐九年己酉（一二四九）死，計在徑山十七年，故道璨說：「坐方丈垂二十祀，年穀屢登，有眾如海。」見道璨，〈徑山無準禪師行狀〉，《無文印》卷四，頁五a—一一a。

[87] 此段引文皆見道璨，〈送然松麓南嶽序〉，《無文印》卷八，頁六a。

花、老竹及詩聲中尋找他的住處而說：「一舸東來，經豫章而下，近水樓臺，在白鷗洲渚之上，秋花繞屋，老竹當戶，而中有絃誦聲者，必吾廬也。能艤舟而問無恙乎⑧⑧？」這種一再表達熱心於吟誦的姿態，當是長期浸潤優悠於詩文者潛意識的表白。

(2) 清奚翁

清奚翁的原名及生平事迹都不詳，但他與道璨有十幾年以上的交情。據道璨自謂，他「才踈意廣，學道無得，當世奇士則盡得而友之。……嘉熙丙申，得清奚翁于南閩⑧⑨。」可見清奚翁是他漫遊四方數年後，在「南閩」所遇的當世「奇士」之一。

嘉熙丙申，其實是端平三年（一二三六）因為嘉熙無丙申年。此年道璨才二十四歲，在南閩遇到清奚翁，覺得他是心中所慕見之「奇士」。其後十年間，他又與清奚翁會於永嘉、臨川及錢塘。這段期間之某年歲寒，他受清奚翁之邀請，入其山中，獲其盡心款待，有雖見「風雪滿山，不識天地間果有寒色」之感。清奚翁雖請他分座說

⑧⑧同前註。

⑧⑨道璨，〈送清奚翁序〉，《無文印》卷八，頁九ａｂ。道璨說：「余漫遊四方，十有七年，才踈意廣，學道無得，當世奇士則盡得而友之。……嘉熙丙申，得清奚翁于南閩。」「嘉熙丙申」當是「端平丙申」之誤，因嘉熙無丙申年。嘉熙元年丁酉（一二三七）之前一年為端平三年丙申（一二三六），道璨可能誤記時間。

法，但他認為清奚翁「提綱疏語，簡明而頓挫，凡今之以禪自負，以文自挾者，未必能出此⑩。」

道璨對清奚翁之高才甚為敬佩，與他相交愈久，益覺其才之美，但惋惜眾人都未能識之，而獨他一人有先見之明。這是因為他欣賞清奚翁之文，認為他「嗜學工文，吾見其進，未見其止也。」同時也佩服他「學優而不耀，氣直而不回」，是「行有餘力，則以學文」的實踐者⑪。由道璨之描述來看，清奚翁似較長於文詞，並無詩名。

綜觀以上道璨所寫的詩及他為同時代禪僧所寫的詩集序，我們可以看出南宋禪師對作詩吟誦之認真與執著。不僅道璨自己對文字的應用相當講究，他的詩友們也是如此。所以寫詩酬酢唱和就變成了習以為常之事。譬如，某次西湖訥、坦兩位禪師來四明訪道璨並索詩，道璨遂作二絕贈之。詩云：

面帶西湖秋水清，尋詩深入亂雲層。
一千七百凌霄衆，不信梅邊有此僧。

⑩道璨，〈清奚翁〉，《無文印》卷一九，頁六a。
⑪道璨，〈送清奚翁序〉，《無文印》卷八，頁九b。

借得樓居當住家，一秋強半在京華。
自言除卻繙書外，多在天街看菊花⑨②。

除了寫詩之外，道璨與他們的詩友們也展示了其他方式的文字應用，參與書、畫之鑑賞與品評，並發揮他們的文字技巧，寫出了許多替代古詩的偈頌與書跋，使他們的禪僧生活更加文士化，進一步表現「文學僧」的素質。

三、偈頌與書畫之評鑑

禪僧若不為詩，即為偈頌與書畫。不僅無法離棄文字語言，而且還得依賴文字語言，以證其見道體悟之深。道璨周遭之禪友更是如此，譬如其禪友空巖道人因作《空巖頌集》，被譏為墮入文字障而「變空為有」，他軒渠而辯解道：「大般若六百卷，重宣複演，幾千萬言，其所詮者，性空而已。文字語言，何嘗與空為礙哉⑨③？」這種說法，當能表達道璨一輩樂於文字、善於文翰之禪僧的心聲吧。所謂「大般若六百

⑨②道璨，〈省東岡〉，《無文印》卷一九，頁四b。
⑨③道璨，〈空巖頌集集序〉，《無文印》卷九，頁四a。

卷」是指唐・玄奘所譯的四處十六會六百卷的《大般若波羅蜜多經》（*Mahāprajñāpāramitā sūtra*），其經以「諸法皆空」為主旨，論世俗之所知及所見之現象，均屬因緣和合，假而不實⑭。它以幾千萬言，論「諸法皆空」之道，正是道璨所說的「名字一立，則空即有矣。」故空巖道人雖有「短歌十丈，長句三兩言」之頌集，但它其實也是「無言之言」與「無文之文」，旨在詮性空之道，既不礙空，自無妨其作⑮。

道璨之時，禪林「變空為有」之作甚多，當然都未必是詮釋性空之作。譬如，據道璨說，廬陵有石屏山，其峯之高不下於洞庭妙高峯頂，是以聲名大噪於江西叢林。一時名禪，從北磵居簡而下，「或為序、為說、為四句偈，鋪張歌頌，積之成編。」這就是道璨所說的《石屏頌集》⑯。道璨閱讀此集，大失所望，認為其頌石屏之詞，「不過曰高也，大也，方正也，峭峻也。」所以有「嗟夫，是豈真知石屏哉」之歎⑰。他認為石屏若有知，可把此四種形容全置之腦後，繼續扮演其屏蔽佛法之角色，所以

⑭見《佛光大藏經》，頁八三九。
⑮道璨，〈空巖頌集序〉，《無文印》卷九，頁四a。
⑯道璨，〈石屏頌集序〉，《無文印》卷九，頁五a。
⑰道璨，〈石屏頌集序〉，《無文印》卷九，頁五b。

他說：「中叢林而立，獨當一面，捍禦風寒，使佛祖門庭歲晚有所屏蔽，豈若他人依倚於是，憑藉於是，守一邊之偏見哉⑱。」這種批評一般頌揚石屏的缺乏真知，是捨石屏的具象形式而就石屏的抽象功能而言。可見道璨評鑑偈頌，並不完全採讚揚之態度，時而鍼砭之，時而質疑之。對《悼弁山頌集》的編集，他就是持這個態度。

《悼弁山頌集》顧名思義應是各方悼念弁山了阡（生卒年不詳）所作頌詞之合編。弁山了阡是大慧系浙翁如琰（一一五一～一二二五）之法嗣，與大川普濟（一一七九～一二五三）、偃溪廣聞（一一八九～一二六三）、淮海元肇（一一八九～一二六五）等為同門師兄弟，浙翁如琰的《六會語要》就是他編成的⑲。據道璨說，了阡尚未奉朝廷之詔命主天童時，已經「群聚而迎之」。道璨認為這些禪友之作法，是一種「執」之表現。其後了阡雖死，但精神長存，而眾僧卻迫不及待地「合詞而哀之」，此是「誣」其死。雖然由「群聚而迎」與「合詞而哀」之情況，顯示「其得學者之心，不待問而知矣。」此種情況，頗符合他所說的「受帝之命易，得學者之心難⑳。」

⑱同前註。
⑲關於此事，見洪咨夔，〈佛心禪師塔銘〉，《平齋文集》（臺北：臺灣商務印書館，影印文淵閣《四庫全書》本，一九八三—一九八六）卷三一，頁一五b。
⑳道璨，〈悼弁山頌集序〉，《無文印》卷九，頁四b。

雖然如此，道璨認為眾僧急著以頌集悼了阡之死，並非合適之作法。他提出此看法後，禪友多都說他「於弁山有一日之雅，辯誣解執，何惜筆端之口？」道璨自謂他也不知如何回答，乃託筆自嘲說：「眾怒難犯，幸毋累我⑩！」

此種對悼念頌集之批評，或者是因為他嫌該頌集之編製太草率之故？或者是他有意吹毛求疵玩文字遊戲之表現？其禪友說他與了阡不過有一日之雅，實不必為了「辯誣解執」而筆端毫不留情地否定他人之善意。其實，道璨與了阡何止有「一日之雅」而已，他們彼此相識相知，有相當深之交情，我們從道璨致弁山之書可以略窺其大概。其書說：「留吳中日，手澤與乳峯春色自東而來，詞氣華滋，臭味雋永。宛轉齒頰間，不知客路之有塵土也⑩。」此數句說他在吳中之時，接獲了阡從雪竇寄來之手書，見其文辭之優美，有齒頰間留香之感，而忘了旅途之勞累。他自己也曾寫〈送愿上人過雪竇兼呈弁山〉一詩，一方面感傷無準師範與癡絕道沖二師之聯袂而死，一方面向了阡問候他身心無恙，詩云：

去年無準死，今年癡絕喪。二老百世師，一去空天壤。

⑩道璨，〈悼弁山頌集序〉，《無文印》卷九，頁四b—五a。按：道璨喜用「管城」或「管城翁」一語來代表其所用之毛筆，所謂「藉管城之口」者，「筆端之口」也，將筆與人分別為二，有緩和其語之作用。
⑩道璨，〈天童弁山和尚〉，《無文印》卷一九，頁五a。此段引文皆出此書。

玉磬與天球，滿耳皆新響。堂堂萬鐘鼎，橫列乳峯上。
愿也天台來，雙眉擁青嶂。要見乳峯人，不作行役相。
碧樹明秋花，吹香上藤杖。長松四十圍，懸水一千丈。
到門相見時，為我問無恙[103]。

道璨在此詩中遙想雪竇景致，並託其友愿上人呈詩問安，可見他對了阡之關心。後來因為了阡登天童，道璨因而又在其書中說：「和尚離巖竇登玲瓏，頻年奉詔，席不及暖，議者莫不韙之。」大意謂弁山常奉詔主大剎，此次又離四明雪竇而入天童，雖席不暇暖，但學者都深慶天童之得人[104]。所以說：「某切謂受帝者之命非難，得學者之心為難。朋聚而迎，合辭而請，是豈可強而至哉[105]？」可見他在了阡生前即已見

[103] 道璨，〈送愿上人過雪竇兼呈弁山〉《無文印》卷一，頁六a。
[104] 按：「乳峯」為雪竇明覺寺所在，而「巖竇」通常指「雪竇」山明覺寺。譬如雪竇重顯禪師有「文經武緯亦難討，遠遠陵函飛乳峯」一語，又有「誰問親遊乳峯意，百千年後與誰看」一句、「巖竇宵寒擁山帔」一句及「石徑通巖竇」一句，都是住雪竇時所作，分別見重顯，《明覺禪師語錄》（臺北：新文豐出版公司，《大正藏》第四七冊，一九八三）卷五，〈送法海長老〉，頁六九八b；卷六，〈送僧四首〉，頁七〇六a；卷五，〈送秀大師〉，頁六九九c；卷五，〈送于秘丞二首〉，頁七〇一b。又如開先善暹在雪竇重顯座下，深受重顯所愛，數年後，重顯欲舉他住明州金鵝，善暹留二偈於壁而去。其偈有句曰：「不是無心繼祖燈，道慚未廁嶺南能。三更月下離巖竇，眷眷無言戀層。」見《大慧普覺禪師宗門武庫》（臺北：新文豐出版公司，《大正藏》第四七冊，一九八三），頁九四三c。至於「玲瓏」通常指天童山，因天童景德寺上有玲瓏巖之故。
[105] 同前註。

他之受歡迎，故在頌集序中也表示同樣之意思。儘管如此，他也鼓勵了阡「建大將旗鼓於五峯之上」，並說：「此先佛心之三命也。故家舊物，硅步可復。慎疾厚生，某也不敢不稟⑯。」這是勉勵了阡整頓天童之意，因為那也是其師佛心禪師浙翁如琰的遺命。浙翁如琰曾主天童，而今了阡又主天童，故道璨稱「故家舊物，硅步可復⑰。」最後勸他要自己慎養身體，俾能裕己裕人。

道璨與了阡似亦為詩友，他的〈和金山曇書記韻寄阡弁山〉一詩，雖然是與曇書記唱和之作，但是涉及了阡，顯示了阡也是多位與道璨互相酬唱之對象。其詩云：「招隱書來憶舊年，到時不見聳癯肩。退將明月還江寺，種取春風入石田。老屋安排新藥竈，寒溪問訊舊漁船。除書不必從天下，歲晚相妨老子眠⑱。」

此詩可能是道璨早年所寫，因為他早年遊方，曾習醫藥，可能在當時已與曇書記及了阡相識，故有「老屋安排新藥竈，寒溪問訊舊漁船」的回憶往事之句。而不接詔書以求自在入眠之語，亦可見他與曇書記及了阡之間的來往相期。

---

⑯同前註。

⑰同前註。

⑱道璨，〈和金山曇書記韻寄阡弁山〉，《無文印》卷一，頁四 a。「金山曇書記」不詳何人，可能是浙翁如琰的另一弟子枯椿曇禪師，惜其生平事迹亦不詳。

道璨對書畫鑑賞之講究是使他禪僧生活文士化的另一個表現。他本跟隨張即之學書法，對書畫興趣甚濃，所以偶而品藻古今文士及禪人之作，亦可見其修養。不過他的題跋，純粹就書法或繪畫技巧與藝術評論者較少，而多論人事與時代風氣，態度一絲不苟，見地也很特殊。他鑑賞的書畫大致可分兩類，一是宋代著名士人藝術家之書帖及畫作，二是宋代禪人之作。前者包括蘇軾（一〇三七～一一〇一）、米芾（一〇五一～一一〇七）、張浚（一〇九七～一一六四）、張即之（一一八六～一二六六）、李公麟（一〇四九～一一〇六）及梁楷（生卒年不詳）等書畫家之墨跡。後者則含圓悟克勤（一〇五五～一一三五）、大慧宗杲（一〇八九～一一六三）、天童如淨（一一六二～一二二七）諸禪宗尊宿之墨跡。對前者，道璨多藉書畫論作者之人品及其創作所代表之意義。對後者，則往往藉前輩之德業來評論當代之風氣之不醇。以下分別討論他對宋代文士及禪宗尊宿字畫之所見。

1. 宋代文士之書帖與畫作

道璨對書法興趣甚深，他從張即之學書法，對張即之非常崇拜，與張即之建立了情如父子之關係。他對張即之書法之評價，筆者已有他文詳論，不再多贅。張即之號樗寮，故道璨或以樗翁稱之。他早年摹寫米芾書法，後自創一格，以勁怪之擘窠大字為世所知。道璨留心書法，自然也知米芾在書法上之成就。不過，他雖然頗讚賞米芾之書法，但覺得有遺憾之處，故見米芾書帖之時，不免指摘其失說：「阿章無恙時，日費墨瀋二升乃已。不盡則飲之不棄置也。興來引臂，如快馬斫陣，奔途超放，不可盡遏。然求其舒徐容與，於天街御陌之上，鳴和鑾而逐水曲，則恐有遺恨耳⑲。」「快馬斫陣」一詞，是黃庭堅論古人楷書妙處所說，所謂「楷法欲如快馬斫陣，草法欲左規右矩，此古人妙處也⑳。」「鳴和鑾」、「逐水曲」二詞是禮、樂、射、御、書、數「六藝」中「御」一項裏的「五馭」之二。所謂「五馭」，即「鳴和鑾、逐水曲、過君表、舞交衢、逐禽左」等㉑。道璨當是用「鳴和鑾而逐水曲」來代表各種馭車之技巧，強調書法當如馭車一樣，能讓車上鈴鐺聲調和諧，車行平順安穩，而追逐禽獸時能應變中節。他認為米芾之書，在這方面仍有不足。

道璨因視其祖師大慧宗杲為千載之士，愛屋及烏，也對高宗時支持大慧的名相張

⑲道璨，〈跋米元章帖〉，《無文印》卷一〇，頁一〇a。

⑳黃庭堅，〈與黨伯舟帖七〉，《山谷集》（臺北：臺灣商務印書館，影印文淵閣《四庫全書》本，一九八三—一九八六）卷一八，頁一三b。

㉑宋・王與之，《周禮訂義》（臺北：臺灣商務印書館，影印文淵閣《四庫全書》本，一九八三—一九八六）卷二二，頁一八a。

浚相當佩服。他在見到張浚在永州時答給大慧宗杲求記之書帖時，特別寫下他的讀後感，雖未評騭張浚書法之成就，卻表達他對張浚及大慧兩人之景仰：「魏公之學，先大慧之道，皆百世之傳，某何足以知之？生長百五十年後，不及躬灑掃應對進退之役，非恨歟⑫！」這是論人而非論書，而對張浚之偏愛，自然是因為張浚是禪門的主要外護之故。

道璨對蘇軾最為欽佩，除愛其詩之外，亦喜其畫。他曾見蘇軾所寫墨竹，感於「畫如其人」，遂題曰：「長公在惠州日，遺黃門書，自謂墨竹入神品。此枝雖偃蹇低回，然曲而不屈之氣，上貫枝葉。如其人，如其人⑬。」

道璨對佛教之人物畫相當留意，他所見之佛教人物畫有〈六祖渡江圖〉、〈船子扣舷圖〉、〈羅漢像軸〉、〈天台三隱圖〉、〈虎溪三笑圖〉及〈蓮社圖〉等。這些佛教人物畫中，〈虎溪三笑圖〉及〈蓮社圖〉有可能是梁楷及李公麟之作，因為兩人都擅長佛教人物畫，而且也分別畫過〈虎溪三笑圖〉及〈蓮社圖〉⑭，其他則作者不詳。令人訝異的是，道璨似乎對這些圖的內容主題都有意見，而其評論多弔詭奇譎，

---

⑫道璨，〈題張魏公答大慧禪師帖〉，《無文印》卷一〇，頁一四a。
⑬道璨，〈題東坡墨竹〉，《無文印》卷一〇，頁六b。

不合常理。譬如，針對〈六祖渡江圖〉中的五祖操舟送六祖，他說：「左道惑眾，竊負而逃；大天下後世之禍源，本此二老。焚其舟，扼其腕，恨不親身見之[115]。」這種譏六祖為「左道惑眾，竊負而逃」，而五祖及六祖為「天下後世之禍源」之語，不知何意？難道是「呵祖罵宗」之文字化？又如，針對〈船子扣舷圖〉，他也說：「陷人非法，不能無愧；置身無地，愧孰甚焉？大江橫流，不足洗此二愧也[116]！」此話也令人疑惑。船子和尚（生卒年不詳）名德誠，是唐代禪僧，得法於藥山惟儼（七五一～八三四）。離藥山之後，至秀州華亭吳江泛一小舟，隨緣度日，以接四方往來之客，人皆不知其高蹈，因號「船子和尚」。他在吳江垂釣三十年，有意釣「黃能」或「金

---

[114] 按：李公麟作《蓮社圖》見下文晁補之、陸游及樓鑰之跋語。關於《蓮社圖》內容之詳細討論，見 Pan An-yi, *Painting Faith: Li Gonglin and Northern Song Buddhist Culture* (Leiden and Boston: Brill, 2007)及筆者之書評，刊於 T'oung Pao, Volume 94, Numbers 4-5(2008), pp. 377-389。梁楷之〈虎溪三笑圖〉，曾著錄於《南宋院畫錄》（臺北：臺灣商務印書館，影印文淵閣《四庫全書》本，一九八三—一九八六）卷五，頁二五a，據說是「折蘆描法」。

[115] 道璨，〈題六祖渡江圖〉，《無文和尚語錄題跋（附）》（臺北：新文豐出版公司，《卍續藏經》第一五〇冊，一九七五），頁一〇二七b。按：此圖原名當為〈五祖送六祖圖〉，見普濟，〈五祖送六祖圖〉，《大川普濟禪師語錄》（臺北：新文豐出版公司，《卍續藏經》第一二一冊，一九七五），頁三三八b。

[116] 道璨，〈題船子扣舷圖〉，《無文和尚語錄題跋（附）》，頁一〇二八a。

麟」而不得，只能「夜靜水寒魚不食，滿船空載明月歸⑰。」也就是說，他似有意「釣盡江波」，方覺「金麟始遇⑱」。這是否為道璨所說「陷人非法」之由？至於說他「置身無地」，可能是因為他身在船上，足不履地之故⑲。但這又何至於有「愧孰甚焉」之地？此種評論都違背常理，似乎都是道家及禪宗「正言若反」語式的應用。

又如，他對〈天台三隱圖〉、〈虎溪三笑圖〉及〈蓮社圖〉的評語也表現了類似看法。〈天台三隱圖〉畫者不詳，可能是道璨時期的作品，因「天台三隱」一詞，首見於稍晚於道璨的禪師希叟紹曇（？～一二七九）語錄中。據紹曇所說，此圖為有「寒山執卷笑，拾得腰挂門鈎，一手箒，一手豎指，作講說勢。豐干立後，作扣齒勢。」紹曇又有〈天台三聖圖〉之讚，也註明：「寒山兩手執卷，拾得一手握幕

⑰《景德傳燈錄》（臺北：新文豐出版公司，《大正藏》第五一冊，一九八三）卷一四，頁三一五b；《五燈會元》（北京：中華書局點校本，一九八四）卷五，頁二七五。按船子和尚之偈，可稍解釋「黃能」之意，他說：「有一魚兮偉莫裁，混融包納信奇哉。能變化，吐風雷，下線何曾釣得來？」按：「黃能」可能是一種大鼈，顧棟高《毛詩類釋》引《爾雅》說：「鼈三足[曰]『能』（音臺）。」郭註《山海經》曰：「從山多三足鼈，吳興郡陽羨縣君山上有池，池中出三足鼈，食之無蠱埤。」見《毛詩類釋》（臺北：臺灣商務印書館，影印文淵閣《四庫全書》本，一九八三—一九八六）卷一九，頁一b—二a。

⑱《五燈會元》（北京：中華書局點校本，一九八四）卷五，頁二七六。

⑲《景德傳燈錄》（臺北：新文豐出版公司，《大正藏》第五一冊，一九八三）卷一四，頁三一五b；《五燈會元》（北京：中華書局點校本，一九八四）卷五，頁二七五—二七六。

〔箒？〕，一手指點，相顧作商量勢。豐干倚杖，立其傍⑳。」兩者描述雖大同小異，但前者為詳，顯見應為同一幅。道璨評此圖之主題說：「小黠大癡，出沒五峯雙澗間，無足怪者。蒼顏白髮，彼何人斯，亦甘心入其保社？無端以實事誣人，人又從而誣之，幾不免虎口。吾不知孰為黠，孰為癡也。寒巖漠漠，瑤草離離，安得孰鞭其後，擇其善者而從之㉑？」所謂「無端以實事誣人，人又從而誣之」究竟何指，亦令人不解，但畢竟也不是正面之評價。他的〈題蓮社圖〉對慧遠也有意見，其語曰：「晉室南遷，中原多故，有志於天下者，多以道術自晦。廬山遠師，乃以淨土三昧籠絡諸賢，其待之淺矣。抑不知即無明為大智，視極樂為大患者，孰為淨土耶㉒？」此語說慧遠以淨土三昧「籠絡」諸賢，自然指的是他召集名儒劉程之、張野、周續之、張詮、宗炳、雷次宗等人，結社念佛，號十八賢，又率眾至百二十三人，同修淨業，造西方三聖像，建齋立誓的傳說㉓。道璨似不認同慧遠招諸賢入社，認為其作法非待

⑳《希叟紹曇廣錄》（臺北：新文豐出版公司，《卍續藏經》第一二二冊，一九七五）卷七，頁三一一a、三二三a。「握幕」疑為「握箒」之誤。
㉑道璨，〈題天台三隱圖〉，《無文和尚語錄題跋（附）》，頁一〇二八b。
㉒道璨，〈題蓮社圖〉，《無文和尚語錄題跋（附）》，頁一〇三一a。
㉓見《東林十八高賢傳》（臺北：新文豐出版公司，《卍續藏經》一三五冊，一九七五），頁六a。

士之道。他對慧遠的「淨土」之說，也持懷疑的態度，認為許多有志之士，有「即無明為大智，視極樂為大患」之能，對他們來說，究竟何者為所謂的「淨土」是必須深思的？值得注意的是，〈蓮社圖〉或是〈白蓮社圖〉，入宋以來，畫者不乏其人，但以北宋佛像畫家李公麟之作最有名，但李公麟所畫，南宋時已不多見，而仿其作者則不少。譬如，「蘇門四學士」之一的晁補之（一〇五三～一一一〇）就仿作了一幅，他說：「今龍眠李公麟為此圖，筆最勝，然恨其畧也。故余稍附益之，凡社中士十八人，非社中士四，從者若干，馬六。蓋人物因龍眠之舊者十五，他皆新意也⑫④。」晁補之好作畫，在繪畫上也有相當成就，他作此圖，花了不少心血，並得友人孟仲寧（活躍於一一〇〇前後）之助。他曾說：「畫史孟仲寧獨善學，知余得意續事中，惠聽余言，使集吳道玄、關仝、韓幹、魏賢、李成、郭忠恕、許道寧數子精筆，為白蓮社圖甚似⑫⑤。」可見他對自己所作的〈白蓮社圖〉相當得意。放翁陸游（一一二五～一二一〇）曾見李公麟原作，知其大概，故他在蜀時，曾得仿作〈白蓮社圖〉二卷，認為它「規模龍眠而有自得處⑫⑥」。攻媿主人樓鑰（一一三七～一二一三）亦頗知李

⑫④晁補之，〈白蓮社圖記〉，《雞肋集》（上海：商務印書館，《四部叢刊初編》本，一九三六）卷三〇，頁一〇a。

⑫⑤晁補之，〈題白蓮社圖後〉，《雞肋集》（上海：商務印書館，《四部叢刊初編》本，一九三六）卷三三，頁三a。

公麟所作〈蓮社圖〉，他曾評所得之圖說：「余得蓮社圖，高三尺，橫二尺，筆力精勁，五采煥發，妙絕一世，龍眠真筆也[127]。」後來他又得一橫幅，與其所藏者略作比較，得到以下結論：「此為橫軸，大略相似，時有不同。元中之記云：童子蹲而汲水者一人，而有二書。猿一、麞一，而猿亦有二，麞則鹿也。元中書甚工既非其親書，疑別為一圖作記。龍眠為此圖，妙意非一，自知愛重，或縱或橫，意必有數本，恨未能盡見也。此卷謝康樂不為長鬣，捕蛇翁亦欠朴惷之狀，必有能辨之者[128]。」樓鑰記兩畫不同之處，頗疑此橫卷非李公麟之作，但自己不太確定，故說必有能辨之者。其實，李公麟之外甥張激（生卒年不詳）曾臨摹公麟之〈蓮社圖〉，據說今遼寧博物館所藏者即是其作。道璨的時代，李公麟之原畫，恐怕都已失傳，他所見，很可能是仿作。但他並不為其畫之好壞所動，卻對慧遠之「籠絡」諸賢表示不值，似乎對他所謂的「有志於天下」之士人更有同情之諒解。此種心情，反映在他對〈虎谿三笑圖〉之

[126] 陸游，〈跋歸去來白蓮社圖〉，《陸放翁全集》之《渭南文集》卷二八，頁一七二。按：陸游之跋又說，其季子子聿「手自裝褫藏之，慶元丁巳中秋前三日放翁識。」

[127] 樓鑰，〈龍眠蓮社橫卷〉，《攻媿集》（上海：商務印書館，《四部叢刊初編》本，一九三六）卷七二，頁一七b。

[128] 樓鑰，〈龍眠蓮社橫卷〉，《攻媿集》卷七二，頁一七b。按：「元中」即「龍眠三李」的李沖元，亦〈蓮社圖記〉的作者，故樓鑰說「元中之記」。又李沖元圖記之原文說「童持巾立其側，又蹲而汲者一人。」

評語，也可以知過半了。他說：「三老形服不同，教法不同，而風期未嘗不同。軒渠一笑，聲滿天地，遺音餘響，至今猶在。山南山北，萬壑松風；九江春水，更相應和。日夜不絕口也。千載風流，易見難識，誰其識之，長松片石[129]。」這種觀點，與許多僧徒不同，充分表現他對三教代表人物風格人品等量齊觀之欣賞角度，全無藉慧遠來貶低陶淵明或陸修靜之暗示，代表道璨儒釋並重的一貫態度。

道璨不僅不願矮化士人，而且對不守戒律之僧侶深惡痛絕，所以在〈題羅漢像軸〉一文說：「五百開士中，惟十有六人，破佛律儀，受佛呵叱。子莫知為誰，今乃於此軸見之，極欲貶之二鐵圍山。管城子殷勤致請曰：『盡法無民，且與放過[130]。』」此語顯示此羅漢像軸，是專畫十六羅漢。十六羅漢之畫像，北宋畫者甚多，有王齊翰、左禮、李時澤、童益、李公麟及高宗朝禪僧梵隆等人所作[131]。道璨所見不知為誰

[129] 道璨，〈書虎溪三笑圖〉，《無文和尚語錄題跋（附）》，頁一〇二九a。

[130] 道璨，〈題羅漢像軸〉，《無文和尚語錄題跋（附）》，頁一〇二八b。

[131] 關於王齊翰，見《繪事備考》（臺北：臺灣商務印書館，影印文淵閣《四庫全書》本，一九八三—一九八六）卷五上，頁六b—七b；左禮，見《宣和畫譜》（臺北：臺灣商務印書館，影印文淵閣《四庫全書》本，一九八三—一九八六）卷三，頁三ab；李時澤，見宋・鄧椿，《畫繼》（臺北：臺灣商務印書館，影印文淵閣《四庫全書》本，一九八三—一九八六）卷五，頁四a；童益，見《茅亭客話》（臺北：臺灣商務印書館，影印文淵閣《四庫全書》本，一九八三—一九八六）卷一〇，頁八ab；李公麟有《龍宮赴齋圖》，也是畫十六羅漢，

之作品，而且令人訝異的是，他顯然並不關切作者之問題，只對十六羅漢之為人有意見。他認為他們曾破佛律儀，為佛所叱，故欲貶他們入「二鐵圍山」，但本於「盡法無民」之原則而放過不論。「二鐵圍山」是閻魔受惡報之處。《起世經》有云：「當閻浮洲南，二鐵圍山外有閻魔王宮殿。……彼閻魔王，以其惡業不善果故，於夜三時及晝三時，自然而有赤融銅汁，在前出生。當於是時，其王宮殿，即變為鐵[132]。……」道璨欲貶十六羅漢至閻魔受報之處，可見道璨深惡「破佛律儀」之僧侶。「盡法無民」之觀念，雖出於儒家寬刑愛民以符上天養民好生之意，但最先用此一詞，則是五代時期的吉州禾山無殷禪師（生卒年不詳）。他在江西筠州之上藍院闡化，有學人至其處乞他開示，問他說：「禪師為什麼不全道？」他答曰：「盡法無民」。學人曰：「不怕無民，請師盡法。」他回道：「為知己喪身[133]」。道璨本富慈忍之心，自知皋陶明於五刑，以弼五教之理。遂託管城翁言，不窮追其咎，故有「且與放過」之語。

見《秘殿珠林》（臺北：臺灣商務印書館，影印文淵閣《四庫全書》本，一九八三—一九八六）卷九，頁一三b—一五a；梵隆的《十六羅漢渡水圖》，見《江村銷夏錄》（臺北：臺灣商務印書館，影印文淵閣《四庫全書》本，一九八三—一九八六）卷一，頁二三a。

[132]《法苑珠林》（臺北：新文豐出版公司，《大正藏》第五三冊，一九八三）卷七，頁三二七b。

[133]見《景德傳燈錄》卷一八，頁三四三a。

2. 宋代禪人之書帖與畫作

由於道璨對禪僧的文化修養相當重視，所以禪僧之書信字畫，也是他的藝術鑑賞生活中非常留意的對象。不過，他的鑑賞仍是偏重於書信字畫所代表或蘊含的歷史意義，而不在藝術的技巧與成就。譬如他對前輩禪僧如圓悟克勤、大慧宗杲、天童如淨之墨跡，都曾寓目，但對圓悟之墨跡，只說：「圓悟禪師受草本於老東山，已而傳之先大慧。自是人傳一人，舉天下不復知有正本，而吾江西之士受惑尤甚。使當時有具辨風雲、別氣色底眼目，舉而納諸水火，其患豈止今日而已。賢維那後諸老百年而出，既不能略試焚溺之手，又將寶之以為大訓，開眼受惑，不自知覺，嗟夫⒀！」這段評語，是對收藏圓悟克勤墨跡的某「賢維那」而說，完全是就圓悟之師承來論江西禪之來源。所謂「老東山」，即是圓悟克勤之師五祖法演（一〇二四～一一〇四）。他門下有所謂「三傑」，號稱「東山三佛」，即佛眼清遠（一〇六七～一一二〇）、佛果克勤（一〇六三～一一三五）、佛鑒慧懃（一〇五九～一一一七）。佛眼清遠住舒州龍門時，曾對其徒雪堂道行（一〇八九～一一五一）說：「我無德業，不能浩歸

⒀道璨，〈跋圓悟諸老墨跡〉，《無文和尚語錄題跋（附）》，頁一〇三〇a。

湖海衲子，終媿老東山也。」此「老東山」是叢林對五祖法演之暱稱，也就是「老東山演祖[135]」。道璨所謂的「草本」，不知何指？可能是「諸老墨跡」之草本。他認為此「草本」源於五祖法演之「正本」。然而，「草本」再傳於大慧宗杲之後，遂逐代相傳，而「正本」反而不為叢林所知。學者惑於流傳之「草本」，而不知「正本」之存在，以江西之士尤甚。身為江西人，他深深遺憾無人能具慧眼識破草本，而將它納諸水火。反而見賢維那取草本為寶，而不能辨之，故大為感歎。

對於圓悟克勤門下大慧宗杲的墨跡，道璨則藉它批評當代禪師之悖離師道。他說：「寺大僧眾，終日汲汲，不了目前，此先大慧示人以日用常行之道。其曰：『歡喜忍受』，蓋直敘自己受用三昧也。後世師家以日用現行為重累，以受用三昧為極苦，六鑿相攘，舉天地萬物皆為己敵，正恐此老笑人[136]。」道燦尊大慧宗杲為千載人，頗自以大慧法系之裔孫為傲。他認為大慧所題之「歡喜忍受」四字，即大慧自身

[135] 見《南宋元明僧寶傳》（臺北：新文豐出版公司，《卍續藏經》第一三七冊，一九七五）卷四，頁六五八b；《禪林寶訓順硃》（臺北：新文豐出版公司，《卍續藏經》第一一三冊，一九七五）卷三，頁五二六a。按：《順硃》注文云：「不及老東山演祖也」。又據雪堂道行說，清遠言畢，「潸焉出涕」。故雪堂認為「今為人師法者，與古人相去倍萬矣。」

[136] 道璨，〈跋大慧墨跡〉，《無文和尚語錄題跋（附）》，頁一〇二九a。

受用三昧。但後世禪師顯然不懂其道，故悖離其教，而落入「六鑿相攘，舉天地萬物皆為己敵」之境，道璨對此頗不以為然。他所說的「六鑿相攘」，就是喜、怒、哀、樂、愛、惡等「六情」。《莊子·外物篇》說：「心無天遊，則六鑿相攘。」意謂六情攘奪，逆不順於理⑬⑦。故蘇軾〈戲子由〉一詩有「處置六鑿須天遊」一句，即是出此。「六鑿相攘」當是凡夫俗子亦犯之毛病，但是道璨用來指責禪師，顯見他對禪人之墮落，甚為憂心。

除此之外，道璨對若干禪師的自以為是也頗不以為然。譬如，他在讀大慧宗杲書信時，見其回大禪杼山長老書，頗有感慨地說：「得少為足，發為狂言狂行，此固學道者大患，有知識如先大慧、敏於為道者如大禪杼山，猶不免是過。近世師道不明，士氣益下，雖未見神見鬼，已舞其狂於叢林，如病風喪心，不可救藥。觀此書者，庶幾其有瘳乎⑬⑧。」這種對當代禪師的批評是相當嚴厲的，尤其是「如病風喪心，不可救藥」一語，顯然對當代禪師之狂態，有難以容忍之概。這種因讀大慧一通書信而產生如此強烈的反應，證明道璨對大慧之信服，故雖認為他也不免自以為足之時，仍對

⑬⑦郭象，《南華真經》卷九，頁九b。

⑬⑧道璨，〈跋大慧回大禪杼山長老書〉，《無文和尚語錄題跋（附）》，頁一〇三一b。

其開示之語，崇信不疑。可惜大慧之書與杼山長老之身分，如今已無可考，無法了解其書之內容⑬⑨。

當然，道璨對自己也要求甚高，他深慕大慧，總覺得自己的道行不如大慧深，際遇也不若大慧之佳，覺得無奈之餘，竟有「師法」不如人之憾。他在獲睹圓悟克勤授大慧《臨濟正宗記》及持鉢住庵法語之時，也感慨地說：「佛日見佛果於間關兵革之時，佛果先示之以『從上爪牙』以正其傳，次授之以『涉世斧斤』以致其用。末後一矢尤切中其病處，佛日身受其矢，而某也忍痛於百二十年之後，避地避世，某亦從此逝矣。時相似也，病相似也，避世之心又相似也，如師法不相似何?道力不相似何⑭⓪?」其語中所說的佛日就是大慧宗杲，他從圓悟克勤於東京天寧寺，獲克勤之印可，使掌記室，並以所著《臨濟正宗記》畀之，並分座令接衲子，從此「以竹篦應機施設，電閃星飛，不容擬議，叢林活然歸重⑭①。」這應當就是「從上爪牙」兼及「涉世斧斤」之意，也就是克勤傳授以先祖師傳法之心要也。在道璨眼裏，大慧正是因為獲圓悟之

⑬⑨按：據查今存大慧禪師書信集，有答劉侍郎之書兩通。劉侍郎是劉岑（一〇八七～一一六七），字季高，晚號杼山老人，歷任刑部及吏部侍郎，並以戶部侍郎奉祠。道璨說的「杼山長老」是位「大禪」，似不可能是劉岑。

⑭⓪道璨，〈跋圓悟禪師授佛日臨濟正宗記及持鉢住庵法語〉，《無文和尚語錄題跋（附）》，頁一〇二八a。

⑭①《僧寶正續傳》（臺北：新文豐出版公司，《卍續藏經》第一三七冊，一九七五）卷六，頁六一一b。

心法正傳，得其致用之道，又能從圓悟之批評其失中痛自覺悟。道璨自覺經歷與大慧相類似，但「師法」與「道力」不同，終無大慧之成就，其無奈之感，溢於言表。

道璨偶而也留意書法之技巧，並表示其看法。譬如，對詩僧仲皎（生卒年不詳）之書法，他就相當佩服。仲皎字如晦，以皎如晦稱於叢林。與北磵居簡為同時代人，故為道璨之前輩⑭。他居剡之明心寺，參竟禪學，尤精文辭，詩書畫三絕俱長。所交文士甚多，常與之相酬達，如汝陰王銍（生卒年不詳）即是其一。他嘗於寺旁立倚閣，又於寺西星子峯前築白塔，結廬以居，曰閒閒菴。有梅花賦及詩詞多首傳於世，亦有《廬山圖》傳世。道璨見其墨跡，譽之為神品，可與張旭比肩。他說：「張長史草聖入神品，而楷法尤精妙。遺筆行墨，其勢未嘗不同。前輩論書謂：『真如立、行如行、草如走。』言其俯仰折旋，雖有舂容疾速之不同，查其風神蘊藉，即非第二人也。善觀如晦用筆意者，試以余言求之⑭。」此語顯示道璨見他所認可的書法精品，也會就其技法加以品題的。對道璨來說，仲皎之筆法，自然是一時之選。

⑭見《宋詩紀事》卷九三，頁六ａｂ；居簡有〈題皎如晦行書後山五詩〉一首，見《北磵集》卷七，頁一三ｂ。關於仲皎之廬山圖，見高似孫，《剡錄》（臺北：臺灣商務印書館，影印文淵閣《四庫全書》本，一九八三—一九八六）卷七，頁四ｂ；卷八，頁七ｂ—八ａ。

⑭道璨，〈跋皎如晦墨跡〉，《無文印》卷一〇，頁八ｂ。

道璨對當代禪人的畫作興趣也相當深，上文所討論的幾種佛畫，也許有禪人的作品，但是因為道璨並未提及畫家之名，所以也無法詳究他注意那些佛畫的原委。不過，除了佛畫之外，道璨也對禪人所作之其他畫作相當留意，舉凡山水、鳥獸和靜物，他都寓目不少。最值得注意的是他對禪僧牧谿（生卒年不詳）作品的鑑賞。牧谿的生平事迹，有關記載甚缺。他法名法常，叢林稱之為常牧谿，為無準師範之法嗣，與道璨之法友靈叟源、環溪惟一、西巖了慧及然松麓等為同門師兄弟[144]，所以也與道璨頗相熟。牧谿或許在同輩禪僧之間，頗受重視，也常為他們作畫[145]，但在元、明鑑賞家的眼裏，評價並不算高，且流傳下來之作品也不多。清人王毓賢的《畫事繪考》說他的傳世之畫有：「峽猿圖一、蘆鴈圖四、乳虎圖一、虎拜圖二、窠石圖二、暮山圖一、秋山圖一[146]。」大致上，自元代以來，對他畫作褒貶不一。褒之者認為自然不費妝飾，貶之者則認為「太俗」，似與中國詩評家對唐僧寒山詩作的評價類似。譬

[144]見《禪燈世譜》（臺北：新文豐出版公司，《卍續藏經》第一四七冊，一九七五）卷六，頁五九六。

[145]譬如道璨就提到他為其禪友夔日菴作〈錦屏山圖〉，而徐經孫也提到他所作之「戲墨」。見道璨，〈錦屏山記〉，《無文印》卷三，頁二a b；宋．徐集孫，〈牧溪上人為作戲墨因賦二首〉，《竹所吟稿》，收於陳起，《江湖小集》卷一六，頁二三a—二四b。

[146]清．王毓賢，《畫事繪考》（臺北：臺灣商務印書館，影印文淵閣《四庫全書》本，一九八三—一九八六）。

如，元人吳太素（生卒年不詳）即說：「僧法常，號牧溪。喜畫龍、虎、猿、鶴、禽鳥、山水、樹石、人物，不曾設色，多用蔗渣草汁，又皆隨筆點墨而成，意思簡當，不費妝綴。松竹梅蘭，不具形似，鷺荷蘆雁俱有高致⑭⑦。」評價甚高。但夏文彥（生卒年不詳）則雖有類似看法，卻說：「僧法常，號牧溪。喜畫龍、虎、猿、鶴、蘆雁、山水、樹石、人物，皆隨筆點墨而成，意思簡當，不費裝綴；但麤惡無古法，誠非雅玩⑭⑧。」後世鑑賞家對牧谿作品之評語，大致都不出吳太素與夏文彥之看法。明人項元汴（一五二五～一五九〇）之見則稍近吳太素，而不認同夏文彥。尤其對「麤惡無古法」之說，似頗不以為然，所以他雖然也說：「僧法常，別號牧谿。喜畫龍、虎、猿、鶴、蘆雁、山水、樹石、人物，皆隨筆點墨而成，意思簡當，不假妝飾。」但接著卻說：「余僅得墨戲花卉、蔬菓、翎毛巨卷，其狀物寫生，殆出天巧，不惟肖

⑭⑦元・吳太素，《松齋梅譜》（盧輔聖編，《中國書畫全書》第二冊）卷一二，頁七〇二b。

⑭⑧夏文彥，《圖繪寶鑑》（臺北：臺灣商務印書館，影印文淵閣《四庫全書》本，一九八三—一九八六）卷四，頁一一ａｂ；《石渠寶笈》（臺北：臺灣商務印書館，影印文淵閣《四庫全書》本，一九八三—一九八六）卷三二，頁一〇四ａ。按：《松齋梅譜》成於一三四二年，時間或較《圖繪寶鑑》為早，故夏文彥可能承吳太素之說。又：「得其意象」一語，《石渠寶笈》作「得其意」，而作「象」為「京」，連接下文而成「京愛不忍置」。此讀法有問題，雖然項元汴之字為「子京」，可為「京愛不忍置」一語之基礎，但上文有「余僅得墨戲花卉」，無須改用「京」為主詞。

似形類，併得其意象，愛不忍置，因述其本末，以備參考[149]。」可見，項元汴應算是少數肯定牧谿畫作之鑑賞家。雖然如此，他所見之牧谿畫作畢竟有限，所以其評價或許未必客觀。稍後的鑑賞家李日華（一五六五～一六三五）亦然，他也說：「宋僧號牧溪者，善寫生，所作菓蓏鰕蟹，皆具真態。」李日華還表示牧谿被人誤詆，頗為他叫屈，遂說：「特用筆稍欠鬆逸，而人遂以濃濁詆之。然余得觀一卷叢竹之杪，止作瓦雀頭數十，相聚沓見，側出而若見其全形者，此大入意匠，不似今人寫生，但描依樣葫蘆而已[150]。」

牧谿在中國不受重視，但他不少畫作流入日本，為日本寺院所收藏，又經日本藝術界之表揚，遂成了日本之國寶，使牧谿在日本繪畫史上有非常突出之地位，成了中國繪畫在日本延續發展之代表，當是元代以後鑑賞家始料所未及之事。他的畫通常被視為中國禪畫的代表，雖然「禪畫」與一般之「佛畫」之分際如何，藝術史家迄無共識，但牧谿是禪僧，他的筆法及畫風既然是隨筆點墨，不假妝飾，天然而成，又違背

[149] 明・郁逢慶，《續書畫題跋記》，（臺北：臺灣商務印書館，影印文淵閣《四庫全書》本，一九八三—一九八六）卷三，頁一一b—一二a。

[150] 明・李日華，《六研齋筆記》（臺北：臺灣商務印書館，影印文淵閣《四庫全書》本，一九八三—一九八六）卷三，頁二六a。

「古法」，視之為以傳達「意象」為主之「禪畫」，以別於工筆寫生，當無不可。道璨所見牧谿之畫至少有三種，一為其〈西湖圖〉。他對此圖相當欣賞，題之曰：「坡仙吟不到處，牧谿畫得到。牧谿畫得到處，無文看不到。往來西湖三十年，少也冥心癡坐，腳力不暇及；今病眩倦遊，眼力不能及。不獨媿西湖，亦媿此圖也[151]。」此數語雖未明說〈西湖圖〉之優點，但用「坡仙吟不到」及「無文看不到」兩句把畫家牧谿的獨具慧眼烘托出來，對牧谿之作，可謂讚佩之至。因蘇軾詠杭州西湖之詩，有「朝曦迎客豔重岡，晚雨留人入醉鄉」及「水光瀲灩晴方好，山色空濛雨亦奇。欲把西湖比西子，淡粧濃抹總相宜」之句[152]。這些膾炙人口之句，雖已足夠讓西湖不朽，但道璨卻覺得牧谿所畫之西湖，仍可見「坡仙吟不到處」。可能是他所寫的西湖山水勝概，呈現了「朝曦」「晚雨」的動態變化情景。可惜此圖已經不存，無法知其究竟了。

道璨所見過牧谿的第二幅畫，是他的〈百禽圖〉。此圖他覺得特別親切，故有題詞說：「余家江南，與禽鳥相爾汝。畫中所見，皆舊識也。風蒲雪葦間，但欠余短策

[151] 道璨，〈題西湖圖〉，《無文印》卷一〇，頁一一a。
[152] 蘇軾，〈飲湖上初晴後雨二首〉，《蘇軾詩集合注》（上海：上海古籍出版社，二〇〇一）卷九，頁四〇四。

耳。虛中若見牧谿，為致此意⑮。」因為家鄉在南昌，道璨自少即與江南山水禽鳥為友，也常在風雪中行過水邊蒲柳與蘆葦之間，所以牧谿所作之百禽，對他來說自然是「舊識」，而且是極親切的。雖然如此，道璨還是要打趣地說：「風蒲雪葦間，但欠余短策耳⑭。」因為圖中若有他策杖而行的身影，豈不也就是他的「行吟澤畔」圖了？當然道璨或許全無此意，但其玩笑之詞，也足以見他與牧谿交情之深了。此種交情，當使道璨有許多機會見到牧谿之畫作，譬如他所見的〈蘆雁圖〉，雖然並未說明作者是誰，但因牧谿擅畫蘆雁，有可能就是其作品。不管如何，道璨見此圖時，見蘆雁仰首四顧，心中頗有所感，遂說：「俛而啄，仰而四顧，其慮患深矣。白蘋紅蓼江南岸，何地而不可歸宿哉⑮？」蘆雁是百禽之一，應如道璨在江南所見之百禽，遊於水邊白蘋紅蓼之間，逍遙自適，歸宿於其處，不必遊於市廛，時而仰首四顧而憂患不止。道璨此話，難道不是一面勸世，一面自述懷抱嗎？我們看對法友琬上人所說的話，當可知過半矣。琬上人攜所藏雲臥曉瑩（生卒年不詳）書來見，道璨睹其書，題之曰：「雲臥師卜築曲江時，寶希世實相其役。白漚萬里，余方倦遊，西山暮雨中，

⑮道璨，〈題百禽圖〉，《無文印》卷一〇，頁一〇a。
⑭同前註。
⑮道璨，〈題蘆雁〉，《無文印》卷一〇，頁九ab。

縛茅豈無地？世亦豈無荷鍤相從如寶希世者？安得如琬上人為余勸發哉[156]？」雲臥曉瑩是大慧宗杲之弟子，曾卜居於豐城（今江西）曲江之感山，實有號寶希世之徒協助之。道璨自己也倦遊人間，欲歸西山南浦間，在白漚萬里之地，縛茅而居，效曉瑩之雲臥。此事久在他心中，自覺未必沒有像寶希世者荷鍤相從，當然沒必要由琬上人用此〈蘆雁圖〉來相勸了。

四、餘論

以上各節討論道璨與禪林之詩友談論詩、書、畫三絕，無非欲證明道璨是位傾心於文士生活的文學僧。他身為禪僧，雖然志在出世間法，恪守禪人住山禪修之道，也對其早年入世的「人間之遊」表示懺悔，但其實對入世間的詩文生活久久不能忘情。這應該是他認為出世與入世本不衝突，而語言文字無礙於禪之故。所以他〈在跋癡絕和尚墨跡〉裏說：「余昔從老子游，惟學佛法，至於世法未嘗半語及之。出游人間，

[156] 道璨，〈題雲臥書〉，《無文印》卷一〇，頁七a。

方知佛法外不曾別有世法。欲質諸老子，而恨不可復見。今觀此語，乃知佛法、世法豈有兩般犁然有當於人心者，又甚恨其當時不明以告我也[157]。」此短評中之「老子」指癡絕道沖，是道璨的「三師」之一。他在癡絕座下學佛法，自然不會學「世法」或「入世間法」。因此他深入世間之後，發現他所知的「世法」並不存在，而看了癡絕道沖的墨跡，方知「佛法」與「世法」對人心之益，並非可犁然分別為二。可見道璨所見的癡絕墨跡，提出了他個人對「佛法」與「世法」可以相容相攝的見地。我們雖然不知其詳細內容，但觀癡絕道沖傳法之語也可以知過半了。其「普說」之語有謂：「大抵佛法、世法，初無兩般，但能於世法擾擾之中，識得無二之道，無二之心，譬如以大地為一射垛，挽弓所向，無不中的矣[158]。」癡絕的「初無兩般」之義，深深打動道璨之心，所以他出入於佛法與世法之間，樂交文士及好詩文之禪友，浸淫於詩文之中，樂之而不疲，使他與周邊法眷之禪文化，充滿著文士文化之色彩。

[157] 道璨，〈跋癡絕和尚墨跡〉，《無文和尚語錄題跋（附）》，頁一〇三一a。按：《卍續藏經》本作「乃知佛法、世法豈有兩般乎，然有當於人心者。」此處從《宋集珍本叢刊》本，見《無文和尚語錄題跋（附）》，頁七〇七b。按：「犁然有當於人心」一語出《莊子・山木》：「孔子窮於陳、蔡之間，七日不火食，左據槁木，右擊槁枝，而歌猋氏之風，有其具而無其數，有其聲而無宮角，木聲與人聲，犁然有當於人心。」

[158] 道沖，〈長寧知軍文宗諭請普說〉，《癡絕道沖禪師語錄》（臺北：新文豐出版公司，《卍續藏經》第一二一冊，一九七五）卷一，頁五二三a。

道璨為其禪友所作之詩文，多讚揚誇獎之詞，充分表現他鼓吹禪師著作詩文之熱心。但是於叢林相關之偈頌，他卻多以批判之筆，來表達他對叢林文化之關注。尤其見前人手書時，常衷心表示對前輩尊宿典型之仰慕。他愛好書畫，但重視書畫之內容及寓意，喜從歷史文化之角度表達其觀感，但偶而亦以其所學，從藝術鑑賞的角度去評論。做為一位文學僧，他將文士生活中的詩、書、畫三絕融於禪僧之生活中，並與其禪友們相互激勵，將佛教文化推往一個富有儒家人文主義色彩的新方向。

參考文獻

（本參考文獻各類書籍一律按朝代及作者或編者姓氏筆畫順序排列）

一、書目、辭典及其他工具書：

清・吳榮光，《歷代名人年譜》（北京：北京圖書館出版社，二〇〇二）
清・紀昀等編，《四庫全書總目提要》（臺北：藝文印書館，一九七九）
現代・王寶平，《中國館藏和刻本漢籍書目》（杭州：杭州大學出版社，一九九五）
現代・四川大學古籍整理研究所，《現存宋人別集版本目錄》（成都：巴蜀書社，一九八九）
現代・張其昀，《中文大辭典》（臺北：中國文化學院，一九八〇）
現代・昌彼得等，《宋人傳記資料索引》（臺北：鼎文出版社，一九七六）
現代・劉琳、沈志宏編，《現存宋人著述總錄》（成都：巴蜀書社，一九九五）

二、方志、寺志、山志及其他地理書

唐・李吉甫，《元和郡縣志》（臺北：臺灣商務印書館，影印文淵閣《四庫全書》本，一九八三—一九八六）
宋・祝穆，《新編方輿勝覽》（北京：中華書局點校本，二〇〇三）
宋・高似孫，《剡錄》（臺北：臺灣商務印書館，影印文淵閣《四庫全書》本，一九八三—

一九八六）
宋・陸游，《入蜀記》（臺北：臺灣商務印書館，影印文淵閣《四庫全書》本，一九八三－一九八六）
宋・樂史，《太平寰宇記》（臺北：臺灣商務印書館，影印文淵閣《四庫全書》本，一九八三－一九八六）
宋・潛說友，《咸淳臨安志》（臺北：臺灣商務印書館，影印文淵閣《四庫全書》本，一九八三－一九八六）
宋・羅濬，《寶慶四明志》（臺北：臺灣商務印書館，影印文淵閣《四庫全書》本，一九八三－一九八六）
明・郭子章編，《明州阿育王山志續志》（臺北：明文書局，《中國佛寺志會刊第一輯》，一九八〇）
明・張時徹，《寧波府志》（東京：公文書館內閣文庫藏，嘉靖三十九年刻本，一五六〇）
明・黃宗羲，《四明山志》（臺北：中華叢書委員會影印本，《四明叢書》本，一九六六）
清・聞性道，《天童寺志》（臺北：宗青出版社，一九九四）
清・稽曾筠等監修，《浙江通志》（臺北：臺灣商務印書館，影印文淵閣《四庫全書》本，一九八三－一九八六）

清・董天工修纂，《武夷山志》（上海：上海古籍出版社，《續修四庫全書》本，一九九五）
清・錢維喬，《乾隆鄞縣志》（上海：上海古籍出版社，《續修四庫全書》本，一九九五）
清・謝旻等監修，《江西通志》（臺北：臺灣商務印書館，影印文淵閣《四庫全書》本，一九八三—一九八六）

三、繪畫及書法藝術

宋・鄧椿，《畫繼》（臺北：臺灣商務印書館，影印文淵閣《四庫全書》本，一九八三—一九八六）
宋・佚名，《宣和畫譜》（臺北：臺灣商務印書館，影印文淵閣《四庫全書》本，一九八三—一九八六）
元・吳太素，《松齋梅譜》（盧輔聖編，《中國書畫全書》第二冊）。
元・夏文彥，《圖繪寶鑑》（臺北：臺灣商務印書館，影印文淵閣《四庫全書》本，一九八三—一九八六）
明・郁逢慶，〈續書畫題跋記〉，《圖繪寶鑑》（臺北：臺灣商務印書館，影印文淵閣《四庫全書》本，一九八三—一九八六）
明・陳繼儒，《眉公書畫史》（在盧輔聖編，《中國書畫全書》第三冊），

明・陳繼儒，《妮古錄》（在盧輔聖編，《中國書畫全書》第三冊）

清・王毓賢，《繪事備考》（臺北：臺灣商務印書館，影印文淵閣《四庫全書》本，一九八三—一九八六）

清・卞永譽，《式古堂書畫彙考》（臺北：臺灣商務印書館，影印文淵閣《四庫全書》本，一九八三—一九八六）

清・高士奇，《江村銷夏錄》（臺北：臺灣商務印書館，影印文淵閣《四庫全書》本，一九八三—一九八六）

清・張照，《石渠寶笈》（臺北：臺灣商務印書館，影印文淵閣《四庫全書》本，一九八三—一九八六）

清・張照，《秘殿珠林》（臺北：臺灣商務印書館，影印文淵閣《四庫全書》本，一九八三—一九八六）

四、佛典、禪籍

東漢・安世高譯，《父母恩重難報經》（臺北：新文豐出版公司，《大正藏》第一六冊，一九八三）

後秦・佛陀跋陀羅，《摩訶僧祇律》（臺北：新文豐出版公司，《大正藏》第二二冊，一九

八三）
唐・玄奘譯，《大般若波羅蜜多經》（臺北：新文豐出版公司，《大正藏》第六冊，一九八三）
唐・宗密，《佛說盂蘭盆經疏》（臺北：新文豐出版公司，《大正藏》第三九冊，一九八三）
唐・道世，《法苑珠林》（臺北：新文豐出版公司，《大正藏》第五三冊，一九八三）
宋・了禪等，《無準和尚奏對語錄》（臺北：新文豐出版公司，《卍續藏經》第一二一冊，一九七五）
宋・大觀，《物初賸語》（東京：國會圖書館藏寶永五年刊本）
宋・元復，《武林西湖高僧事略》（臺北：新文豐出版公司，《卍續藏經》第一三四冊，一九七五）
宋・孔汝霖，《中興禪林風月集》（大阪：清文堂，《新抄物資料集成》抄本，二〇〇〇）
宋・孔汝霖，《中興禪林風月集》（京都：洛下京極通松原下町，寺西甚次郎藏抄本，一六八五）
宋・正覺，《宏智禪師廣錄》（臺北：新文豐出版公司，《大正藏》第四八冊，一九八三）
宋・正定，《樵隱悟逸禪師語錄》（臺北：新文豐出版公司，《卍續藏經》第一五〇冊，一九七五）
宋・行海，《雪岑和尚續集》（臺北：臺灣大學圖書館藏日本寛文五年藤田六兵衛刊本，一

六六五）
宋・居簡，《北磵集》（臺北：臺灣商務印書館，影印文淵閣《四庫全書》本，一九八三—一九八六）
宋・法澄等，《希叟紹曇禪師語錄》（臺北：新文豐出版公司，《卍續藏經》第一二二冊，一九七五）
宋・祖琇，《僧寶正續傳》（臺北：新文豐出版公司，《卍續藏經》第一三七冊，一九七五）
宋・惟康，《無文道璨禪師語錄》（臺北：新文豐出版公司，《卍續藏經》第一五〇冊，一九七五）
宋・惠洪，《禪林僧寶傳》（臺北：新文豐出版公司，《卍續藏經》第一三七冊，一九七五）
宋・惠洪，《石門文字禪》（臺北：新文豐出版公司，一九七三）
宋・惠洪，《冷齋夜話》（鄭州：大象出版社，《全宋筆記》第二編第九冊，二〇〇六）
宋・智沂等，《癡絕道沖禪師語錄》（臺北：新文豐出版公司，《卍續藏經》第一二一冊，一九七五）
宋・圓悟，《枯崖漫錄》（臺北：新文豐出版公司，《卍續藏經》第一四八冊，一九七五）
宋・紹隆，《圓悟佛果禪師語錄》（臺北：新文豐出版公司，《大正藏》第四七冊，一九八三）
宋・普濟，《五燈會元》（北京：中華書局點校本，一九八四）

宋・普濟，《大川普濟禪師語錄》（臺北：新文豐出版公司，《卍續藏經》第一二一冊，一九七五）
宋・義遠，《天童山景德寺如淨禪師續語錄》（臺北：新文豐出版公司，《大正藏》第四八冊，一九八三）
宋・道璨，《無文印》（東京：國會圖書館藏本，一六八五）
宋・道璨，《無文印》（北京：線裝書局，《宋集珍本叢刊》第八五冊，二〇〇四）
宋・道潛，《參寥子詩集》（上海：商務印書館，《四部叢刊三編》本，一九三四）
宋・道原，《景德傳燈錄》（臺北：新文豐出版社，《大正藏》第五一冊，一九八三）
宋・道謙，《大慧普覺禪師宗門武庫》（臺北：新文豐出版公司，《大正藏》第四七冊，一九八三）
宋・贊寧，《宋高僧傳》（北京：中華書局點校本，一九八七）
宋・寶曇，《大光明藏》（臺北：新文豐出版公司，《卍續藏經》第一三七冊，一九七五）
明・文琇，《增集續傳燈錄》（臺北：新文豐出版公司，《卍續藏經》第一四二冊，一九七五）
明・元賢，《繼燈錄》（臺北：新文豐出版公司，《卍續藏經》第一四七冊，一九七五）
明・玄極，《續傳燈錄》（臺北：新文豐出版公司，《卍續藏經》第一四二冊，一九七五）
明・朱時恩，《佛祖綱目》（臺北：新文豐出版公司，《卍續藏經》第一四六冊，一九七五）

明・明河，《補續高僧傳》（臺北：新文豐出版公司，《卍續藏經》第一三四冊，一九七五）
明・無慍，《山菴雜錄》（臺北：新文豐出版公司，《卍續藏經》第一四八冊，一九七五）
明・道忍，《禪燈世譜》（臺北：新文豐出版公司，《卍續藏經》第一四七冊，一九七五）
明・超永，《五燈全書》（臺北：新文豐出版公司，《卍續藏經》第一四一冊，一九七五）
清・自融，《南宋元明禪林僧寶傳》（臺北：新文豐出版公司，《卍續藏經》第一三七冊，一九七五）
清・性統，《續燈正統》（臺北：新文豐出版公司，《卍續藏經》第一四五冊，一九七五）
清・行昱，《續燈存稿》（臺北：新文豐出版公司，《卍續藏經》第一四五冊，一九七五）
清・德玉，《禪林寶訓順硃》（臺北：新文豐出版公司，《卍續藏經》第一一三冊，一九七五）
清・覺岸，《釋氏稽古略》（臺北：新文豐出版公司，《大正藏》第四九冊，一九八三）

五、正史、編年、紀事本末、史論、考證等

晉・陳壽，《三國志》（北京：中華書局，一九七七）
晉・范曄，《後漢書》（北京：中華書局，一九七七）
唐・劉知幾，《史通》（上海：商務印書館，《四部叢刊初編》本，一九三六）
五代・劉昫，《舊唐書》（北京：中華書局，一九七七）

宋・呂祖謙，《左氏博議》（上海：商務印書館，《四部叢刊初編》本，一九三六）
宋・祝穆，《古今事文類聚續集》（臺北：臺灣商務印書館，影印文淵閣《四庫全書》本，一九八三－一九八六）
宋・佚名，《名公書判清明集》（北京：中華書局，一九八七）
元・脫脫，《宋史》（北京：中華書局，一九七七）
明・陳邦瞻，《宋史紀事本末》（臺北：鼎文書局，一九七八）
明・彭大翼，《山堂肆考》（臺北：臺灣商務印書館，影印文淵閣《四庫全書》本，一九八三－一九八六）
明・楊仲良，《皇宋通鑑長編記事本末》（哈爾濱：黑龍江人民出版社點校本，二〇〇六）
清・吳寶芝，《花木鳥獸集類》（臺北：臺灣商務印書館，影印文淵閣《四庫全書》本，一九八三－一九八六）
清・陸心源，《宋史翼》（臺北：鼎文書局，《新校本宋史并附編三種》冊一八，一九七八）
清・黃以周，《續資治通鑑長編拾補》（北京：中華書局點校本，二〇〇四）

六、經、子、儒書

西周・佚名，《周易》（上海：商務印書館，《四部叢刊初編》本，一九三六）

春秋・毛亨，《毛詩》（上海：商務印書館，《四部叢刊初編》本，一九三六）

漢・劉安，《淮南子》（上海：商務印書館，《四部叢刊初編》本，一九三六）

晉・郭象注，《南華真經》（上海：商務印書館，《四部叢刊初編》本，一九三六）

晉・郭象，《莊子注》（臺北：臺灣商務印書館，影印文淵閣《四庫全書》本，一九八三—一九八六）

宋・程顥、程頤，《二程遺書》（臺北：臺灣商務印書館，影印文淵閣《四庫全書》本，一九八三—一九八六）

宋・朱熹，《四書集注》（臺北：世界書局，一九六〇）

明・黃宗羲，《宋元學案》（北京：中華書局點校本，一九八六）

清・姚際恆，《古今偽書考》（北京：中華書局排印本，顧頡剛點校，《古籍考辨叢刊》本，一九五五）

七、詩、文集

春秋，《楚辭》（上海：商務印書館，《四部叢刊初編》本，一九三六）

東漢・王逸，《楚辭章句》（臺北：臺灣商務印書館，影印文淵閣《四庫全書》本，一九八三—一九八六）

唐・王勃，《王子安集》（上海：商務印書館，《四部叢刊初編》本，一九三六）
唐・王建，《王司馬集》（臺北：臺灣商務印書館，影印文淵閣《四庫全書》本，一九八三—一九八六）
唐・李白，《李太白全集》（臺北：河洛圖書出版社，一九七五）
宋・王安石，《臨川文集》（臺北：臺灣商務印書館，影印文淵閣《四庫全書》本，一九八三—一九八六）
宋・王阮，《義豐集》（臺北：臺灣商務印書館，影印文淵閣《四庫全書》本，一九八三—一九八六）
宋・王奕，《玉斗山人集》（臺北：臺灣商務印書館，影印文淵閣《四庫全書》本，一九八三—一九八六）
宋・王炎，《雙溪類稿》（臺北：臺灣商務印書館，影印文淵閣《四庫全書》本，一九八三—一九八六）
宋・文天祥，《文山先生集》（上海：商務印書館，《四部叢刊初編》本，一九三六）
宋・司馬光，《傳家集》（臺北：臺灣商務印書館，影印文淵閣《四庫全書》本，一九八三—一九八六）
宋・朱熹，《晦庵集》（臺北：臺灣商務印書館，影印文淵閣《四庫全書》本，一九八三—

一九八六）
宋・朱熹，《晦庵先生朱文公文集》（上海：商務印書館，《四部叢刊初編》本，一九三六）
宋・朱鑑，《文公易說》（臺北：臺灣商務印書館，影印文淵閣《四庫全書》本，一九八三—一九八六）
宋・杜綰，《雲林石譜》（臺北：臺灣商務印書館，影印文淵閣《四庫全書》本，一九八三—一九八六）
宋・李昉等，《太平御覽》（上海：商務印書館，《四部叢刊初編》本，一九三六）
宋・李壁，《王荊公詩注》（臺北：臺灣商務印書館，影印文淵閣《四庫全書》本，一九八三—一九八六）
宋・邵雍，《擊壤集》（臺北：臺灣商務印書館，影印文淵閣《四庫全書》本，一九八三—一九八六）
宋・林希逸，《鬳齋十一稿續集》（臺北：臺灣商務印書館，影印文淵閣《四庫全書》本，一九八三—一九八六）
宋・周紫芝，《太倉稊米集》（臺北：臺灣商務印書館，影印文淵閣《四庫全書》本，一九八三—一九八六）
宋・周敦頤，《周元公集》（臺北：臺灣商務印書館，影印文淵閣《四庫全書》本，一九八

三—一九八六）

宋・洪咨夔，《平齋文集》（臺北：臺灣商務印書館，影印文淵閣《四庫全書》本，一九八三—一九八六

宋・韋驤，《錢塘集》（臺北：臺灣商務印書館，影印文淵閣《四庫全書》本，一九八三—一九八六）

宋・姚勉，《雪坡集》（臺北：臺灣商務印書館，影印文淵閣《四庫全書》本，一九八三—一九八六）

宋・范仲淹，《范文正公集》（臺北：行政院文化建設委員會，《范仲淹資料彙編》本，一九八八）

宋・俞德鄰，《佩韋齋集》（臺北：臺灣商務印書館，影印文淵閣《四庫全書》本，一九八三—一九八六）

宋・郭祥正，《青山集》（臺北：臺灣商務印書館，影印文淵閣《四庫全書》本，一九八三—一九八六）

宋・馬廷鸞，《碧梧玩芳集》（臺北：臺灣商務印書館，影印文淵閣《四庫全書》本，一九八三—一九八六）

宋・袁甫，《蒙齋集》（臺北：臺灣商務印書館，影印文淵閣《四庫全書》本，一九八三—

一九八六）

宋・晁補之，《雞肋集》（上海：商務印書館，《四部叢刊初編》本，一九三六）

宋・陳起，《江湖小集》（臺北：臺灣商務印書館，影印文淵閣《四庫全書》本，一九八三—一九八六）

宋・陳思，《兩宋名賢小集》（臺北：臺灣商務印書館，影印文淵閣《四庫全書》本，一九八三—一九八六）

宋・陸游，《陸放翁全集》（北京：中國書店，一九八六）

宋・張孝祥，《張孝祥詩文集》（合肥：黃山書社點校本，二〇〇一）

宋・張先，《安陸集》（臺北：臺灣商務印書館，影印文淵閣《四庫全書》本，一九八三—一九八六）

宋・梅堯臣，《宛陵先生集》（上海：商務印書館，《四部叢刊初編》本，一九三六）

宋・真德秀，《西山文集》（臺北：臺灣商務印書館，影印文淵閣《四庫全書》本，一九八三—一九八六）

宋・黃昇，《花菴詞選》（臺北：臺灣商務印書館，影印文淵閣《四庫全書》本，一九八三—一九八六）

宋・黃庭堅，《山谷集》（臺北：臺灣商務印書館，影印文淵閣《四庫全書》本，一九八三—

一九八六）
宋・湯漢，《箋話陶淵明集》（上海：商務印書館，《四部叢刊初編》本，一九三六）
宋・樓鑰，《攻媿集》（上海：商務印書館，《四部叢刊初編》本，一九三六）
宋・鄧肅，《栟櫚集》（臺北：臺灣商務印書館，影印文淵閣《四庫全書》本，一九八三—一九八六）
宋・劉克莊，《後村先生大全》（上海：商務印書館，《四部叢刊初編》本，一九三六）
宋・劉渙等，《三劉家集》（臺北：臺灣商務印書館，影印文淵閣《四庫全書》本，一九八三—一九八六）
宋・謝枋得，《疊山集》（上海：商務印書館，《四部叢刊初編》本，一九三六）
宋・蘇軾，《蘇軾文集》（北京：中華書局點校本，一九八六）
宋・蘇轍，《欒城集》（上海：上海古籍出版社點校本，一九八七）
宋・佚名，《草堂詩餘》（臺北：臺灣商務印書館，影印文淵閣《四庫全書》本，一九八三—一九八六）
元・劉壎，《隱居通義》（臺北：臺灣商務印書館，影印文淵閣《四庫全書》本，一九八三—一九八六）
清・曹寅等，《全唐詩》（北京：中華書局二十五冊本，一九九六）

清・莊仲方，《南宋文範》（臺北：鼎文書局，一九七五）
清・顧棟高，《毛詩類釋》（臺北：臺灣商務印書館，影印文淵閣《四庫全書》本，一九八三—一九八六）

八、筆記、小說、詩話、詩論等

南朝宋・劉敬叔，《異苑》（北京：中華書局點校本，一九九六）
宋・王明清，《玉照新志》（上海：上海古籍出版社點校本，一九九一）
宋・沈括，《夢溪筆談》（鄭州：大象出版社，《全宋筆記》第二編第三冊，二〇〇六）
宋・李昉等，《太平廣記》（臺北：新興書局，一九五八）
宋・李上交，《近事會元》（鄭州：大象出版社，《全宋筆記》第一編第四冊，二〇〇三）
宋・邵伯溫，《邵氏聞見錄》（北京：中華書局點校本，一九八三）
宋・周密，《齊東野語》（北京：中華書局點校本，一九八三）
宋・洪邁，《容齋隨筆》（上海：上海古籍出版社點校本，一九七八）
宋・姚寬，《西溪叢語》（北京：中華書局點校本，一九九三）
宋・袁文，《甕牖閒評》（北京：中華書局點校本，二〇〇七）
宋・曾慥，《續墨客揮犀》（北京：中華書局點校本，二〇〇二）

宋・黃休復，《茅亭客話》（臺北：臺灣商務印書館，影印文淵閣《四庫全書》本，一九八三—一九八六）
宋・楊萬里，《誠齋詩話》（臺北：臺灣商務印書館，影印文淵閣《四庫全書》本，一九八三—一九八六）
宋・魏慶之，《詩人玉屑》（臺北：臺灣商務印書館，影印文淵閣《四庫全書》本，一九八三—一九八六）
宋・羅大經，《鶴林玉露》（北京：中華書局點校本，一九八三）
宋・蘇軾，《東坡志林》（上海：華東師範大學出版社點校本，一九八三）
元・方回，《瀛奎律隨》（臺北：臺灣商務印書館，影印文淵閣《四庫全書》本，一九八三—一九八六）
元・吳師道，《吳禮部詩話》（北京：中華書局點校本，丁福保編《歷代詩話續編》第二冊，一九八三）
清・徐兆昺，《四明談助》（寧波：寧波出版社，二〇〇〇）
清・梁詩正等，《西湖志纂》（臺北：臺灣商務印書館，影印文淵閣《四庫全書》本，一九八三—一九八六）
清・馮應榴，《蘇軾詩集合註》（上海：上海古籍出版社，二〇〇一）

清·厲鶚，《宋詩紀事》（臺北：臺灣商務印書館，影印文淵閣《四庫全書》本，一九八三—一九八六）

九、今人編著、全集、專書、論文

中央輿地出版社編委會，《全宋詞》（臺北：中央輿地出版社，一九七〇）
孔繁禮，《蘇軾年譜》（北京：中華書局，一九九八）
束景南，《朱子大傳》（福州：福建教育出版社，一九九二）
何忠禮、徐吉軍，《南宋史稿》（杭州：杭州大學出版社，一九九九）
李之亮，《宋兩江郡守易替考》（成都：巴蜀書社，二〇〇一）
李之亮，《宋代路分長官通考》（成都：巴蜀書社，二〇〇三）
李之亮，《宋福建路郡守年表》（成都：巴蜀書社，二〇〇一）
李國玲，《宋僧著述考》（成都：四川大學出版社，二〇〇七）
周寶珠，〈略論呂惠卿〉，《宋史研究論文集》（上海：上海古籍出版社，一九八二），頁三三六—四九
明復，《禪門逸書續編》（臺北：漢聲，一九八七）
胡昭曦，《宋蒙（元）關係史》（成都：四川大學出版社，一九九二）

高振農，《大乘起信論校釋》（北京：中華書局，一九九二）
傅申，〈張即之和他的中楷〉，《書史與書蹟——傅申書法論文集》（臺北：國立歷史博物館，一九九六）
傅璇琮等，《全宋詩》（北京：北京大學出版社，一九九二）
馮國棟，〈《宋史・藝文志》釋氏別集、總集考〉，《中華佛學研究》，第十期（二〇〇六）
黃啟方，《黃庭堅與江西詩派》（臺北：國家出版社，二〇〇六）
黃啟江，《一味禪與江湖詩——南宋文學僧與禪文化的蛻變》（臺北：臺灣商務印書館，二〇一〇）
黃啟江，〈參訪名師——南宋求法日僧與江浙佛教叢林〉，《佛學研究中心學報》第十期（二〇〇五）
黃啟江，《泗州大聖與松雪道人——宋元社會菁英的佛教信仰與佛教文化》（臺北：學生書局，二〇〇九）
黃啟江，《文學僧藏叟善珍與南宋末世的禪文化——《藏叟摘稾》之析論與點校》（臺北：新文豐出版公司，二〇一〇）
黃啟江，〈南宋書法家張即之的方外遊〉，《漢學研究》二六卷，四期（二〇〇八・十二），頁一三三——一六六

張心澂，《偽書通考》（臺北：明倫出版社，一九七二）
錢仲聯，《韓昌黎詩繫年集釋》（臺北：河洛圖書出版社，《韓昌黎集》附，一九八五）
龔延明，《宋代官制辭典》（北京：中華書局，一九九三）

日文、英文

卍室祖价，《禪儀外傳疑鈔》（京都：禪文化研究所藏刻本，一六六三）
今泉淑夫，《本覺國師虎關師鍊》（京都：禪文化研究所，一九九五）
玉村竹二，《日本禪宗史論集・下之二》（京都：思文閣，一九七六—八一）
虎關師鍊，《元亨釋書》（東京：佛書刊行會，《大日本佛教全書》第一一〇冊，一九一二）
虎關師鍊，《禪儀外文集》（京都：京都大學藏，京都四條寺町中野市右衛門，寬永三年刊，一六二六）
虎關師鍊，《禪儀外文集》（京都：駒澤大學藏，四條寺町中野市右衛門，寬永三年刊，一六二六）
無著道忠，《禪儀外文集考》（京都：禪文化研究所藏寫本，年代不明）
椎名宏雄，《宋元版禪籍の研究》（東京：大東出版社，一九九三）
Cole, Alan., "Four Modes of Family Rhetoric in Buddhist Discourse: A Brief Exploration" in

Don S. Browning et al., *Sex, Marriage, and Family in World Religions* (New York: Columbia University Press, 2006), pp. 304-308

Ch'en, Kenneth K.S., "Filial Piety in Chinese Buddhism," *Harvard Journal of Asiatic Studies*, Vol. 28, (1968), pp. 81-97

Ch'en, Kenneth K.S., *Buddhism in China: A Historical Survey* (Princeton, 1964)

Faure, Bernard., *The Rhetoric of Immediacy: A Cultural Critique of Chan/ Zen Buddhism* (Princeton: Princeton University Press, 1991)

Pan, An-yi, *Painting Faith: Li Gonglin and Northern Song Buddhist Culture* (Leiden and Boston: Brill, 2007)

Huang, Chi-chiang., Review of *Painting Faith: Li Gonglin and Northern Song Buddhist Culture T'oung Pao*, Volume 94, Numbers 4-5 (2008), pp.377-389

Schopen, Gregory., "Filial Piety and the Monk in the Practice of Indian Buddhism: A Question of 'Sinicization' Viewed from the Other Side," *T'oung Pao*, Second Series, Vol. 70, Livr. 1/3 (1984), pp. 110-126

Schopen, Gregory., *Bones, Stones, and Buddhist Monks: Collected Papers on the Archaeology, Epigraphy, and Texts of Monastic Buddhism in India* (Honolulu : University of Hawai'i

Press, c1997)

Ter Haar, Barend J., "Buddhist-Inspired Options: Aspects of Lay Religious Life in the Lower Yangzi from 1100 until 1340," *T'oung Pao*, Second Series, Vol. 87, Fasc. 1/3 (2001), pp. 92-152

無文印的迷思與解讀
——南宋僧無文道璨的文學禪

撰者◆黃啟江
發行人◆王學哲
總編輯◆方鵬程
主編◆葉幗英
責任編輯◆徐平
美術設計◆吳郁婷

出版發行：臺灣商務印書館股份有限公司
臺北市重慶南路一段三十七號
電話：(02)2371-3712
讀者服務專線：0800056196
郵撥：0000165-1
網路書店：www.cptw.com.tw
E-mail：ecptw@cptw.com.tw
網址：www.cptw.com.tw

局版北市業字第 993 號
初版一刷：2010 年 10 月
定價：新台幣 390 元

ISBN 978-957-05-2515-1

無文印的迷思與解讀：南宋僧無文道璨的文學禪
／黃啟江撰. --初版. --臺北市：臺灣商務,
2010. 10
面 ； 公分.
參考書目：面

ISBN 978-957-05-2515-1（平裝）

1.（宋）釋道璨 2. 佛教傳記 3. 學術思想
4. 僧侶 5. 禪宗

224.51 99013237

讀者回函卡

感謝您對本館的支持，為加強對您的服務，請填妥此卡，免付郵資寄回，可隨時收到本館最新出版訊息，及享受各種優惠。

■ 姓名：＿＿＿＿＿＿＿＿ 性別：□ 男 □ 女

■ 出生日期：＿＿＿＿年＿＿＿＿月＿＿＿＿日

■ 職業：□學生 □公務(含軍警) □家管 □服務 □金融 □製造
□資訊 □大眾傳播 □自由業 □濃漁牧 □退休 □其他

■ 學歷：□高中以下（含高中）□大專 □研究所（含以上）

■ 地址：＿＿＿＿＿＿＿＿

■ 電話：(H) ＿＿＿＿＿＿＿＿ (O) ＿＿＿＿＿＿＿＿

■ E-mail：＿＿＿＿＿＿＿＿

■ 購買書名：＿＿＿＿＿＿＿＿

■ 您從何處得知本書？

□網路 □DM廣告 □報紙廣告 □報紙專欄 □傳單
□書店 □親友介紹 □電視廣播 □雜誌廣告 □其他

■ 您喜歡閱讀哪一類別的書籍？

□哲學．宗教 □藝術．心靈 □人文．科普 □商業．投資
□社會．文化 □親子．學習 □生活．休閒 □醫學．養生
□文學．小說 □歷史．傳記

■ 您對本書的意見？（A/滿意 B/尚可 C/須改進）

內容＿＿＿＿編輯＿＿＿＿校對＿＿＿＿翻譯＿＿＿＿
封面設計＿＿＿＿價格＿＿＿＿其他＿＿＿＿

■ 您的建議：＿＿＿＿＿＿＿＿

※ 歡迎您隨時至本館網路書店發表書評及留下任何意見

臺灣商務印書館 The Commercial Press, Ltd.

台北市100重慶南路一段三十七號 電話：(02)23115538
讀者服務專線：0800056196 傳真：(02)23710274
郵撥：0000165-1號 E-mail：ecptw@cptw.com.tw
網路書店網址：www.cptw.com.tw 部落格：http://blog.yam.com/ecptw